Hands-On Generative Adversarial Networks
with PyTorch 1.x

PyTorch를
이용한 GAN 실제

Implement next-generation neural networks
to build powerful GAN models using Python

역자소개

차정원

대학에서 20년간 자연어처리에 대해서 연구하고 있으며 딥러닝의 가능성에 대해서 고민하고 있다. 현재는 추론이 가능한 인공지능에 대해서 연구를 하고 있다.

Hands-On Generative Adversarial Networks
with PyTorch 1.x

PyTorch를 이용한 GAN 실제

John Hany · Greg Walters 지음
차정원 옮김

Implement next-generation neural networks to build
powerful GAN models using Python

도서출판 홍릉

Hands-On Generative Adversarial Networks with PyTorch 1.x

by John Hany, Greg Walters

Copyright © Packt Publishing 2019.
First published in the English language under the title 'Hands-On Generative Adversarial Networks with PyTorch 1.x - (9781789530513)'
Korean Translation Copyright © 2021 by HongReung Science Publishing co.
All rights reserved.

The Korean edition was published by arrangement with Packt Publishing Ltd. through Agency-One, Seoul.

PyTorch를 이용한 GAN 실제

인 쇄: 2021년 1월 11일 초판 1쇄
발 행: 2021년 1월 20일 초판 1쇄

역 자: 차정원
발행인: 송 준
발행처: 도서출판 홍릉
주 소: 01093 서울시 강북구 인수봉로 50길 10
등 록: 1976년 10월 21일 제5-66호

전 화: 02-999-2274~5, 903-7037
팩 스: 02-905-6729
e-mail : hongpub@hongpub.co.kr
http://www.hongpub.co.kr
ISBN : 979-11-5600-832-3(93000)

역자와의
협의하에
인지생략

정 가: 32,000원

낙장 및 파본은 구입처나 본사에서 교환하여 드립니다.

이 책의 한국어판 저작권은 에이전시 원을 통해 저작권자와의 독점 계약으로 도서출판 홍릉에 있습니다.
신 저작권법에 의해 한국 내에서 보호를 받는 저작물이므로 무단전재와 무단복제를 금합니다.

Packt>

Packt.com

온라인 디지털 라이브러리를 구독하면 7,000개가 넘는 책과 비디오에 액세스할 수 있을 뿐만 아니라 개인 개발을 계획하고 경력을 발전시키는 데 도움이 되는 업계 최고의 도구를 이용할 수 있습니다. 자세한 내용은 당사 웹 사이트를 방문하십시오.

왜 구독을 해야 하는가?

- 4,000명 이상의 업계 전문가가 제공하는 실용적인 전자 책 및 비디오로 학습 시간을 줄이고 코딩 시간을 연장하십시오.
- 귀하를 위해 특별히 마련된 기술 계획으로 학습 향상시키세요.
- 매달 무료 전자 책 또는 비디오를 받으십시오.
- 중요한 정보에 쉽게 액세스할 수 있도록 전체 검색 가능합니다.
- 컨텐츠 복사 및 붙여넣기, 인쇄 및 책갈피를 제공합니다.

Packt가 PDF 및 ePub 파일을 사용할 수 있는 출판된 모든 책의 eBook 버전을 제공한다는 것을 알고 있습니까? www.packt.com에서 eBook 버전으로 업그레이드할 수 있으며 인쇄물 고객은 eBook 사본을 할인받을 수 있습니다. 자세한 내용은 customercare@packtpub.com으로 문의하십시오.

www.packt.com에서 무료 기술 자료 모음을 읽고 다양한 무료 뉴스 레터를 신청하고 Packt 서적 및 eBook에 대한 특별 할인 및 혜택을 받을 수 있습니다.

기여자

저자 정보

John Hany는 중국 전자 과학 기술 대학에서 계산 수학 석사 및 학사 학위를 받았습니다. 패턴 인식을 전공하고 기계 학습 및 컴퓨터 비전 분야에서 수년간의 경험을 가지고 있습니다. 그는 지능형 교통 시스템 및 얼굴 인식 시스템을 포함한 여러 가지 실제 프로젝트에 참여했습니다. 그의 현재 연구 관심은 심층 신경망의 계산 비용을 줄이면서 이미지 분류 및 탐지 작업에 대한 성능을 향상시키는 데 있습니다. 그는 오픈 소스 프로젝트에 열성적이며 많은 프로젝트에 기여했습니다.

Greg Walters는 1972년부터 컴퓨터 및 컴퓨터 프로그래밍에 참여해 왔습니다. 그는 Visual Basic, Visual Basic .NET, Python 및 SQL에 정통하며, MySQL, SQLite, Microsoft SQL Server, Oracle, C ++, Delphi, Modula-2, Pascal, C, 80x86 어셈블러, COBOL 및 포트란 같은 프로그래밍의 트레이너로 참여했습니다. 또한 MySQL, Open Database Connectivity, Quattro Pro, Corel Draw!, Paradox, Microsoft Word, Excel, DOS, Windows 3.11, Windows for Workgroups, Windows 95, Windows NT, Windows 2000, Windows XP 및 Linux의 숙련된 사용자입니다. 현재는 반 은퇴했으며 Full Circle Magazine에 100개가 넘는 기사를 저술했습니다. 그는 또한 음악가이며 요리하는 것을 좋아합니다. 그는 다양한 프로젝트에서 프리랜서로 일할 수 있습니다.

검토자 정보

Sarit Ritwiruneis는 Mahidol University에서 물리학과 컴퓨터 과학을 전공했습니다. 입증된 프로젝트 트랙은 주로 POS(Point of Sales), IoT입니다. Sarit는 최근 선임 소프트웨어 엔지니어로 Python 프로그래밍을 수행한 후 컴퓨터 과학 연구에 복귀했습니다. Sarit는 현재 태국의 한 큰 보험 회사의 소규모 사무실에서 근무하고 있습니다. Sarit는 AI를 사용하는 지능적이고 친근한 웹 사이트를 꿈꿉니다.

Sandeep Singh Kushwaha는 Kanpur에 있는 Indian Institute of Technology에서 석사 학위를 받았습니다. 그는 현재 Aegon에서 분석 분야 부사장(Assistant Vice President)으로 일하고 있습니다. Aegon의 우수 센터의 일환으로 유럽과 아시아의 여러 국가에서 분석, ML/AI, 디지털화 및 혁신을 주도하고 있습니다. 데이터 과학, ML/AI, InsurTech 및 MarTech에 열정을 갖고 있으며, 딥러닝 알고리즘을 사용하여 비즈니스를 가속화하는 많은 AI 솔루션을 개발했습니다. Sandeep은 머신 러닝을 사용하는 실제 문제 해결사로서 지난 20년 동안 GAN이 머신 러닝에서 가장 멋진 아이디어라고 강조하며, 독자들이 이 책에서 GAN을 사용하여 AI 솔루션을 개발하기 위해 많은 것을 배우게 되길 바란다고 했습니다.

Packt는 당신 같은 저자를 찾고 있습니다.

Packt의 작가가 되고 싶으면 authors.packtpub.com을 방문하여 지금 신청하십시오. 우리는 여러분과 같은 수천 명의 개발자 및 기술 전문가와 협력하여 글로벌 기술 커뮤니티와 통찰력을 공유할 수 있도록 돕고 있습니다. 일반적인 신청을 하거나 저자를 모집하는 특정 주제를 신청하거나 자신의 아이디어를 제출할 수 있습니다.

머리말

지속적으로 발전하는 연구와 개발을 통해 GAN(Generative Adversarial Networks)은 딥러닝 분야에서 차세대 중요 주제입니다. 이 책은 전통적인 생성 모델에 비해 GAN의 주요 개선 사항을 강조하고 실습 예제를 통해 GAN을 최대한 활용하는 방법을 보여줍니다.

이 책은 PyTorch를 사용하여 GAN 구조의 작동 방식을 이해하는 데 도움이 됩니다. 가장 유연한 딥러닝 툴킷에 익숙해지고 이를 사용하여 아이디어를 실제 작업 코드로 변환할 수 있습니다. 샘플 생성 방법론을 사용하여 컴퓨터 비전, 다중미디어 및 자연어 처리와 같은 영역에 GAN 모델을 적용합니다.

이 책의 대상

이 책은 PyTorch 1.0을 사용한 GAN 모델 구현에 대한 실무 지침을 얻고자 하는 기계 학습 실무자와 딥러닝 연구원을 위한 것입니다. 실제 사례를 통해 최신 GAN 구조에 익숙해집니다. 이 책에서 다루는 개념을 이해하려면 Python 프로그래밍 언어에 대한 실무 지식이 필요합니다.

이 책의 내용

1장, 적대적 네트워크 기초(Generative Adversarial Networks Fundamentals)는 PyTorch의 새로운 기능을 활용합니다. 또한 사인 신호를 생성하기 위해 NumPy를 사용하여 간단한 GAN을 구축하는 방법도 배웁니다.

2장, PyTorch 1.3 시작하기에서는 더 빠른 학습 및 평가를 위해 GPU를 활용하기 위한 CUDA를 설치하는 방법을 소개합니다. 또한 Windows 및 Ubuntu에서 PyTorch의 단계별 설치 프로세스를 살펴보고 소스에서 PyTorch를 생성합니다.

3장, 모델 설계 및 학습 모범 사례에서는 모델 구조의 전체 설계와 필요한 합성곱 연산을 선택하기 위해 따라야 하는 단계를 살펴 봅니다.

4장, PyTorch를 사용하여 첫 번째 GAN 구축에서는 2D 이미지 생성을 위한 DCGAN이라는 고전적인 성능의 GAN 모델을 소개합니다. 또한 DCGAN 구조를 소개하고 이를 학습하고 평가하는 방법을 배우게 됩니다. 다음으로 DCGAN을 사용하여 손으로 쓴 숫자와 사람의 얼굴을 생성하는 방법을 배우고 자동 인코더로 적대적인 학습을 살펴 봅니다. 또한 쉽게 조정하고 확장할 수 있도록 소스 코드를 효율적으로 구성하는 방법도 보여줍니다.

5장, 레이블 정보를 기반으로 이미지 생성, CGAN을 사용하여 주어진 레이블을 기반으로 이미지를 생성하는 방법과 자동 인코더로 적대적 학습을 구현하는 방법을 보여줍니다.

6장, 이미지에서 이미지로 변환 및 응용 프로그램에서는 픽셀 단위 레이블 정보를 사용하여 pix2pix로 이미지에서 이미지로 변환을 수행하는 방법과 pix2pixHD로 고해상도 이미지를 변환하는 방법을 보여줍니다. 또한 더 큰 이미지를 생성하고 다른 유형의 이미지 간에 텍스처를 전송하는 것을 포함하여 목표를 달성하기 위해 모델 구조를 유연하게 디자인하는 방법을 배우게 됩니다.

7장, GAN을 사용한 이미지 복원 : SRGAN을 사용하여 이미지를 초 고해상도로 수행하여 저해상도 이미지에서 고해상도 이미지를 생성하는 방법과 데이터 프리 페처를 사용하여 데이터로드 속도를 높이고 학습 중 GPU 효율성을 높이는 방법을 보여줍니다. 또한 GAN 모델을 학습시켜 이미지 인페인팅을 수행하고 이미지의 누락된 부분을 채우는 방법을 배우게 됩니다.

8장, 다른 모델을 속일 수 있도록 GAN 학습하기, 적대적 사례의 기본 사항과 CNN 모델을 FGSM(Fast Gradient Sign Method)과 공격하고 혼동하는 방법을 살펴 봅니다. 그런 다음, accimage 라이브러리를 사용하여 이미지 로딩 속도를 높이고 GAN 모델을 학습시켜 적대적인 예를 생성하고 이미지 분류기를 속이는 방법을 살펴 보겠습니다.

9장, 설명 텍스트에서 이미지 생성, 단어 임베딩 및 NLP 분야에서 이러한 단어가 어떻게 사용되는지에 대한 기본 지식을 제공합니다. 또한 한 문장의 설명 텍스트를 기반으로 이미지를 생성하기 위해 text-to-image GAN 모델을 디자인하는 방법도 배웁니다.

10장, GAN을 사용한 순차 합성, RNN 및 LSTM과 같은 NLP 분야에서 일반적으로 사용되는 기술을 다룹니다. 또한 강화 학습의 기본 개념 중 일부를 배우고 SGD 기반 CNN과 같은 지도 학습과 어떻게 다른지 살펴 봅니다. 또한 SEGAN을 사용하여 배경 소음을 제거하고 음성 오디오의 품질을 향상시키는 방법을 배우게 됩니다.

11장, GAN을 사용하여 3D 모델 재구성, 3D 객체가 컴퓨터 그래픽(CG)으로 표현되는 방법을 보여줍니다. 또한 카메라 및 프로젝션 매트릭스를 포함한 CG의 기본 개념을 살펴볼 것입니다. 그런 다음 3D 합성곱으로 3D-GAN 모델을 구성하고 3D 객체를 생성하도록 학습시키는 방법을 배우게 됩니다.

이 책을 최대한 활용하려면

Python과 PyTorch에 대한 기본 지식이 있어야 합니다.

예제 코드 파일 다운로드

www.packt.com의 계정에서 이 책의 예제 코드 파일을 다운로드할 수 있습니다. 이 책을 다른 곳에서 구입한 경우 www.packtpub.com/support에 방문하여 등록하여 파일을 이메일로 직접 보내십시오.

다음 단계에 따라 코드 파일을 다운로드할 수 있습니다.

1. www.packt.com에서 로그인하거나 등록하십시오.
2. **지원** 탭을 선택하십시오.
3. **코드 다운로드**를 클릭하십시오.
4. **검색** 상자에 책 이름을 입력하고 화면의 지시를 따릅니다.

파일이 다운로드되면 최신 버전을 사용하여 폴더의 압축을 풀거나 추출해야 합니다.

- WinRAR/7-Zip for Windows
- Zipeg/iZip/UnRarX for Mac
- 7-Zip/PeaZip for Linux

이 책의 코드 번들은 GitHub에서도 호스팅됩니다. https://github.com/Packt-Publishing/Hands-On-Generative-Adversarial-Networks-with-PyTorch-1.x. 코드가 업데이트되면 기존 GitHub 리포지토리에서 업데이트됩니다.

https://www.github.com/PacktPublishing/에 있는 풍부한 책과 비디오 카탈로그의 다른 코드 번들도 있습니다. 한번 보시기 바랍니다!

컬러 이미지 다운로드

또한 이 책에 사용된 스크린 샷/다이어그램의 컬러 이미지가 포함된 PDF 파일도 제공합니다. 여기에서 다운로드할 수 있습니다.

http://www.packtpub.com/sites/default/files/downloads/9781789530513_ColorImages.pdf.

사용된 규칙

이 책 전체에서 사용되는 많은 텍스트 규칙이 있습니다.

CodeInText : 텍스트, 데이터베이스 테이블 이름, 폴더 이름, 파일 이름, 파일 확장자, 경로 이름, 더미 URL, 사용자 입력 및 Twitter 핸들의 코드 단어를 나타냅니다. 예를 들면 다음과 같습니다. "다운로드한 WebStorm-10*.dmg 디스크 이미지 파일을 시스템의 다른 디스크로 마운트하십시오."

코드 블록은 다음과 같이 설정됩니다.

```
# Derivative with respect to w3
d_w3 = np.matmul(np.transpose(self.x2), delta)
# Derivative with respect to b3
d_b3 = delta.copy()
```

모든 명령 행 입력 또는 출력은 다음과 같이 작성됩니다.

```
$ python -m torch.distributed.launch --nproc_per_node=NUM_GPUS
YOUR_SCRIPT.py --YOUR_ARGUMENTS
```

굵은체 : 새로운 용어, 중요한 단어 또는 화면에 나타나는 단어를 나타냅니다. 예를 들어 메뉴나 대화 상자의 단어가 이와 같은 텍스트로 나타납니다. 예를 들면 다음과 같습니다. "**관리** 패널에서 **시스템 정보**를 선택하십시오."

경고 또는 중요 참고 사항은 다음과 같습니다.

팁과 요령은 다음과 같습니다.

연락하기

독자의 의견은 언제나 환영합니다.

일반적인 의견 : 이 책의 내용에 대해 궁금한 점이 있으면 메시지 제목에 책 제목을 입력하고 customercare@packtpub.com으로 이메일을 보내주십시오.

오류 : 콘텐츠의 정확성을 보장하기 위해 모든 주의를 기울였지만 오류는 발생합니다. 이 책에서 오류를 발견한 경우, 이 사실을 알려 주시면 감사하겠습니다. www.packtpub.com/support/errata를 방문하여 책을 선택하고 오류 제출 양식 링크를 클릭 한 후 세부 정보를 입력하십시오.

불법 복제 : 인터넷에서 어떤 형식으로든 우리 작품의 불법 사본을 발견한 경우 위치 주소 또는 웹 사이트 이름을 알려 주시면 감사하겠습니다. 자료에 대한 링크가 있는 copyright@packt.com으로 문의하십시오.

저자가 되고자 하는 경우 : 전문 지식이 있고 책을 쓰거나 책에 기고하고 싶은 주제가 있는 경우 authors.packtpub.com을 방문하십시오.

검토

검토를 남겨주세요. 이 책을 읽고 사용한 후에는 구입한 사이트에서 리뷰를 남겨 주신다면 잠재적 독자는 편견없는 의견을 보고 구매 결정을 내릴 수 있으며, Packt의 제품에 대한 귀하의 의견을 이해할 수 있으며 저자는 자신의 책에 대한 귀하의 의견을 볼 수 있습니다. 감사합니다!

Packt에 대한 자세한 내용은 packt.com을 방문하십시오.

차례

Section I
GAN 및 PyTorch 소개

CHAPTER 1 적대적 생성 네트워크 기본 사항

1.1 머신 러닝의 기본   4
    기계 학습-분류 및 생성   5
    적대적 학습 소개   7

1.2 생성기, 판별기 네트워크   8
    GAN의 수학적 배경   9
    사인 신호 생성기를 학습시키기 위해 NumPy 사용   11

1.3 GAN의 사용 예   27
    Image processing   28
    자연어 처리   32
    3D 모델링   32

1.4 요약   33

1.5 참고 문헌 및 유용한 독서 목록   33

CHAPTER 2 PyTorch 1.3 시작하기

2.1 PyTorch 1.3의 새로운 기능   38
    동적 그래프(eager mode)에서 정적 그래프(graph mode)로 쉽게 전환   39
    C ++ 프론트 엔드   41
    재설계된 분산 라이브러리   42
    더 나은 연구 재현성   43

		기타	45
	2.2	**CUDA–빠른 학습 및 평가를 위한 GPU 가속**	47
		NVIDIA 드라이버 설치	48
		CUDA 설치	49
		cuDNN 설치	51
		CUDA 설치 평가	53
	2.3	**Windows 및 Linux에서 PyTorch 설치**	55
		파이썬 환경 설정	55
		PyTorch 설치	58
		PyTorch 설치 평가	61
		보너스 : Python 코딩을 위한 VS Code 설정	63
	2.4	**참고 문헌 및 유용한 독서 목록**	65
	2.5	**요약**	66

CHAPTER 3 모델 설계 및 학습을 위한 모범 사례

	3.1	**모델 디자인 개요**	68
		전체 모델 구조 설계	68
		합성곱 연산 방법 선택	70
		다운 샘플링 작업 방법 선택	73
		모델 디자인에 대한 추가 정보	75
	3.2	**모델 학습 개요**	75
		매개변수 초기화	76
		손실 함수 조정	79
		최적화 방법 선택	81
		학습률 조정	83
		기울기 클리핑, 가중치 클리핑 등	85
	3.3	**파이썬에서 효율적인 코딩**	86
		현명하게 재발명하기	87
		딥러닝 초보자를위한 조언	87
	3.4	**요약**	88

xiii

Section II
이미지 합성을 위한 일반적인 GAN 모델

CHAPTER 4 PyTorch로 첫 번째 GAN 구축

4.1	심층 합성곱 GAN 소개	92
	생성기의 구조	94
	판별기의 구조	95
4.2	PyTorch를 사용하여 DCGAN 작성	96
	생성기 네트워크	99
	판별기 네트워크	101
4.3	모델 학습 및 평가	103
	학습 반복	104
	생성된 샘플 시각화	106
	GPU 사용 정보 확인	107
4.4	더 큰 데이터 세트로 이동	109
	CelebA 데이터 세트에서 사람 얼굴 생성	109
	LSUN 데이터 세트에서 침실 사진 생성	112
4.5	생성기 네트워크와 놀기	116
	이미지 보간	118
	의미 벡터 산술	120
4.6	요약	123
4.7	참고 문헌 및 유용한 독서 목록	123

CHAPTER 5 레이블 정보를 기반으로 이미지 생성

5.1	CGAN-레이블은 어떻게 사용됩니까?	126
	레이블을 생성기와 결합	127
	판별기에 레이블 통합	129
5.2	CGAN을 사용하여 레이블에서 이미지 생성	132
	원 스톱 모델 학습 API	132

		인수 파싱 및 모델 학습	137
	5.3	Fashion-MNIST와 협력	145
	5.4	InfoGAN-비지도 속성 추출	148
		InfoGAN의 네트워크 정의	149
		InfoGAN 학습 및 평가	155
	5.5	참고 문헌 및 유용한 독서 목록	161
	5.6	요약	162

CHAPTER 6 이미지에서 이미지로의 변환 및 응용 프로그램

	6.1	픽셀 단위 레이블을 사용하여 pix2pix로 이미지 변환	164
		생성기 구조	166
		판별기 구조	171
		pix2pix의 학습 및 평가	174
	6.2	Pix2pixHD-고해상도 이미지 변환	180
		모델 구조	180
		모델 학습	182
	6.3	CycleGAN-짝을 이루지 않은 모음에서 이미지 간 변환	185
		주기(Cycle) 일관성 기반 모델 설계	186
		모델 학습 및 평가	192
	6.4	요약	206
	6.5	추가 읽기	206

CHAPTER 7 GAN을 사용한 이미지 복원

	7.1	SRGAN을 사용한 이미지 초 해상도	210
		생성기 생성	211
		판별기 작성	217
		학습 손실 정의	219
		고해상도 이미지 생성을 위한 SRGAN 학습	222
	7.2	생성 이미지 인페인팅	226

		im2col에서 nn.Unfold까지의 효율적인 합성곱	226
		WGAN-Wasserstein 거리 이해	235
		이미지 인페인팅을 위한 GAN 학습	241
	7.3	요약	246
	7.4	유용한 독서 목록 및 참고 문헌	247

CHAPTER 8 다른 모델을 속이는 GAN 학습

	8.1	적대적 사례-딥러닝 모델 공격	250
		적대적의 예는 무엇이며 어떻게 만들어 집니까?	250
		PyTorch로 적대적 공격	251
	8.2	생성 적대적 사례	259
		Kaggle의 고양이와 개를 위한 앙상블 분류기 준비	259
		advGAN으로 분류기 속이기	273
	8.3	요약	284
	8.4	유용한 독서 목록 및 참고 문헌	284

CHAPTER 9 설명 텍스트에서 이미지 생성

	9.1	GAN을 사용한 텍스트-이미지 합성	286
		단어 임베딩에 대한 빠른 소개	286
		제로 샷 전이 학습으로 텍스트를 이미지로 변환	288
		GAN 구조 및 학습	290
	9.2	StackGAN++로 사실적인 이미지 생성	301
		StackGAN을 이용한 고해상도 텍스트-이미지 합성	301
		StackGAN에서 StackGAN++로	303
		더 나은 품질로 이미지를 생성하기 위한 StackGAN++ 학습	304
	9.3	요약	307
	9.4	유용한 독서 목록 및 참고 문헌	307

CHAPTER 10   **GAN을 사용한 순차 합성**

    10.1 SeqGAN을 통한 텍스트 생성–GAN에게 농담을 알려주는 방법 학습   310
           SeqGAN의 설계–GAN, LSTM 및 RL   311
           학습을 위한 나만의 어휘 만들기   318

    10.2 SEGAN을 통한 음성 품질 향상   330
           SEGAN의 구조   330
           음성 품질 향상을 위한 SEGAN 학습   332

    10.3 요약   335

    10.4 유용한 독서 목록 및 참고 문헌   335

CHAPTER 11   **GAN을 사용하여 3D 모델 재구성**

    11.1 컴퓨터 그래픽의 기본 개념   338
           3D 객체 표현   338
           카메라 및 프로젝션   341

    11.2 3D 데이터 합성을 위한 GAN 설계   344
           3D-GAN의 생성기 및 판별기   344
           3D-GAN 학습   349

    11.3 요약   362

    11.4 유용한 독서 목록 및 참고 문헌   362

    즐길 수 있는 다른 책들   363

    찾아보기   366

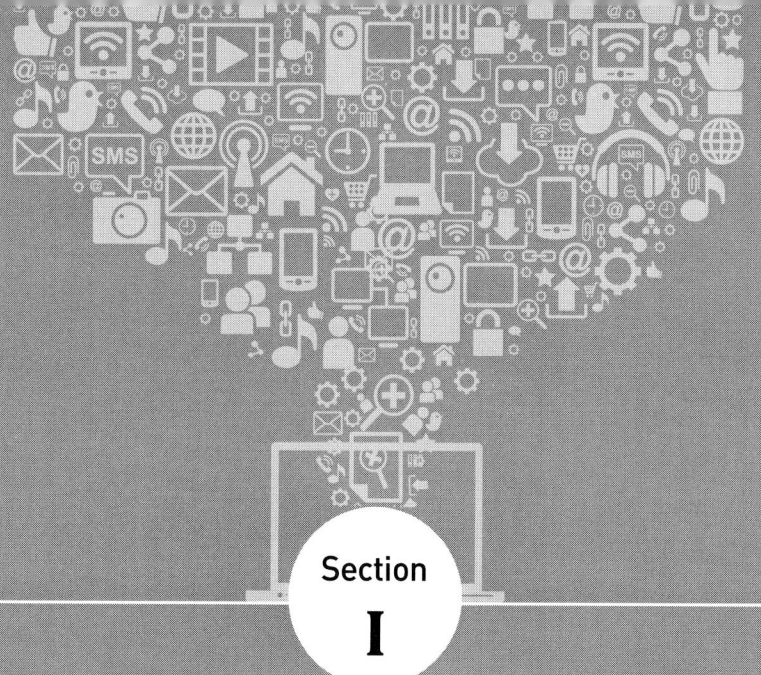

Section I

GAN 및 PyTorch 소개

이 섹션에서는 GAN의 기본 개념, PyTorch 1.0 설치 방법 및 PyTorch를 사용하여 고유한 모델을 만드는 방법을 소개합니다.

이 섹션은 다음과 같은 장으로 구성되어 있습니다.

- 1장 적대적 생성 네트워크 기본 사항
- 2장 PyTorch 1.3 시작하기
- 3장 모델 설계 및 학습 모범 사례

적대적 생성 네트워크 기본 사항

GAN(Generative Adversarial Networks)은 **기계 학습(ML)** 커뮤니티에서 혁신적인 폭풍을 일으켰습니다. 이것은 사람들이 **컴퓨터 비전(CV)**과 **자연어 처리(NLP)**에서 실제 문제를 해결하는 방식을 어느 정도 바꾸었습니다. 우리가 폭풍에 뛰어들기 전에 GAN의 기본 통찰력으로 당신을 준비합시다.

이 장에서는 적대적 학습의 기본 개념과 GAN 모델의 기본 구성 요소를 이해합니다. 또한 GAN의 작동 방식과 NumPy를 사용하여 GAN을 구축하는 방법에 대해 간단히 이해하게 됩니다.

PyTorch의 새로운 기능을 활용하기 전에 먼저 NumPy로 간단한 GAN을 작성하여 사인 신호를 생성하고 GAN 내부의 동작원리에 대해 심도 있게 이해할 수 있도록 학습합니다. 이 장의 말미에 CV 및 NLP 분야의 실제 문제를 해결하기 위해 GAN을 사용하는 방법에 대한 많은 쇼케이스를 살펴보면서 약간의 휴식을 취할 수 있습니다.

이 장에서 다룰 내용은 다음과 같습니다.

- 머신 러닝의 기본
- 생성기 및 판별기 네트워크
- GAN의 사용 예
- 참고 문헌 및 유용한 독서 목록

1.1 머신 러닝의 기본

GAN 작동 방식을 이해하기 위해 다음을 글을 읽고 유추해보기 바랍니다.

오래 전, 한 섬에 두 개의 이웃 왕국이 있었습니다. 하나는 Netland라고 하고 다른 하나는 Ganland라고 했습니다. 두 왕국 모두 훌륭한 와인, 갑옷, 무기를 생산했습니다. Netland에서 왕은 갑옷을 만드는 전문 대장장이가 성의 동쪽 구석에서 일하고, 칼을 만든 사람들은 서쪽에서 일하여 군주와 기사들이 왕국이 제공하는 최고의 장비를 선택할 수 있도록 요구했습니다. 한편, Ganland 왕은 모든 대장장이를 같은 구석에 놓고 갑옷 제작자와 칼 제작자가 매일 서로의 작업을 평가하게 했습니다. 칼이 갑옷을 뚫고 나면 칼이 좋은 가격에 팔리고 갑옷을 녹여 다시 제작됩니다. 반대라면, 칼은 다시 만들어지고 사람들은 갑옷을 사기 위해 노력할 것입니다. 어느 날, 두 왕은 어느 왕국이 더 좋은 포도주를 만들었는지 논쟁하다가 싸움으로까지 번지게 되었습니다. 비록 수가 적었지만 Ganland의 병사들은 매일의 적대적 시험에서 수년간 개선된 갑옷과 칼을 가지고 있었고, Netland 병사들은 이런 Ganland 병사들의 강한 갑옷을 뚫을 수 없었고 날카로운 칼을 견딜 수 없었습니다. 결국, Netland의 패배한 왕은 마지못해 Ganland의 와인과 대장장이가 더 좋다는 데 동의했습니다.

기계 학습 – 분류 및 생성

ML은 인간에 의해 하드 코딩된 규칙없이 데이터에서 패턴을 인식하는 연구입니다. **패턴 인식**(Pattern Recognition 또는 PR)은 원시 데이터 간의 유사점과 차이점을 자동으로 발견하는 것으로 소설과 영화에만 존재하는 **인공지능(AI)**을 실현하는 데 필수적인 방법입니다. 미래에 실제 AI가 언제 생겨날지 알기는 어렵지만 ML의 개발은 최근 몇 년 동안 많은 신뢰를 주었습니다. ML은 CV, NLP, **추천 시스템**, **지능형 교통 시스템(ITS)**, **의료 진단**, **로봇 공학** 및 **광고**와 같은 많은 분야에서 이미 광범위하게 사용되고 있습니다.

ML 모델은 일반적으로 데이터를 받아서 시스템에 포함된 매개변수를 기반으로 특정 출력을 제공하는 시스템으로 설명됩니다. 모델의 **학습**은 실제로 더 나은 출력을 얻기 위해 매개변수를 조정하는 것입니다. 다음 다이어그램과 같이 학습 데이터를 모델에 공급하고 특정 결과를 얻습니다. 그런 다음 하나 이상의 기준을 사용하여 출력을 측정하고 모델의 성능을 알려줍니다. 이 단계에서, 학습 데이터와 관련하여 원하는 출력(또는 사실)이 매우 도움이 될 것입니다. 정답 데이터(ground truth data)가 학습에 사용되는 경우, 이 과정을 종종 **지도 학습**이라고 합니다. 그렇지 않은 경우 종종 **비지도 학습**으로 간주됩니다.

우리는 미래에 더 나은 결과를 얻을 수 있도록 모델의 성능(즉, 원하는 결과를 제공하는지 여부)에 따라 모델의 매개변수를 지속적으로 조정합니다. 이 과정을 **모델 학습**이라고 합니다. 모델 학습을 통해 제대로 된 결과를 얻기 위해서는 시간이 필요합니다. 일반적으로 특정 반복 횟수 이후 또는 성능이 충분할 때 학습을 중단합니다. 학습 과정이 완료되면 학습된 모델을 적용하여 새로운 데이터(평가 데이터)를 예측합니다. 이 과정을 **모델 평가**라고 합니다. 때때로 사람들은 학습 및 평가를 위해 서로 다른 데이터 세트를 사용하여 절대 학습하지 않는 샘플에서 모델이 얼마나 잘 수행되는지 확인합니다. 이를 **일반화 기능**이라고 합니다. 모델의 매개변수가 너무 복잡하여 모델 또는 학습 프로세스가 제대로 설계되었는지 확인하기 위해 다른 데이터 세트가 필요한 경우 **모델 평가**라는 추가 단계가 포함되기도 합니다.

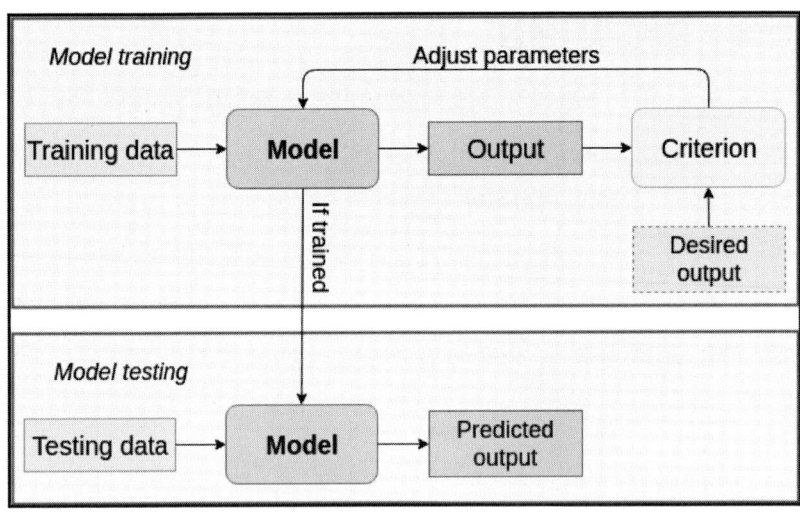

모델 학습, 평가를 수행하는 전형적인 기계 학습 시스템

이 모델이 해결할 수 있는 문제 유형은 기본적으로 원하는 입력 및 출력 데이터 유형에 따라 결정됩니다. 예를 들어 분류 모델은 임의의 수의 차원(오디오, 텍스트, 이미지 또는 비디오)을 입력하고 1차원 출력(예상 레이블을 나타내는 단일 값)을 제공합니다. 생성 모델은 일반적으로 1차원 입력(잠재 벡터)을 사용하여 고차원 출력(이미지, 비디오 또는 3D 모델)을 생성합니다. 저차원 데이터에서 고차원 데이터를 매핑하고 동시에 출력 샘플을 가능한 한 설득력 있게 보이도록 합니다. 그러나 향후 장에서 이 규칙을 준수하지 않는 생성 모델을 만나게 될 것입니다. 이것은 5장, "레이블 정보를 기반으로 이미지 생성"하기 전까지 기억해야 할 간단한 규칙입니다.

 AI에 관해서는 커뮤니티에 두 그룹의 신자가 있습니다. 상징주의자들은 인간 경험과 지식의 필요성을 인정합니다. 그들은 낮은 수준의 패턴이 인간에 의해 주어진 명백한 규칙에 기초하여 높은 수준의 결정을 구성한다고 생각합니다. 연결론자들은 인공 신경이 인간의 신경 시스템과 유사한 네트워크에 의해 실현될 수 있다고 생각하며 간단한 뉴런들 사이의 연결을 조정하는 것이 이 시스템의 핵심입니다. 딥러닝의 폭발적인 발전은 연결주의자 측에 점수를 더 해줍니다. 당신의 의견은 어떤가요?

적대적 학습 소개

전통적으로 생성 문제는 **볼츠만 기계**(Boltzmann machine), **마르코프 연쇄**(Markov chain) 또는 **변형 엔코더**(variational encoder)와 같은 통계 기반 방법으로 해결합니다. 수학적으로 깊이 있음에도 불구하고 생성된 샘플은 아직 완벽하지 않습니다. 분류 모델은 고차원 데이터를 저차원으로 매핑하는 반면, 생성 모델은 종종 저차원 데이터를 고차원으로 매핑합니다. 두 분야의 사람들은 모델을 개선하기 위해 열심히 노력해 왔습니다. 앞부분에서 소개한 작은 이야기로 돌아가 봅시다. 서로 다른 두 가지 모델을 대항하여 동시에 개선할 수 있습니까? 분류 모델의 입력으로 생성 모델의 출력을 취하면 분류 모델(칼)을 사용하여 생성 모델(갑옷)의 성능을 측정할 수 있습니다. 동시에 ML 모델 학습에 더 많은 데이터가 더 나은 성능을 보이는 경우가 많기 때문에 실제 샘플과 함께 생성된 샘플(갑옷)을 공급하여 분류 모델(칼)을 개선할 수 있습니다.

두 모델이 서로를 약화시키려고 노력하여 결과적으로 서로를 향상시키려는 학습 과정을 **적대적 학습**이라고 합니다. 다음 다이어그램에서 알 수 있듯이 모델 A와 B는 완전히 반대되는 안건(예 : 분류 및 생성)을 갖습니다. 그러나 학습의 각 단계에서 모델 A의 출력은 모델 B를 개선하고, 모델 B의 출력은 모델 A를 개선합니다.

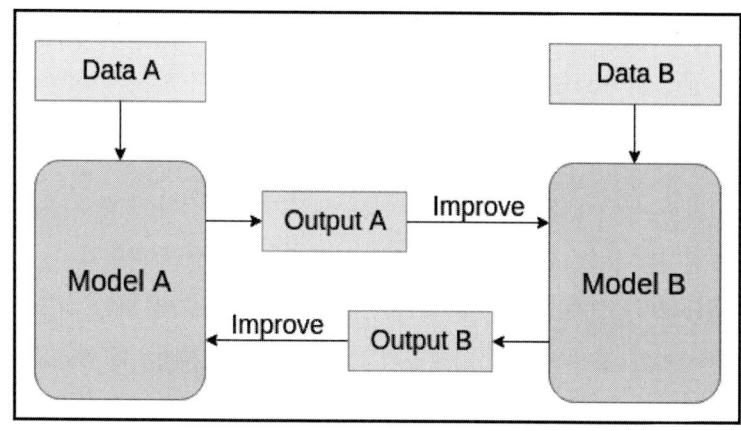

전형적인 적대적 학습 시스템

GAN은 2014년에 Goodfellow, Pouget-Abadie, Mirza 등이 제안한 바로 이 아이디어를 기반으로 설계되었습니다. 이제 GAN은 ML 커뮤니티에서 오디오, 텍스트, 이미지, 비디오 및 3D 모델을 합성하는 가장 번성하고 인기있는 학습방법이 되었습니다. 이 책에서는 다양한 유형의 GAN 기본 구성 요소와 동작원리를 안내하고 다양한 실제 문제를 해결하기 위해 이를 사용하는 방법을 설명합니다. 다음 섹션에서는 GAN의 기본 구조를 소개하여 GAN의 작동 방식과 원리를 보여줍니다.

1.2 생성기, 판별기 네트워크

여기에서는 GAN의 기본 구성 요소를 보여주고 실제 샘플을 생성하는 목표를 달성하기 위해 GAN이 서로 어떻게 작동하는지 설명합니다. GAN의 일반적인 구조는 다음 다이어그램에 나와 있습니다. 여기에는 생성기와 판별기의 두 가지 네트워크가 포함됩니다. **생성기** 네트워크는 일반적으로 랜덤 노이즈를 입력으로 받아 가짜 샘플을 생성합니다. 우리의 목표는 가짜 샘플을 실제 샘플과 최대한 가깝게 만드는 것입니다. 그것이 판별기가 들어온 이유입니다. **판별기**는 실제로 분류 네트워크이며, 주어진 표본이 가짜인지 실제인지를 알려주는 역할을 합니다. 생성기는 판별기를 속이고 혼란스럽게 하여 잘못된 결정을 내리는 데 최선을 다하는 반면, 판별기는 가짜 샘플을 실제 샘플과 구별하기 위해 최선을 다합니다.

이 과정에서 가짜 샘플과 실제 샘플의 차이는 생성기를 개선하는 데 사용됩니다. 따라서 생성기는 현실감 있는 샘플을 생성하는 데 더 능숙한 반면 판별기는 샘플을 더 잘 추출할 수 있습니다. 실제 샘플은 판별기의 학습에 사용되므로 학습 과정은 지도학습이 됩니다. 생성기가 정답에 대한 지식없이 가짜 샘플을 제공하더라도 GAN의 전체 학습은 여전히 **지도학습**입니다.

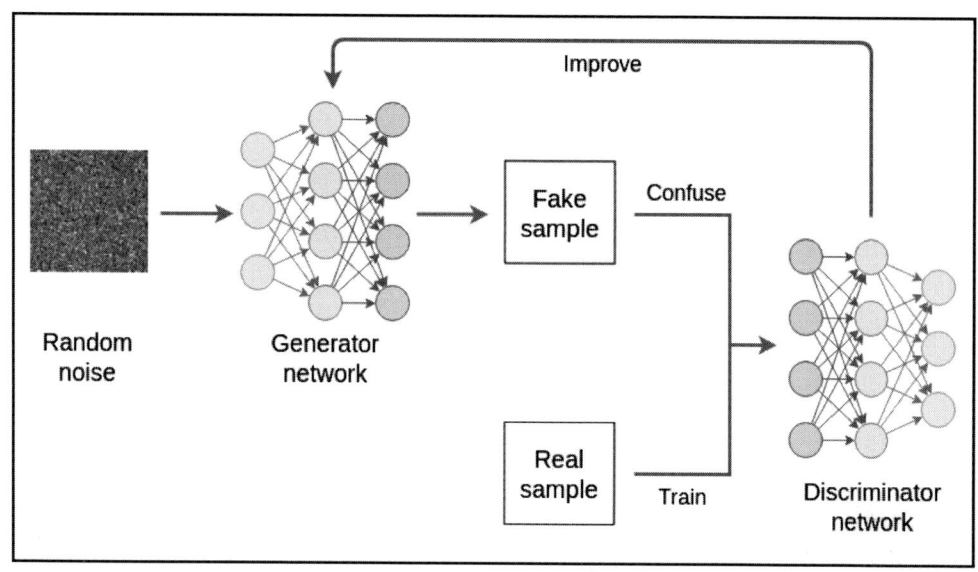

GAN의 일반적인 구조

GAN의 수학적 배경

동작원리를 더 잘 이해하기 위해서 이 과정의 바탕이 된 수학을 살펴보도록 합시다. 생성기와 판별기 네트워크를 각각 G, D로 나타낸다고 합시다. 시스템의 성능 기준을 V로 나타낸다고 합시다. 이제 최적화 목표는 다음과 같이 설명됩니다.

$$\min_G \max_D V(D, G) = \mathbb{E}_x[\log D(x)] + \mathbb{E}_{x^*}[\log(1 - D(x^*))]$$

이 방정식에서 x는 실제 샘플이고, $x^* = G(z)$는 생성된 샘플이며, z는 G가 가짜 샘플을 생성하는 데 사용하는 랜덤 노이즈입니다. $\mathbb{E}_x[f]$은 x에 대한 기대치입니다. 이것은 모든 샘플에 대한 함수 f의 평균값을 의미합니다.

앞서 언급했듯이, 판별기 D의 목표는 실제 샘플의 예측 신뢰도를 최대화하는 것입니다. 따라서 D는 기울기 상승(목표의 연산자)으로 학습해야 합니다. D에 대한 업데이트 규칙은 다음과 같습니다.

$$\theta_d \leftarrow \theta_d + \frac{1}{m} \nabla_{\theta_d} \sum_{i=1}^{m} (\log D(x_i) + \log(1 - D(x_i^*)))$$

이 공식에서 θ_d는 D의 매개변수입니다(예 : 완전히 연결된 층의 합성곱 커널 및 가중치와 같은), m은 미니 배치의 크기(또는 짧은 배치 크기)이며, i는 미니 배치의 샘플 인덱스입니다. 여기서 우리는 학습 데이터를 공급하기 위해 미니 배치를 사용한다고 가정합니다. 이는 가장 일반적으로 사용되고 경험적으로 효과적인 전략이기 때문에 상당히 합리적입니다. 따라서 기울기(gradient)는 m 샘플에 대해 평균으로 계산합니다.

학습 데이터를 모델에 공급하는 3가지 방법이 있습니다: (1) 한 번에 하나의 샘플을 공급하는 방법, 예를 들어, **확률적 기울기 하강**(Stochastic Gradient Descent, SGD); (2) 한 번에 소수의 샘플을 공급하는 방법을 **미니 배치**라고 합니다. (3) 한 번에 모든 샘플을 공급하는 방법, 즉 실제로는 **배치**라고 합니다. 확률론적 방법은 너무 많은 무작위성을 유발하므로 하나의 불량한 샘플이 이전의 여러 학습 단계의 훌륭한 작업을 위태롭게 할 수 있습니다. 전체 배치는 계산하기에 너무 많은 메모리가 필요합니다. 따라서 이 책에서는 미니 배치를 통해 모든 모델에 데이터를 공급하지만, 이를 배치 방식으로만 언급할 수도 있습니다.

생성자 G의 목표는 판별자 D를 속이고 D는 생성된 샘플은 실제라고 믿는다고 합시다. 따라서 G의 학습은 $D(G(z))$를 최대화하거나 $1 - D(G(z))$를 최소화하는 것입니다. 따라서 G는 기울기 하강(목표의 연산자)으로 학습해야 합니다. G의 업데이트 규칙은 다음과 같습니다.

$$\theta_g \leftarrow \theta_g - \frac{1}{m} \nabla_{\theta_g} \sum_{i=1}^{m} \log(1 - D(G(z_i)))$$

이 공식에서 θ_g는 D의 매개변수이고, m은 미니 배치의 크기이며, i는 미니 배치의 샘플 인덱스입니다.

 GD 개념에 익숙하지 않다면 울퉁불퉁한 지형에서 끈적끈적한 공을 차는 어린 소년을 생각해 보십시오. 소년은 공이 가장 낮은 구덩이의 바닥에 있게 되면 공놀이를 멈추고 집에 가버릴 수 있습니다. 공은 끈적거리므로 기울기 면에서도 지면에 닿은 후에 구르지 않습니다. 따라서 공을 차는 위치는 소년이 어느 방향으로 얼마나 차는지를 결정합니다. 소년이 공을 차는 힘은 걸음 수(또는 **학습률**)로 설명됩니다. 차는 방향은 발 아래 지형의 특성에 따라 결정됩니다. 내리막 방향이 효율적으로 선택되는데, 이는 매개변수에 대한 손실 함수의 음의 기울기입니다. 따라서 우리는 종종 목적 함수를 최소화하기 위해 기울기 하강을 사용합니다. 그러나 소년은 공에 너무 집착하여 공만 쳐다보고 더 넓은 범위에서 가장 낮은 구덩이를 찾지 못합니다. 따라서 GD 방법은 때로는 바닥에 도달하는 데 시간이 오래 걸리기 때문에 비효율적입니다. GD 효율성을 개선하는 방법에 대한 몇 가지 팁을 3장 모델 설계 및 학습 모범 사례에서 소개합니다. **기울기 상승**은 가장 높은 피크를 찾는 기울기 하강과 반대입니다.

사인(sine) 신호 생성기를 학습시키기 위해 NumPy 사용

어쩌면 수학은 코드보다 더 혼란스럽습니다. 자, 우리가 던진 방정식을 요약하는 코드를 봅시다. 여기서는 사인(sine) 신호를 생성하기 위해 Python을 사용하여 매우 간단한 적대적 학습 예제를 구현합니다.

 다음 예제에서는 강력한 선형대수 파이썬 라이브러리인 NumPy만 사용하여 GAN 모델을 구현합니다. PyTorch와 같이 널리 사용되는 딥러닝 툴킷에서 발생할 수 있는 사항을 심도 있게 이해할 수 있도록 기울기를 직접 계산해야 합니다. PyTorch에서 제공하는 강력한 함수를 사용하여 기울기를 계산할 수 있기 때문에 이후 장에서는 이 작업을 수행하지 않을 것입니다.

네트워크 구조 설계

생성기 네트워크의 구조는 다음 다이어그램에 설명되어 있습니다. 1차원 임의의 값을 입력으로 사용하고 10차원 벡터를 출력으로 제공합니다. 여기에는 각각 10개의 뉴런을 포함하는 2개의 은닉층이 있습니다. 각 층의 계산은 행렬 곱셈입니다. 따라서 네트워크는 실제로 MLP(Multilayer Perceptron)입니다.

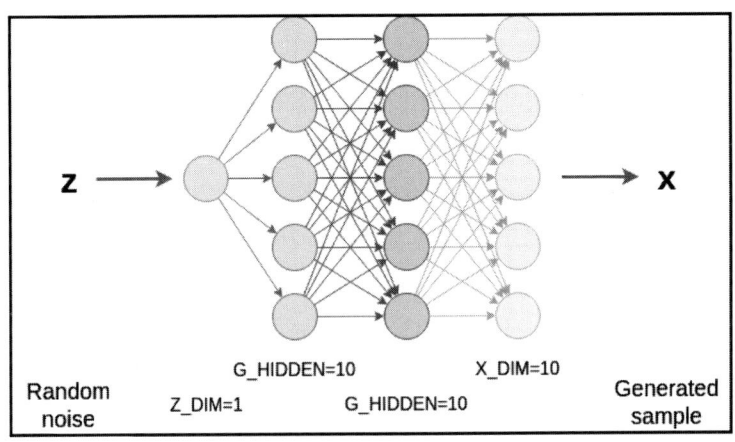

생성기 네트워크의 구조

판별기 네트워크의 구조는 다음 다이어그램에 설명되어 있습니다. 10차원 벡터를 입력으로 사용하고 1차원 값을 출력으로 제공합니다. 출력은 입력 샘플의 예측 레이블(실

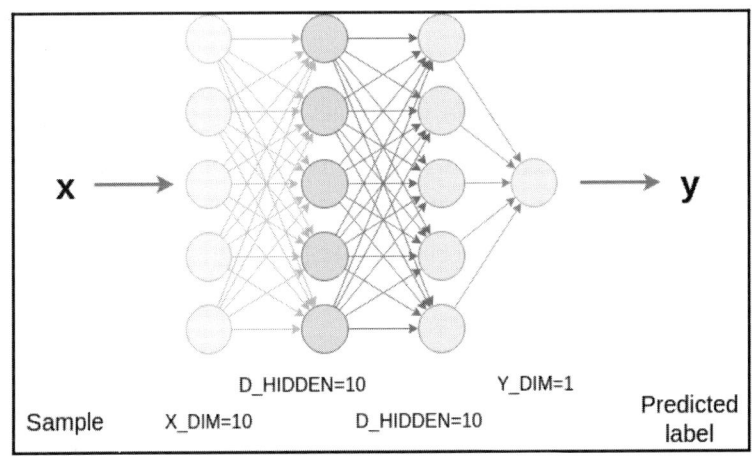

판별기 네트워크의 구조

제 또는 가짜)입니다. 판별기 네트워크는 또한 두 개의 은닉층과 각각 10개의 뉴런을 포함하는 MLP입니다.

활성화 함수 및 손실 함수 정의

우리는 NumPy(http://www.numpy.org)만 사용하여 GAN 모델을 계산하고 학습시킵니다(선택적으로 신호를 시각화하기 위해 Matplotlib(https://matplotlib.org) 사용). 컴퓨터에 아직 Python 환경이 없다면 2장 PyTorch 1.3 시작을 참조하여 동작하는 Python 환경 설정 방법을 알아보십시오. 파이썬 환경이 올바르게 설정되었다면 실제 코드로 넘어 갑시다.

다음 코드는 모두 simple.py 파일(예 : simple_gan.py)에 배치할 수 있습니다. 코드를 단계별로 살펴 보겠습니다.

1. NumPy 라이브러리를 가져옵니다.

    ```
    import numpy as np
    ```

2. 모델에 필요한 몇 가지 상수 변수를 정의합니다.

    ```
    Z_DIM = 1
    G_HIDDEN = 10
    X_DIM = 10
    D_HIDDEN = 10

    step_size_G = 0.01
    step_size_D = 0.01
    ITER_NUM = 50000

    GRADIENT_CLIP = 0.2
    WEIGHT_CLIP = 0.25
    ```

3. 추정하려는 실제 사인(sine) 샘플(numpy.sin 포함)을 정의합니다.

```
def get_samples(random=True):
    if random:
        x0 = np.random.uniform(0, 1)
        freq = np.random.uniform(1.2, 1.5)
        mult = np.random.uniform(0.5, 0.8)
    else:
        x0 = 0
        freq = 0.2
        mult = 1
    signal = [mult * np.sin(x0+freq*i) for i in range(X_DIM)]
    return np.array(signal)
```

이전 스니펫에서는 부울 변수인 random을 사용하여 실제 데이터와 마찬가지로 샘플에 임의성을 도입했습니다. 실제 샘플은 다음과 같습니다(random = True인 50개의 샘플).

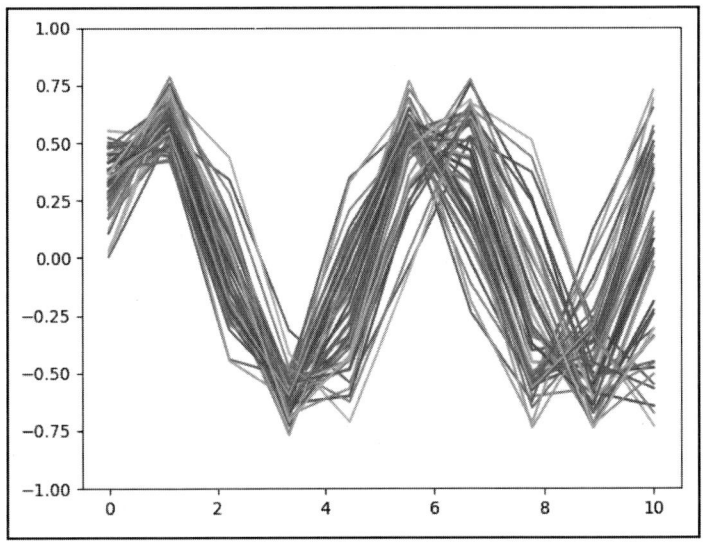

실제 사인(sine) 샘플

4. 활성화 함수와 그 도함수를 정의합니다. 활성화 함수의 개념에 익숙하지 않은 경우, 다음 계층이 이러한 출력값을 더 잘 이해할 수 있도록 해당 작업이 층의 출력을 조정하는 것임을 기억하십시오.

```python
def ReLU(x):
    return np.maximum(x, 0.)

def dReLU(x):
    return ReLU(x)

def LeakyReLU(x, k=0.2):
    return np.where(x >= 0, x, x * k)

def dLeakyReLU(x, k=0.2):
    return np.where(x >= 0, 1., k)

def Tanh(x):
    return np.tanh(x)

def dTanh(x):
    return 1. - Tanh(x)**2

def Sigmoid(x):
    return 1. / (1. + np.exp(-x))

def dSigmoid(x):
    return Sigmoid(x) * (1. - Sigmoid(x))
```

5. 층 매개변수를 초기화하는 함수를 정의합니다.

```python
def weight_initializer(in_channels, out_channels):
    scale = np.sqrt(2. / (in_channels + out_channels))
    return np.random.uniform(-scale, scale, (in_channels,
                             out_channels))
```

6. 손실 함수를 정의합니다(순방향과 역방향).

```
class LossFunc(object):
    def __init__(self):
        self.logit = None
        self.label = None

    def forward(self, logit, label):
        if logit[0, 0] < 1e-7:
            logit[0, 0] = 1e-7
        if 1. - logit[0, 0] < 1e-7:
            logit[0, 0] = 1. - 1e-7
        self.logit = logit
        self.label = label
        return - (label * np.log(logit) + (1-label) *
                  np.log(1-logit))

    def backward(self):
        return (1-self.label) / (1-self.logit) - self.label /
               self.logit
```

이것을 **이진 교차 엔트로피**(binary corss entropy)라고 하며, 이진 분류 문제(샘플이 클래스 A 또는 클래스 B에 속함)에서 일반적으로 사용됩니다. 때때로, 네트워크 중 하나가 너무 잘 학습되어 판별기의 sigmoid 출력이 0 또는 1에 너무 가까울 수 있습니다. 두 시나리오 모두 로그 함수의 숫자 오류로 이어집니다. 따라서 출력값의 최댓값과 최솟값을 제한해야 할 필요가 있습니다.

정방향 전달 및 역전파 작업

이제 생성기와 판별기 네트워크를 만들어 봅시다. 코드를 동일한 코드를 simple_gan.py 파일에 넣습니다.

1. 생성기 네트워크의 매개변수를 정의합니다.

    ```
    class Generator(object):
        def __init__(self):
            self.z = None
            self.w1 = weight_initializer(Z_DIM, G_HIDDEN)
            self.b1 = weight_initializer(1, G_HIDDEN)
            self.x1 = None
            self.w2 = weight_initializer(G_HIDDEN, G_HIDDEN)
            self.b2 = weight_initializer(1, G_HIDDEN)
            self.x2 = None
            self.w3 = weight_initializer(G_HIDDEN, X_DIM)
            self.b3 = weight_initializer(1, X_DIM)
            self.x3 = None
            self.x = None
    ```

    모든 층의 입력 및 출력을 추적하여 나중에 매개변수를 업데이트하기 위해 미분을 계산해야 하기 때문에 모든 층의 입력 및 출력을 추적합니다.

2. 순방향 계산을 정의합니다(임의의 노이즈를 기반으로 샘플 생성).

    ```
    def forward(self, inputs):
        self.z = inputs.reshape(1, Z_DIM)
        self.x1 = np.matmul(self.z, self.w1) + self.b1
        self.x1 = ReLU(self.x1)
        self.x2 = np.matmul(self.x1, self.w2) + self.b2
        self.x2 = ReLU(self.x2)
        self.x3 = np.matmul(self.x2, self.w3) + self.b3
        self.x = Tanh(self.x3)
        return self.x
    ```

    기본적으로 동일한 계산 프로세스가 3번 반복됩니다. 각 층은 다음 공식에 따라 출력을 계산합니다.

$$x_{l+1} = f(x_l \cdot w_{l+1} + b_{l+1})$$

이 방정식에서 x는 층의 출력 값을 나타내고 f는 활성화 함수를 나타내며 아래 첨자 l은 층의 인덱스를 나타냅니다. 여기서는 은닉층에서 ReLU를 사용하고 출력층에서 Tanh를 사용합니다.

이제 생성기 네트워크에 대한 역방향 계산을 정의해야 합니다(미분을 계산하고 매개변수를 업데이트하기 위해). 이 부분의 코드는 약간 길게 되어 있습니다. 실제로 동일한 과정을 3번 반복합니다.

- 이 층의 출력에 대한 손실의 도함수를 계산합니다(예 : 출력 또는 x2에 대한 도함수).
- 매개변수와 관련하여 손실의 도함수를 계산합니다(예 : w3 또는 b3에 대한 도함수).
- 도함수로 매개변수를 업데이트하십시오.
- 기울기를 이전 층으로 전달. 도함수는 다음과 같이 계산됩니다.

$$\delta = \frac{\partial L}{\partial x_{l+1}}$$

$$\nabla_{w_{l+1}} L = \frac{\partial L}{\partial w_{l+1}} = \frac{\partial L}{\partial y_{l+1}} \cdot \frac{\partial y_{l+1}}{\partial w_{l+1}} = x_l^T \cdot \delta$$

$$w_{l+1} \leftarrow w_{l+1} - \mu \nabla_{w_{l+1}} L$$

이 과정에서 코드에서 델타(delta)로 표시되는 출력에 대한 손실의 미분은 층 $l+1$에서 층 l로 기울기를 전파하는 열쇠입니다. 따라서 이 과정은 역전파라고 합니다. 계층 $l+1$에서 계층 l로의 전파는 다음과 같이 설명됩니다.

$$\delta \leftarrow \frac{\partial L}{\partial x_l} = \frac{\partial L}{\partial x_{l+1}} \cdot \frac{\partial x_{l+1}}{\partial x_l} = \delta \cdot w_{l+1}^T$$

3. 출력과 관련하여 미분을 계산합니다.

```
def backward(self, outputs):
    # Derivative with respect to output
    delta = outputs
    delta *= dTanh(self.x)
```

세 번째 층의 매개변수와 관련하여 미분을 계산하십시오.

```
# Derivative with respect to w3
d_w3 = np.matmul(np.transpose(self.x2), delta)
# Derivative with respect to b3
d_b3 = delta.copy()
```

기울기를 두 번째 층으로 전달하십시오.

```
# Derivative with respect to x2
delta = np.matmul(delta, np.transpose(self.w3))
```

그리고 세 번째 층의 매개변수를 업데이트하십시오.

```
# Update w3
if (np.linalg.norm(d_w3) > GRADIENT_CLIP):
    d_w3 = GRADIENT_CLIP / np.linalg.norm(d_w3) * d_w3
self.w3 -= step_size_G * d_w3
self.w3 = np.maximum(-WEIGHT_CLIP, np.minimum(WEIGHT_CLIP,self.w3))
# Update b3
self.b3 -= step_size_G * d_b3
self.b3 = np.maximum(-WEIGHT_CLIP, np.minimum(WEIGHT_CLIP,self.b3))
delta *= dReLU(self.x2)
```

4. 두 번째 층의 매개변수를 업데이트하고 기울기를 첫 번째 층으로 전달하십시오.

```
# Derivative with respect to w2
d_w2 = np.matmul(np.transpose(self.x1), delta)
# Derivative with respect to b2
d_b2 = delta.copy()

# Derivative with respect to x1
delta = np.matmul(delta, np.transpose(self.w2))

# Update w2
if (np.linalg.norm(d_w2) > GRADIENT_CLIP):
    d_w2 = GRADIENT_CLIP / np.linalg.norm(d_w2) * d_w2
self.w2 -= step_size_G * d_w2
self.w2 = np.maximum(-WEIGHT_CLIP, np.minimum(WEIGHT_CLIP,
        self.w2))

# Update b2
self.b2 -= step_size_G * d_b2
self.b2 = np.maximum(-WEIGHT_CLIP, np.minimum(WEIGHT_CLIP,
        self.b2))
delta *= dReLU(self.x1)
```

5. 첫 번째 층의 매개변수를 업데이트하십시오.

```
# Derivative with respect to w1
d_w1 = np.matmul(np.transpose(self.z), delta)
# Derivative with respect to b1
d_b1 = delta.copy()

# No need to calculate derivative with respect to z
# Update w1
if (np.linalg.norm(d_w1) > GRADIENT_CLIP):
    d_w1 = GRADIENT_CLIP / np.linalg.norm(d_w1) * d_w1
```

```
        self.w1 -= step_size_G * d_w1
        self.w1 = np.maximum(-WEIGHT_CLIP, np.minimum(WEIGHT_CLIP,
            self.w1))

        # Update b1
        self.b1 -= step_size_G * d_b1
        self.b1 = np.maximum(-WEIGHT_CLIP, np.minimum(WEIGHT_CLIP,
            self.b1))
```

다음 코드는 앞의 코드와 유사합니다. 아래 코드는 데이터가 불안정해지는 것을 방지하는 데 도움이 됩니다. 그러나 여러분은 굳이 이 세 줄을 추가하지 않아도 됩니다.

```
if (np.linalg.norm(d_w3) > GRADIENT_CLIP):
    d_w3 = GRADIENT_CLIP / np.linalg.norm(d_w3) * d_w3
self.w3 = np.maximum(-WEIGHT_CLIP, np.minimum(WEIGHT_CLIP, self.w3))
```

GAN 학습이 매우 불안정할 수 있으므로 안정적인 학습 프로세스를 보장하기 위해 기울기 및 매개변수를 클리핑해야 하는 코드가 포함되어 있습니다.

 3장 모델 디자인 및 학습 모범 사례에서 활성화 함수, 손실 함수, 가중치 초기화, 기울기 클리핑, 가중치 클리핑 등의 주제에 대해 자세히 설명합니다. 이것은 GAN 학습을 안정화하고 향상시키는 데 매우 유용합니다.

이제 판별기 네트워크를 정의해 봅시다.

```
class Discriminator(object):
    def __init__(self):
        self.x = None
        self.w1 = weight_initializer(X_DIM, D_HIDDEN)
        self.b1 = weight_initializer(1, D_HIDDEN)
```

```
        self.y1 = None
        self.w2 = weight_initializer(D_HIDDEN, D_HIDDEN)
        self.b2 = weight_initializer(1, D_HIDDEN)
        self.y2 = None
        self.w3 = weight_initializer(D_HIDDEN, 1)
        self.b3 = weight_initializer(1, 1)
        self.y3 = None self.y = None
```

그리고 입력 계산에 따라 레이블을 예측하기 위해 순방향 계산을 정의하십시오.

```
def forward(self, inputs):
    self.x = inputs.reshape(1, X_DIM)
    self.y1 = np.matmul(self.x, self.w1) + self.b1
    self.y1 = LeakyReLU(self.y1)
    self.y2 = np.matmul(self.y1,
    self.y2 = LeakyReLU(self.y2)
    self.y3 = np.matmul(self.y2,
    self.y = Sigmoid(self.y3)
    return self.y
```

여기서는 은닉층의 활성화 함수로 LeakyReLU를 사용하고 출력층의 경우 Sigmoid를 사용합니다. 이제, 미분 계수 네트워크에 대한 역방향 계산을 정의합니다(미분을 계산하고 매개변수를 업데이트 함).

```
def backward(self, outputs, apply_grads=True):
    # Derivative with respect to output
    delta = outputs
    delta *= dSigmoid(self.y)
    # Derivative with respect to w3
    d_w3 = np.matmul(np.transpose(self.y2), delta)
    # Derivative with respect to b3
```

```python
        d_b3 = delta.copy()
        # Derivative with respect to y2
        delta = np.matmul(delta, np.transpose(self.w3))
        if apply_grads:
            # Update w3
            if np.linalg.norm(d_w3) > GRADIENT_CLIP:
                d_w3 = GRADIENT_CLIP / np.linalg.norm(d_w3) * d_w3
            self.w3 += step_size_D * d_w3
            self.w3 = np.maximum(-WEIGHT_CLIP, np.minimum(WEIGHT_CLIP,
                    self.w3))
            # Update b3
            self.b3 += step_size_D * d_b3
            self.b3 = np.maximum(-WEIGHT_CLIP, np.minimum(WEIGHT_CLIP,
                    self.b3))
        delta *= dLeakyReLU(self.y2)
        # Derivative with respect to w2
        d_w2 = np.matmul(np.transpose(self.y1), delta)
        # Derivative with respect to b2
        d_b2 = delta.copy()
        # Derivative with respect to y1
        delta = np.matmul(delta, np.transpose(self.w2))
        if apply_grads:
            # Update w2
            if np.linalg.norm(d_w2) > GRADIENT_CLIP:
                d_w2 = GRADIENT_CLIP / np.linalg.norm(d_w2) * d_w2
            self.w2 += step_size_D * d_w2
            self.w2 = np.maximum(-WEIGHT_CLIP, np.minimum(WEIGHT_CLIP,self.w2))
            # Update b2
            self.b2 += step_size_D * d_b2
            self.b2 = np.maximum(-WEIGHT_CLIP, np.minimum(WEIGHT_CLIP,
                    self.b2))
        delta *= dLeakyReLU(self.y1)
        # Derivative with respect to w1
```

```
        d_w1 = np.matmul(np.transpose(self.x), delta)
        # Derivative with respect to b1
        d_b1 = delta.copy()
        # Derivative with respect to x
        delta = np.matmul(delta, np.transpose(self.w1))
        # Update w1
        if apply_grads:
            if np.linalg.norm(d_w1) > GRADIENT_CLIP:
                d_w1 = GRADIENT_CLIP / np.linalg.norm(d_w1) * d_w1
            self.w1 += step_size_D * d_w1
            self.w1 = np.maximum(-WEIGHT_CLIP, np.minimum(WEIGHT_CLIP,
                    self.w1))
            # Update b1
            self.b1 += step_size_D * d_b1
            self.b1 = np.maximum(-WEIGHT_CLIP, np.minimum(WEIGHT_CLIP,
                    self.b1))
        return delta
```

판별기의 역방향 계산에서 주요 차이점은 기울기 상승으로 학습된다는 것입니다. 따라서 매개변수를 업데이트하려면 기울기를 추가해야 합니다. 따라서 앞의 코드에서 이를 처리하는 다음과 같은 행이 표시됩니다.

```
self.w3 += step_size_D * d_w3
```

GAN 모델 학습

이제 필요한 모든 구성 요소가 정의되었으므로 GAN 모델 학습을 시작할 수 있습니다.

```
G = Generator()
D = Discriminator()
```

```
criterion = LossFunc()

real_label = 1
fake_label = 0

for itr in range(ITER_NUM):
    # Update D with real data
    x_real = get_samples(True)
    y_real = D.forward(x_real)
    loss_D_r = criterion.forward(y_real, real_label)
    d_loss_D = criterion.backward()
    D.backward(d_loss_D)

    # Update D with fake data
    z_noise = np.random.randn(Z_DIM)
    x_fake = G.forward(z_noise)
    y_fake = D.forward(x_fake)
    loss_D_f = criterion.forward(y_fake, fake_label)
    d_loss_D = criterion.backward() D.backward(d_loss_D)

    # Update G with fake data
    y_fake_r = D.forward(x_fake)
    loss_G = criterion.forward(y_fake_r, real_label)
    d_loss_G = D.backward(loss_G, apply_grads=False)
    G.backward (d_loss_G)
    loss_D = loss_D_r + loss_D_f
    if itr % 100 == 0:
        print('{} {} {}'.format(loss_D_r.item((0, 0)), loss_D_f.item
            ((0, 0)), loss_G.item((0, 0))))
```

앞의 코드에서 볼 수 있듯이 GAN 모델 학습에는 주로 3단계가 있습니다.

1. 판별기를 실제 데이터로 학습시킨다(실제 데이터로 인식한다).

2. 위조 데이터를 사용하여 판별기를 학습시킨다(가짜로 인식한다).
3. 가짜 데이터로 생성기를 학습시킨다(실제 데이터로 인식한다).

처음 두 단계는 판별기에게 실제 데이터와 가짜 데이터의 차이점을 구별하는 방법을 알려줍니다. 세 번째 단계는 실제 데이터와 유사한 가짜 데이터를 생성하여 판별기를 속이는 방법을 생성기에 알려줍니다. 이것이 적대적 학습의 핵심 아이디어이며 GAN이 비교적 사실적인 오디오, 텍스트, 이미지 및 비디오를 생성할 수 있는 이유입니다.

여기서는 SGD를 사용하여 50,000회 반복 모델을 학습합니다. 관심이 있으시면 미니 배치 GD를 구현하여 더 짧은 시간에 더 나은 결과를 얻을 수 있는지 확인하십시오. 하이퍼 파라미터를 사용하여 결과가 어떻게 변경되는지 확인하기 위해 네트워크 구조(예 : 층 수, 각 층의 뉴런 수 및 데이터 차원, X_DIM)를 변경할 수도 있습니다.

마지막으로 Matplotlib을 사용하여 생성된 샘플을 시각화해 보겠습니다.

```python
import matplotlib.pyplot as plt
x_axis = np.linspace(0, 10, 10)
for i in range(50):
    z_noise = np.random.randn(Z_DIM)
    x_fake = G.forward(z_noise)
    plt.plot(x_axis, x_fake.reshape(X_DIM))
plt.ylim((-1, 1))
plt.show()
```

CPU의 성능에 따라 학습을 마치는데 몇 초가 걸릴 수 있습니다. 학습이 완료되면 생성기 네트워크에서 생성된 샘플은 다음과 같습니다(50샘플).

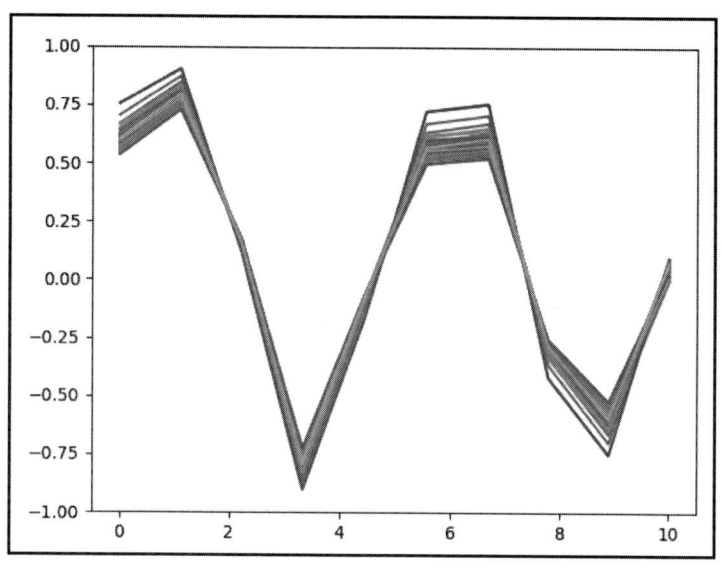

생성된 사인(sine) 샘플

꽤 설득력이 있지 않습니까? 원래 사인(sine) 신호의 피크와 계곡을 어떻게 포착하는지 보는 것은 놀라운 일입니다. GAN이 훨씬 더 복잡한 구조로 무엇을 할 수 있는지 상상해보십시오!

1.3 GAN의 사용 예

GAN은 사인(sine) 신호를 생성하는 것보다 훨씬 많은 작업을 수행할 수 있습니다. 생성기의 입력 및 출력 차원을 변경하고 다른 방법과 결합하여 GAN을 다양한 실제 문제에 적용할 수 있습니다. 예를 들어, 임의 입력을 기반으로 텍스트 및 오디오(1차원), 이미지(2차원), 비디오 및 3D 모델(3차원)을 생성할 수 있습니다. 입력 및 출력 차원을 동일하게 유지하면 이러한 유형의 데이터에 대해 노이즈 제거 및 변환을 수행할 수 있습니다. 실제 데이터를 생성기에 공급하고 초고해상도의 이미지와 같이 더 큰 차원의 데이터를 출력 할 수 있습니다. 또한 한 유형의 데이터를 공급하고 다른 유형의 데이터를 제공할 수 있습니다(예 : 텍스트 기반 오디오 생성, 텍스트 기반 이미지 생성 등).

GAN이 처음 작성된 후(작성 당시) 4년이 지났지만 사람들은 GAN을 개선하기 위해 계속 노력했으며 새로운 GAN 모델이 거의 매주 나옵니다. https://github.com/hindupuravinash/the-gan-zoo를 보면 적어도 500개의 다른 GAN 모델이 있음을 알 수 있습니다. 우리가 그들 각각을 배우고 평가하는 것은 거의 불가능합니다. 동일한 이름을 공유하는 여러 모델을 찾는 것이 일반적이라는 사실에 놀랄 것입니다! 따라서 이 책에서는 대부분의 GAN 모델을 소개하지 않습니다. 그러나 다양한 응용 분야에서 가장 일반적인 GAN 모델을 익히고 실제 문제를 해결하는 데 사용하는 방법을 배우게 됩니다.

또한 GAN의 성능을 향상시키는 몇 가지 유용한 트릭과 기술을 소개합니다. 여러분은 이 책을 마칠 때까지 다양한 GAN 모델의 동작원리에 대해 광범위하고 심도 있게 이해할 수 있게 되므로 향후 발생할 수 있는 문제를 창의적으로 해결하기 위해 자신의 GAN을 설계하는 데 자신감을 가질 수 있기를 바랍니다.

이미지 처리, 자연어 처리(NLP) 및 3D 모델링과 같은 해당 분야에서 기존 접근 방식과 비교되는 GAN의 기능과 장점을 살펴 봅시다.

이미지 처리(Image processing)

이미지 처리 분야에서 GAN은 이미지 합성, 이미지 변환 및 이미지 복원을 포함한 많은 응용 분야에 적용됩니다. 이 주제는 GAN 연구 및 적용에서 가장 일반적이며 이 책의 내용을 대부분 구성합니다. 이미지는 인터넷상에서 가장 쉽게 미디어를 보여주고 보급하는 것 중 하나입니다. 따라서 GAN을 이미지 방식으로 적용한 최신 기술은 딥러닝 커뮤니티에서 큰 주목을 받을 것입니다.

이미지 합성(Image synthesis)

간단히 말해서 이미지 합성은 새로운 이미지의 생성입니다. 2015년 초 DCGAN(Deep Convolutional Generative Adversarial Networks)이 나왔습니다. 이전 GAN 모델에서 제시된 학습하기 어려운 문제를 해결하기 위한 첫 번째 성능이 좋고 안정적인 접근 방법 중 하나였습니다. 길이가 100인 임의의 벡터를 기반으로 64×64 이미지를 생성합니다. DCGAN에 의해 생성된 일부 이미지는 다음 스크린 샷에 표시하였습니다. 일부 이미지는 픽셀의 블록 모양으로 인해 실제와 거리가 멀다는 것을 알 수 있습니다. Radford, Metz 및 Chintala(2015)의 논문에서, 그들은 흥미롭고 고무적인 많은 시각적 실험을 제시하고 GAN의 더 큰 잠재력을 보여 주었습니다. 우리는 4장(PyTorch를 사용하여 첫 번째 GAN 구축)에서 DCGAN의 구조 및 학습 절차에 대해 설명합니다.

DCGAN에 의해 생성된 이미지(왼쪽 : 사람 얼굴, 오른쪽 : 침실)

현재 GAN은 이미지 합성에서 탁월한 성능을 발휘합니다. 예를 들어 BigGAN을 사용하십시오. 이것은 Brock, Donahue 및 Simonyan이 ICLR 2019(*7th International Conference on Learning Representations*)에 제출한 논문에서 제안되었습니다. 공개

검토 과정에서도 소셜 미디어의 많은 관심을 받았습니다. 이 네트워크는 512×512 크기의 이미지를 고품질로 생성할 수 있습니다.

다음 장에서는 단지 수업 조건이 아닌 이미지의 속성을 자세히 살펴보는 GAN 모델에 대해서도 살펴볼 것입니다. 대화식으로 이미지를 생성할 수 있는 조건부 GAN과 원하는 연령의 사람 얼굴을 생성하는 Age-cGAN에 대해 이야기합니다. 또한 GAN을 사용하여 8장(다른 모델을 속이는 GAN 학습)에서 올바르게 분류할 수 없는 적대적인 예제를 생성하는 방법을 살펴 보겠습니다.

이미지 변환(Image translation)

이미지 합성을 모델에 1차원 벡터를 공급하여 2차원 이미지가 출력되는 것으로 예상하는 과정으로 설명하는 경우(다시 말해, 원하는 경우 다른 유형의 데이터를 기반으로 이미지를 생성할 수 있으므로 예외가 있음에 유의하십시오.), 이미지 변환(보다 정확하게 이미지에서 이미지로의 변환)은 2차원 이미지를 모델로 공급하여 2차원 데이터를 출력으로 제공하는 과정입니다. 이미지 변환으로 많은 흥미로운 것들을 할 수 있습니다. 예를 들어, pix2pix(Isola, Zhu, Zhou 등)는 레이블 스케치를 이미지로 변환합니다(가장자리 스케치를 컬러 이미지로 변환, 의미 분할 정보를 기반으로 스트리트 뷰 사진 생성, 이미지 스타일 전송 등). 6장(이미지에서 이미지로의 변환 및 그 응용 프로그램)에서 pix2pix, pix2pixHD의 업그레이드된 버전과 CycleGAN 및 DiscoGAN과 같은 다른 이미지에서 이미지로의 변환 방법을 제공합니다.

이미지에서 이미지로의 변환은 다른 컴퓨터 비전 응용 프로그램에서 사용될 수 있으며, 이미지 복원(image restoration), 이미지 인페인팅(image in-painting) 및 초고해상도(super-resolution)와 같은 보다 전통적인 문제를 해결합니다. 이미지 복원은 컴퓨터 비전에서 가장 중요한 연구 분야 중 하나입니다. 수학자 및 컴퓨터 과학자들은 사진에서 성가신 노이즈를 제거하거나 수십 년 동안 흐린 이미지에서 더 많은 정보를 공개하는 방법을 알아내려고 노력해 왔습니다. 전통적으로 이러한 문제는 반복적인 수치 계산으로 해결되는데, 이 과정은 종종 수학적 배경 지식이 필요합니다. 이제 GAN을 사용하면 이미지에서 이미지로의 변환을 통해 이러한 문제를 해결할 수 있습니다. 예를 들어 SRGAN(Ledig, Theis, Huszar, et al, 2016)은 고품질로 이미지를 4배 크기로 업스케일할 수 있습니다. 이에 대해서는 7장(GAN을 사용한 이미지 복원)에서 자세히 설명합니다. 예를 들어, Chen, Lim 등(2016)은 인간 얼굴 인 페인팅 문제를 해결하기 위해 DCGAN 유사 모델 사용을 제안했습니다. 최근에 Yu, Lin, Yang 등(2018)은 이미지에 임의의 모양의 빈 구멍을 채우는 GAN 모델을 설계했으며 생성된 픽셀도 상당히 설득력이 있습니다.

텍스트에서 이미지로의 변환은 설명 텍스트를 기반으로 새 이미지가 생성되는 GAN의 훌륭한 응용 프로그램입니다. Reed, Akata, Yan 등(2016)은 자세한 설명 텍스트에서 특징을 추출하고 이 정보를 사용하여 설명과 완벽하게 일치하는 꽃 또는 새 이미지를 생성하는 과정을 고안했습니다. 몇 달 후 Zhang, Xu, Li 등(2016)은 설명 텍스트를 기반으로 고 충실도 256×256 이미지를 생성하기 위해 StackGAN을 제안했습니다. 9장(설명 텍스트에서 이미지 생성)에서 텍스트를 이미지로 변환하는 방법에 대해 설명합니다.

비디오 합성 및 변환(Video synthesis and translation)

비디오는 일련의 이미지입니다. 따라서 대부분의 이미지 변환 방법을 비디오에 직접 적용할 수 있습니다. 그러나 비디오 합성 또는 변환의 중요한 성능 기준은 계산 속도입니다. 예를 들어, 모바일 장치에 대해 서로 다른 이미지 스타일을 가진 카메라 응용 프로그램을 개발하려는 경우 사용자는 처리된 결과를 실시간으로 볼 수 있기를 바랍니다. 다른 예로 비디오 감시 시스템을 봅시다. GAN을 사용하여 비디오 신호의 노이즈를 제거하고 향상시킬 수 있습니다(고객이 제약없이 모델을 신뢰하는 경우). 프레임 속도를 따라 잡기 위해 각 프레임을 밀리 초 단위로 처리하는 빠른 모델은 확실히 고려할 가치가 있습니다.

우리는 Everybody Dance Now라는 재미있는 제스처 전송 프로젝트를 언급하고자 합니다. 소스 비디오에서 댄서의 움직임을 추출한 다음 장면을 이미지로 변환하여 동일한 움직임을 대상 비디오의 사람에게 매핑합니다. 이런 식으로 누구나 이 모델을 사용하여 자신만의 댄스 비디오를 만들 수 있습니다!

자연어 처리(NLP)

자연어 처리는 컴퓨터를 사용하여 자연어를 처리하고 분석하는 방법에 대한 연구입니다. 이미지를 생성하는 것 외에도 GAN을 사용하여 텍스트 및 오디오와 같은 순차적 및 시간 종속 데이터를 생성할 수도 있습니다. Yu, Zhang, Wang 등(2016)이 제안한 SeqGAN은 시와 음악과 같은 순차 신호(sequential signals)를 생성하도록 설계되었습니다. 그 후 Mogren(2016)은 C-RNN-GAN을 제안했는데, C-RNN-GAN은 음향 억제 하에서 클래식 음악을 생성하도록 설계되었습니다. 2017년 Dong, Hsiao, Yang 등은 베이스, 드럼, 기타, 피아노 및 현악기를 포함한 여러 악기의 다성악 음악을 생성하도록 MuseGAN을 설계했습니다. 생성된 음악을 즐기려면 다음 사이트[10]를 방문하십시오!

음성 향상은 오디오 신호 처리의 주요 연구 분야 중 하나입니다. 전통적으로 사람들은 스펙트럼 감산, 위너 필터링(Wiener filtering), 부분 공간 접근법(subspace approaches) 등을 사용하여 오디오 또는 음성 신호의 노이즈를 제거합니다. 그러나 이러한 방법의 성능은 특정 상황에서만 만족스럽습니다. Pascual, Bonafonte 및 Serrà(2017)는 이 문제를 해결하고 인상적인 결과를 달성하기 위해 SEGAN을 설계했습니다.11 우리는 10장(GAN을 이용한 순차 합성)에서 자연어 처리 분야에서 GAN의 응용에 대해 이야기할 것입니다.

3D 모델링

이제 GAN이 1D 입력을 기반으로 2D 데이터를 생성할 수 있다는 것을 알았으므로 GAN을 사용하여 1D 또는 2D 신호를 기반으로 3D 데이터를 생성하도록 이 레벨을 높이는 것이 당연합니다. 3D-GAN(Wu, Zhang, Xue, et al, 2016)은 이 목적을 위해 설계되었습니다. 잠재 벡터와 3D 모델 간의 매핑을 학습하여 1D 벡터를 기반으로 3D 객체를 생성합니다. GAN을 사용하여 3D 모델을 2D 실루엣 기반으로 예측하는 것도 가능합니다. Gadelha, Maji 및 Wang(2016)은 PrGAN을 설계하여 모든 시점에서 이진 실루엣 이미지를 기반으로 3D 객체를 생성했습니다. GAN을 사용하여 3D 객체를 생성하는 방법에 대해서는 11장(GAN을 사용하여 3D 모델 재구성)에서 자세히 설명합니다.

1.4 요약

이 첫 장에서 방대한 양의 정보를 다루었습니다. GAN이 어떻게 생겨났으며, 생성기와 판별기가 어떤 역할을 하는지 기본적으로 파악했습니다. 또한 GAN이 수행할 수 있는 몇 가지 예를 보았습니다. NumPy만 사용하여 GAN 프로그램을 만들었습니다. 이제 우리는 왜 Ganland가 더 나은 대장장이와 와인을 가지고 있는지 알고 있습니다.

다음으로 우리는 PyTorch의 놀라운 세계, 그것이 무엇인지, 어떻게 설치하는지에 대해 알아볼 것입니다.

다음은 참조 및 기타 유용한 링크 목록입니다.

1.5 참고 문헌 및 유용한 독서 목록

1. Goodfellow I, Pouget-Abadie J, Mirza M, et al. (2014). Generative adversarial nets. NIPS, 2672-2680.

2. Wang, J. (2017, Dec 23). Symbolism vs. Connectionism: A Closing Gap in Artificial Intelligence, retrieved from `https://wangjieshu.com/2017/12/23/symbol-vs-connectionism-a-closing-gap-in-artificial-intelligence`.

3. Radford A, Metz L, Chintala S. (2015). *Unsupervised Representation Learning with Deep Convolutional Generative Adversarial Networks.* arXiv preprint arXiv: 1511.06434.

4. "Dev Nag". (2017, Feb 11). **Generative Adversarial Networks(GANs)** in 50 lines of code (PyTorch), retrieved from `https://medium.com/@devnag/generative-adversarial-networks-gans-in-50-lines-of-code-pytorch-e81b79659e3f`.

5. Brock A, Donahue J, Simonyan K. (2018). *Large Scale GAN Training for High Fidelity Natural Image Synthesis.* arXiv preprint arXiv:1809.11096.

6. Isola P, Zhu J Y, Zhou T, Efros A. (2016). *Image-to-Image Translation with Conditional Adversarial Networks.* arXiv preprint arXiv:1611.07004.

7. Ledig C, Theis L, Huszar F, et al (2016). *Photo-Realistic Single Image Super-Resolution Using a Generative Adversarial Network.* arXiv preprint arXiv:1609.04802.

8. Yeh R A, Chen C, Lim T Y, et al (2016). *Semantic Image Inpainting with Deep Generative Models.* arXiv preprint arXiv:1607.07539.

9. Yu J, Lin Z, Yang J, et al (2018). *Free-Form Image Inpainting with Gated Convolution.* arXiv preprint arXiv:1806.03589.

10. Reed S, Akata Z, Yan X, et al (2016). *Generative Adversarial Text to Image Synthesis.* arXiv preprint arXiv:1605.05396.

11. Zhang H, Xu T, Li H, et al (2016). *StackGAN: Text to Photo-realistic Image Synthesis with Stacked Generative Adversarial Networks.* arXiv preprint arXiv:1612.03242.

12. Yu L, Zhang W, Wang J, et al (2016). *SeqGAN: Sequence Generative Adversarial Nets with Policy Gradient.* arXiv preprint arXiv:1609.05473.

13. Mogren O. (2016). *C-RNN-GAN: Continuous recurrent neural networks with adversarial training.* arXiv preprint arXiv:1611.09904.

14. Dong H W, Hsiao W Y, Yang L C, et al (2017). *MuseGAN: Multi-track Sequential Generative Adversarial Networks for Symbolic Music Generation and Accompani-*

ment. arXiv preprint arXiv:1709.06298.

15. Pascual S, Bonafonte A, Serrà J. (2017). *SEGAN: Speech Enhancement Generative Adversarial Network*. arXiv preprint arXiv:1703.09452.

16. Wu J, Zhang C, Xue T, et al (2016). *Learning a Probabilistic Latent Space of Object Shapes via 3D Generative-Adversarial Modeling*. arXiv preprint arXiv:1610.07584.

17. Gadelha M, Maji S, Wang R. (2016). *3D Shape Induction from 2D Views of Multiple Objects*. arXiv preprint arXiv:1612.05872.

CHAPTER 2

PyTorch 1.3 시작하기

PyTorch 1.3이 마침내 출시되었습니다! 연구 및 생산을 보다 쉽게 하기 위해 새로운 기능을 활용할 준비가 되셨습니까?

이 장에서는 동적 그래프(eager mode)에서 정적 그래프(graph mode)로의 전환을 포함하여 PyTorch에 도입된 주요 변경 사항을 안내합니다. 이전 코드를 1.x로 이전하고 클라우드 지원과 함께 PyTorch 생태계 시스템을 안내하는 방법을 살펴 보겠습니다.

또한 PyTorch 코드로 더 빠른 학습 및 평가를 위해 GPU 가속을 활용할 수 있도록 CUDA를 설치하는 방법을 소개합니다. Windows 10 및 Ubuntu 18.04(Python 또는 Anaconda 환경에서)에서 PyTorch의 단계별 설치 프로세스와 소스에서 PyTorch를 빌드하는 방법을 보여줍니다.

마지막 보너스 콘텐츠로 PyTorch 개발을 위해 Microsoft VS Code를 구성하는 방법과 작업을 보다 즐겁게 하기 위한 최고의 확장 기능을 소개합니다.

이 장에서 다룰 내용은 다음과 같습니다.

- PyTorch 1.3의 새로운 기능
- CUDA-빠른 학습 및 평가를 위한 GPU 가속
- Windows 및 Linux에 Pytorch 설치
- 참고 문헌 및 유용한 독서 목록

2.1 PyTorch 1.3의 새로운 기능

PyTorch(https://pytorch.org)는 Python을 위한 오픈 소스 머신러닝 플랫폼입니다. CNN(Convolutional Neural Networks), RNN(Recurrent Neural Networks) 및 GAN(Generative Adversarial Networks)과 같은 딥러닝 응용 프로그램을 위해 특별히 설계되었으며 이러한 응용 프로그램에 대한 광범위한 계층 정의를 포함합니다. NumPy 배열과 동일한 방식으로 사용하도록 설계된 내장 텐서(tensor) 연산이 있으며 빠른 계산을 위해 GPU에서 실행되도록 최적화되었습니다. 자동 계산 그래프 체계(automatic computational graph scheme)를 제공하므로 손으로 미분을 계산할 필요가 없습니다.

PyTorch는 약 3년간의 개발 및 개선 후 마침내 1.3의 최신 이정표에 도달했습니다! 함께 제공되는 것은 새로운 함수와 새로운 기능으로 구성된 큰 패키지입니다. 도구를 다시 학습해야 하는지에 대해 걱정하지 마십시오. 완전히 새로운 버전 일지라도 PyTorch는 항상 핵심 기능의 일관성을 유지하는데 능숙했습니다. 실제로 핵심 플랫폼은 다른 플랫폼과 달리 알파 릴리스(버전 0.1.1) 이후 크게 변경되지 않았습니다(torch.nn, torch.autograd 및 torch.optim). (예! TensorFlow에 대해서는 할 말이 많이 있죠!) 이제 PyTorch의 새로운 기능 중 일부를 살펴보겠습니다.

동적 그래프(eager mode)에서 정적 그래프(graph mode)로 쉽게 전환

PyTorch가 약 2년 전에 사람들의 관심을 끌었을 때 다른 딥러닝 도구에 비해 가장 큰 장점 중 하나는 동적 그래프 지원이었습니다. 이것이 사람들이 오래된 도구를 버리고 PyTorch를 받아들이는 주된 이유일 수 있습니다. 아시다시피 최근에는 최신 딥러닝 논문의 저자들이 PyTorch를 사용하여 실험을 구현하고 있습니다.

그러나 PyTorch가 생산 환경에 적합하지 않다는 의미는 아닙니다. 버전 1.0에서 PyTorch는 코드를 동적 그래프(eager mode)에서 정적 그래프(graph mode)로 쉽게 전송하는 **하이브리드 프론트 엔드**를 제공합니다. 이전처럼 유연한 방식으로 코드를 작성할 수 있습니다. 만족한 코드가 만들어졌다면 모델에서 몇 줄의 코드를 변경하기 만하면 그래프 모드(graph mode)에서 효율성을 최적화할 수 있습니다. 이 프로세스는 torch.jit 컴파일러에 의해 수행됩니다. JIT(Just-In-Time) 컴파일러는 PyTorch 코드를 TorchScript로 직렬화하고 최적화하도록 설계되었으며, Python 해석기 없이 실행할 수 있습니다.

즉, 이제 파이썬을 사용할 수 없거나 효율성이 매우 중요한 환경에 모델을 쉽게 내보낼 수 있으며 C++ 코드로 모델을 호출할 수 있습니다. 기존 PyTorch 코드를 TorchScript로 변환하기 위한 두 가지 양식(추적 및 스크립팅)이 제공됩니다. **추적**은 고정 입력을 사용하여 고정 모델 체계를 그래프 모드(graph mode)로 직접 변환하는 데 적합합니다.

그러나 모델에 데이터 종속 제어 흐름(예 : RNN)이 있는 경우 이러한 유형의 시나리오를 위해 스크립팅이 제공됩니다. 여기서 가능한 모든 제어 흐름 경로가 TorchScript로 변환됩니다. 지금은(이 책을 쓰는 시점에서) 스크립팅에는 여전히 제한이 있습니다.

 **동적 그래프**는 계산 그래프가 모델을 실행할 때마다 설정되며 다른 실행 간에 변경될 수 있음을 의미합니다. 마치 집을 떠나 어디든지 가고 싶은 모든 사람들이 자신의 차를 운전하는 것과 같습니다. 연구 목적으로 유연합니다. 그러나 각 실행에 앞서 그래프를 작성하는 추가 리소스 오버 헤드는 간과할

수 없습니다. 따라서 프로덕션 용도로는 약간 비효율적일 수 있습니다. **정적 그래프**에서 계산 그래프는 첫 번째 실행 전에 설정해야 하며 일단 설정되면 변경할 수 없습니다. 모두가 버스를 타고 일하러 가는 것과 같습니다. 효율적이지만 승객이 다른 목적지로 여행하려면 버스 운전기사와 이야기해야 하며, 그 후 기사는 대중교통 기관과 이야기해야 합니다. 그런 다음에야 버스 노선을 변경할 수 있습니다.

다음은 당신의 모델을 그래프 모드(graph mode)로 변경하는 방법에 대한 예입니다.

주어진 장치에 이미 모델이 있다고 가정합니다.

```
model = Net().to(device)
```

모델을 추적하기 위해 다음 줄만 추가하면 됩니다.

```
trace_input = torch.rand(BATCH_SIZE, IMG_CHANNEL, IMG_HEIGHT, IMG_WIDTH).to(device)
traced_model = torch.jit.trace(model, trace_input)
```

그런 다음 추적된 모델을 파일에 저장할 수 있습니다.

```
traced_model.save("model_jit.pth")
```

이 책을 작성할 때, 이 방식으로 작성된 체크 포인트 파일을 C++ API에서 올바르게 처리할 수 없기 때문에 추적된 모델을 저장하기 위해 `torch.save(tracedmodel.statedict(), "model_jit.pth")`를 사용하는 것을 피해야 합니다.

이제 추적된 모델은 Python의 일반 torch.nn.Module과 같은 방식으로 사용할 수 있으며 나중에 다룰 다른 C++ 코드에서도 사용할 수 있습니다. MNIST 분류를 위해 CNN을 학습하고 내보내는 이 예제의 전체 코드는 이 장의 코드 저장소에 있는 jit/mnistjit.py 파일에서 찾을 수 있습니다. 하이브리드 프론트 엔드에 대한 자세한 내용은 공식 자습서를 참조하십시오 : https://pytorch.org/tutorials/beginner/deploy_seq2seq_hybrid_frontend_tutorial.html.

C++ 프론트 엔드

PyTorch의 백엔드는 대부분 C++로 구현되지만 프론트 엔드 API는 항상 Python에 중점을 두고 있습니다. 파이썬은 이미 데이터 과학자들 사이에서 매우 인기가 높았고 바퀴를 다시 만드는 대신 문제 해결에 집중하는 데 도움이 되는 수많은 오픈 소스 패키지를 가지고 있기 때문입니다. 또한 읽고 쓰는 것이 매우 쉽습니다. 그러나 파이썬은 계산 및 메모리 리소스 사용이 효율적이지 않습니다. 대기업은 종종 더 나은 성능을 위해 C++로 자체 도구를 개발합니다. 그러나 소규모 회사나 개인 개발자는 자신의 C++ 도구 개발에 주력을 집중시키는 것이 어렵다는 것을 알게 됩니다. 다행히 PyTorch는 이제 C++ API 버전 1.0을 제공했습니다. 이제 누구나 효율적으로 프로젝트를 구축할 수 있습니다.

 현재 PyTorch의 C++ API는 아직 개발 중이며 향후 일부 변경이 있을 수 있습니다. 실제로 v1.0.1과 v1.0.0 사이의 변경 사항이 너무 커서 v1.0.0의 공식 문서 및 학습서가 v1.0.1에 맞지 않습니다.

다음은 PyTorch에서 제공하는 C++ API를 사용하는 방법의 예입니다.

이전에 내보낸 추적 모델을 로드해 봅시다.

```
torch::Device device = torch::kCUDA;
std::shared_ptr<torch::jit::script::Module> module =
```

```
torch::jit::load("model_jit.pth");
module->to(device);
```

그런 다음 더미 입력 이미지를 모델에 입력해 봅시다.

```
std::vector<torch::jit::IValue> inputs;
inputs.push_back(torch::ones({BATCH_SIZE, IMG_CHANNEL, IMG_HEIGHT,
IMG_WIDTH}).to(device));
at::Tensor output = module->forward(inputs).toTensor();
```

C++ 예제의 전체 코드는 .cpp 파일을 컴파일하기 위한 CMakeLists.txt 파일을 포함하여 이 장의 코드 저장소에 있는 jit 디렉터리에서 찾을 수 있습니다. C++ APIs: https://pytorch.org/cppdocs에 대한 자세한 정보는 공식 문서를 참조하십시오.

재설계된 분산 라이브러리

CPU에서 다중 스레딩 프로그램을 디버깅하는 것은 쉽지 않습니다. 분산 시스템에서 효율적인 GPU 프로그램을 설계하면 훨씬 더 좋습니다. 다행스럽게도 PyTorch는 이러한 목적을 위해 사용하기 쉬운 분산 솔루션을 지속적으로 제공합니다. 버전 1.0에서는 torch.distributed 모듈은 성능 중심이며 Gloo, NCCL 및 MPI를 포함한 모든 백엔드에 대해 비동기적으로 실행됩니다. 새로운 분산 라이브러리는 단일 노드 및 다중 노드 시스템에서 최적의 성능을 제공하도록 설계되었습니다. 또한 대역폭 교환을 줄임으로써 이러한 시스템의 성능을 향상시켜 덜 고급화된 네트워크 통신 시나리오에 맞게 특별히 최적화되었습니다.

NCCL 백엔드는 분산 GPU 학습에 사용되고 Gloo 백엔드는 분산 CPU 학습에 사용됩니다. 새로운 분산 패키지는 또한 도움 유틸리티인 torch.distributed.launch를 제공합니다. 이 유틸리티는 단일 노드 및 다중 노드 시스템에서 여러 프로세스를 시작하도록 설계되었습니다. 분산 학습에 사용하는 이것의 예는 다음과 같습니다.

- 단일 노드 분산 학습 :

```
$ python -m torch.distributed.launch --nproc_per_node=NUM_GPUS
YOUR_SCRIPT.py --YOUR_ARGUMENTS
```

- 다중 노드 분산 학습 :

```
# Node 1
$ python -m torch.distributed.launch --nproc_per_node=NUM_GPUS --
nnodes=2 --node_rank=0 --master_addr=MASTER_IP --
master_port=MASTER_PORT YOUR_SCRIPT.py --YOUR_ARGUMENTS
# Node 2
$ python -m torch.distributed.launch --nproc_per_node=NUM_GPUS --
nnodes=2 --node_rank=1 --master_addr=MASTER_IP --
master_port=MASTER_PORT YOUR_SCRIPT.py --YOUR_ARGUMENTS
```

위의 MASTER_IP는 마스터 노드의 IP 주소를 포함하는 문자열입니다(예 : 192.168.1.1).

PyTorch 1.3을 사용한 분산 학습에 대한 공식 튜토리얼을 확인하십시오. https://pytorch.org/docs/master/distributed.html, https://pytorch.org/tutorials/intermediate/dis_ttuto.html, https://pytorch.org/tutorials/beginner/former_torchies/parallelism_tutorial.html and https://pytorch.org/tutorials/beginner/aws_distributed_ trainingtutorial.html.

더 나은 연구 재현성

딥러닝 논문에서 실험 결과를 재현하는 것이 얼마나 어려운지에 대한 불만이 있을 수 있습니다. 분명히, 우리는 매년 최고 학회마다 수천 개의 논문을 검토해야 하더라도 검토자를 신뢰해야 합니다. 그러나 이것이 논문에 쓰여진 정확한 과정을 따르는 우리의 능력을 믿을 수 없다는 것을 의미할까요? PyTorch는 연구 재현 가능 문제를 돕기 위해 torch.hub를 발표했습니다. 이제 제작자는 Torch Hub를 사용하여 학습된 모델을 게시할 수 있으며 사용자는 해당 모델을 직접 다운로드하여 코드에서 사용할 수 있습니다.

다음은 Torch Hub에서 사전 학습된 모델을 게시하고 사용하는 방법에 대한 예입니다.

모델을 게시하려면 GitHub 리포지토리에서 hubconf.py 파일을 생성하고 다음과 같이 진입점(예 : cnn)을 정의하십시오.

```
dependencies = ['torch']

def cnn(pretrained=True, *args, **kwargs):
    model = Net()
    checkpoint = 'models/cnn.pth'
    if pretrained:
        model.load_state_dict(torch.load(checkpoint))
    return model
```

앞의 코드에서 dependencies는 모델을 실행하는 데 필요한 종속성의 목록이며 Net()은 모델을 정의하는 클래스입니다. 게시된 모델은 특정 브랜치(branch)/태그(예 : **마스터** 브랜치(branch))에 있어야 합니다. 사전 학습된 모델 파일을 다른 사이트에 업로드하고 다음과 같은 방법으로 다운로드할 수도 있습니다.

```
if pretrained:
    import torch.utils.model_zoo as model_zoo
    model.load_state_dict(model_zoo.load_url(checkpoint))
```

https://github.com/johnhany/torchhub에 모델을 게시했다고 가정합니다. 게시된 모델을 사용하려면 torch.hub만 호출하면 됩니다.

```
import torch.hub as hub
```

```
model = hub.load("johnhany/torchhub:master", "cnn", force_reload=True, pretrained=True).to(device)
```

Torch Hub 예제의 전체 코드는 이 장의 코드 저장소에 있는 torchhub 디렉토리에서 찾을 수 있습니다.

기타

우리가 이전에 언급 한 것 외에, PyTorch의 새로운 버전에서 우리가 혜택을 얻을 수 있는 다른 것들이 있습니다. 이 섹션의 끝에서는 이전 PyTorch 코드를 버전 1.x로 이전하는 방법에 대해서도 설명합니다.

PyTorch 생태계

PyTorch 플랫폼을 이용한 많은 훌륭한 도구와 프로젝트가 있습니다. 이것들은 많은 영역에서 PyTorch의 높은 잠재력을 보여줍니다. 예를 들어 **AllenNLP**(https://allennlp.org)는 오픈 소스 자연어 처리 라이브러리입니다. 데모 사이트를 확인하고 https://demo.allennlp.org에서 최신 NLP 알고리즘으로 무엇이 가능한지를 확인하십시오. **Fastai**(https://docs.fast.ai)는 https://course.fast.ai에서 PyTorch를 사용한 간단한 모델 학습 과정을 제공합니다. **Translate**(https://github.com/pytorch/translate)는 자연어 변환 전용 PyTorch 라이브러리입니다.

PyTorch 생태계에 대한 자세한 내용은 https://pytorch.org/ecosystem을 참조하십시오.

클라우드 지원

PyTorch는 Amazon AWS, Google Cloud Platform 및 Microsoft Azure와 같은 널리 사용되는 클라우드 플랫폼에서 완벽하게 지원됩니다. 현재 CUDA 지원 GPU(다음 섹션에서 설명)를 소유하고 있지 않다면 앞서 언급한 플랫폼에서 제공하는 GPU 서버를 자유롭게 임대하십시오. Amazon AWS에서 PyTorch를 사용한 분산 학습에 대한 공식 자습서는 다음과 같습니다. https://pytorch.org/tutorials/beginner/awsdis-tributedtraining_tutorial.html.

이전 코드를 1.x 버전을 사용할 수 있게 이전하기

PyTorch 1.x의 모든 주요 변경 사항에도 불구하고 대부분의 API 또는 코딩 규칙은 크게 변경되지 않았습니다. 따라서 PyTorch 0.4에 익숙하다면 코드는 대부분 그대로 작동해야 합니다. v0.4에서 v1.3으로의 API 변경 사항은 https://github.com/pytorch/pytorch/releases의 주요 변경 사항에 나와 있습니다.

이전 코드를 PyTorch 1.x로 이전할 때 발생할 수 있는 가장 일반적인 문제는 0차원 텐서의 색인에서 비롯됩니다. 예를 들어 `loss[0]` 대신 손실 값을 인쇄할 때 `loss.item()`을 사용해야 합니다. 이 예제의 전체 코드는 이 장의 코드 저장소에 있는 `pytorch_test` 디렉토리 아래의 `ind-0-dim.py` 파일에 있습니다.

 코드가 0.4보다 오래된 버전을 대상으로 하는 경우 PyTorch 0.4에 대한 이전 안내서를 확인해야 합니다. 첫 번째 : https://pytorch.org/blog/pytorch-040-migration-guide.0.4 이후 버전에 대한 공식 이전 안내서는 없지만 간단한 웹 검색으로 인터넷에서 많은 정보를 찾을 수 있습니다.

2.2
CUDA – 빠른 학습 및 평가를 위한 GPU 가속

NVIDIA CUDA 툴킷(https://developer.nvidia.com/cuda-toolkit)은 그래픽 처리 장치(GPGPU)의 범용 컴퓨팅을 위해 완전히 최적화된 병렬 컴퓨팅 플랫폼입니다. 이를 통해 선형대수, 이미지 및 비디오 처리, 딥러닝 및 그래프 분석을 포함한 NVIDIA 그래픽 카드에서 과학 컴퓨팅을 수행할 수 있습니다. 많은 상용 및 오픈 소스 소프트웨어에서 사용되어 여러 도메인에서 GPU 가속 계산을 가능하게 합니다. 딥러닝 개발을 되돌아보면 CUDA와 강력한 GPU의 도움없이 GAN의 최신 혁신은 거의 불가능했을 것입니다. 따라서 이 책의 실험을 CUDA 호환 GPU에서 시도해 보는 것이 좋습니다. 그렇지 않으면 신경망의 학습 시간이 CPU에서 고통스럽게 길어질 수 있습니다.

이 섹션에서는 Windows 10 및 Ubuntu 18.04에 CUDA를 설치하는 과정을 안내합니다. CUDA 설치를 시작하기 전에 비디오 카드가 CUDA를 지원하고 비디오 카드용 최신 드라이버를 설치했는지 확인해야 합니다. GPU가 CUDA(또는 설치하려는 정확한 CUDA 버전)와 호환되는지 확인하려면 먼저 컴퓨터에 NVIDIA 비디오 카드가 있는지 확인해야 합니다.

Windows에서는 비디오 카드의 사양을 확인하기 위해 GPU-Z(https://www.techpowerup.com/gpuz) 또는 GPU Caps Viewer(http://www.ozone3d.net/gpucapsviewer)와 같은 타사 도구를 사용할 수 있습니다. 혹은 https://www.geforce.com/hardware/technology/cuda/supported-gpus와 같은 웹 페이지 목록에 비디오 카드가 있는지 확인할 수 있습니다. 그러나 최신 CUDA가 시스템에서 완벽하게 실행되는지 확인하는 가장 간단하고 실용적인 방법은 다음 섹션에서와 같이 문제없이 설치 및 평가 단계를 완료하는 것입니다.

이 책을 쓸 당시 CUDA의 최신 버전은 10.1입니다.

NVIDIA 드라이버 설치

Windows 10에서 https://www.nvidia.com/Download/index.aspx를 방문하여 비디오 카드 및 시스템에 따라 제품 및 운영 체제를 선택하여 드라이버를 다운로드하십시오. Windows에는 그래픽 사용자 인터페이스(GUI)가 있으므로 설치가 매우 간단합니다. 설치하는 동안 기본 설정을 유지할 수 있습니다.

Ubuntu 18.04의 Ubuntu 18.04에 CUDA 10.1을 설치하는 방법(https://gist.github.com/eddex/707f9cbadfaec9d419a5dfbcc2042611)에서 언제든지 CUDA를 다운로드할 수 있습니다. 그러나 그래픽 드라이버를 다른 소프트웨어와 같은 방식으로 업데이트할 수 있도록 다음과 같은 방법으로 NVIDIA 드라이버를 설치하는 것이 좋습니다. 먼저 터미널을 열고 다음을 입력하여 패키지 관리 소스 목록에 적절한 저장소를 추가하십시오.

```
$ sudo add-apt-repository ppa:graphics-drivers/ppa
$ sudo apt-get update
```

이제 다음을 구현하여 비디오 카드 모델과 권장 드라이버 버전을 확인할 수 있습니다.

```
$ ubuntu-drivers devices
```

출력은 다음과 같이 보일 것입니다.

```
== /sys/devices/pci0000:00/0000:00:01.0/0000:01:00.0 ==
modalias : pci:v000010DEd00001B06sv00001458sd00003752bc03sc00i00
vendor   : NVIDIA Corporation
model    : GP102 [GeForce GTX 1080 Ti]
driver   : nvidia-driver-390 - third-party free
driver   : nvidia-driver-396 - third-party free
driver   : nvidia-driver-415 - third-party free recommended
```

```
driver : nvidia-driver-410 - third-party free
driver : xserver-xorg-video-nouveau - distro free builtin
```

그런 다음 권장 드라이버를 다음과 같이 설치하십시오.

```
$ sudo ubuntu-drivers autoinstall
```

 CUDA가 이미 설치되어 있고 다른 버전의 CUDA를 설치할 계획이라면 CUDA를 다시 설치하기 전에 NVIDIA 드라이버와 CUDA 툴킷을 모두 제거하고 시스템을 재부팅한 후 최신 드라이버를 설치하는 것이 좋습니다.

설치가 완료되면 시스템을 재부팅하십시오.

CUDA 설치

CUDA 툴킷의 전체 목록은 다음과 같습니다 : https://developer.nvidia.com/cuda-toolkit-archive. CUDA Toolkit 10.1을 클릭하여 CUDA 10.1의 다운로드 페이지로 이동하십시오.

Windows 10에서 Windows | x86_64 | 10 | exe(로컬)로 이동한 후 기본 설치 프로그램을 다운로드하십시오. 설치 프로그램 파일은 약 2.1 GB입니다. 다시 한 번, GUI 기반이기 때문에 설치 프로세스에 대한 자세한 내용은 다루지 않습니다. 설치하는 동안 기본 설정을 유지하십시오.

 설치하는 동안 공식 CUDA 샘플도 설치하십시오. CUDA의 성공적인 설치를 평가하는 데 필수적이며 CUDA 프로그래밍 학습에 매우 유용합니다(관심이 있는 경우). 또한 Windows에도 Microsoft Visual Studio를 설치하려는 경우 CUDA가 자동으로 Visual Studio를 감지하고 해당 통합 도구를 설치하므로 CUDA보다 먼저 설치해야 합니다.

Ubuntu 18.04에서 Linux | x86_64 | 우분투 | 18.04 | runfile(local)로 이동한 후 기본 설치 프로그램을 다운로드하십시오. 설치 프로그램 파일은 약 2.0 GB입니다. 다운로드가 완료되면(~/Downloads 디렉토리 아래에 다운로드되었다고 합시다), 터미널을 열고 다음을 입력하십시오.

```
$ cd ~/Downloads
$ sudo chmod +x cuda_10.1.243_418.86.00_linux.run
$ sudo sh cuda_10.1.243_418.86.00_linux.run
```

설치하는 동안 이전에 새 버전을 이미 설치했으므로 NVIDIA 드라이버를 설치할 필요가 없다는 점을 제외하고 모든 기본 설정을 그대로 사용하십시오.

CUDA 설치가 끝날 때 '권장 라이브러리 누락 : libGLU.so(Missing recommended library: libGLU.so.)'와 같은 몇 가지 경고 메시지가 나타날 수 있습니다. 옵션 라이브러리를 설치하기 위해서 apt-get install libglu1-mesa libxi-dev libxmu-dev libglu1-mesa-dev를 실행하십시오.

마지막으로 ~/.bashrc 파일에 CUDA 디렉토리를 추가하여 다른 소프트웨어가 CUDA 라이브러리를 찾을 수 있도록 합니다.

```
$ export PATH=$PATH:/usr/local/cuda/bin
$ export LD_LIBRARY_PATH=$LD_LIBRARY_PATH:/usr/local/cuda/lib:/usr/local/cuda/lib64:/usr/local/cuda/extras/CUPTI/lib64
```

또는 gedit ~/.bashrc를 사용하여 파일을 열고 파일 끝에 다음 두 줄을 수동으로 추가할 수 있습니다.

```
PATH=$PATH:/usr/local/cuda/bin
LD_LIBRARY_PATH=$LD_LIBRARY_PATH:/usr/local/cuda/lib:/usr/local/cuda/
lib64:/usr/local/cuda/extras/CUPTI/lib64
```

sudo ldconfig를 실행하여 .bashrc 파일의 변경 사항을 새로 고칩니다. 다른 bash 명령을 실행하기 전에 터미널을 닫았다가 다시 열어야 합니다.

다른 플랫폼의 경우 https://docs.nvidia.com/cuda/archive/10.0을 방문하여 지침에 따라 CUDA 10.0을 설치하십시오.

cuDNN 설치

신경망을 위해 CUDA가 제공하는 빠른 계산 기능을 사용하려면 cuDNN을 설치해야 합니다. **NVIDIA CUDA 딥뉴럴 네트워크 라이브러리**(cuDNN)는 딥뉴럴 네트워크를 위한 GPU 가속 라이브러리입니다. 기본적으로 GPU에서 실행되는 저수준 드라이버로 일반적인 신경망 운영을 위해 완전히 최적화된 다중 순방향 및 역방향 계산(forward and backward computation)을 제공합니다. PyTorch를 포함한 많은 딥러닝 플랫폼에서 사용되었으므로 플랫폼 개발자는 기본 신경 네트워크 구성 요소 구현에 대해 걱정할 필요가 없으며 더 나은 API를 제공하는 데 집중할 수 있습니다.

먼저 다음 사이트에서 cuDNN을 다운로드해야 합니다 : https://developer.nvidia.com/rdp/cudnn-download. 이전 버전은 https://developer.nvidia.com/rdp/cudnn-archive에서 제공됩니다. CUDA 버전과 OS에 맞는 cuDNN 릴리스를 찾으십시오. 일반적으로 7.0보다 큰 모든 cuDNN 버전은 PyTorch에서 사용할 수 있습니다. 물론 항상 최신 버전을 얻을 수 있습니다. 여기에서는 앞의 첫 번째 링크에서 CUDA 10.1용 cuDNN v7.5.0을 다운로드합니다. NVIDIA 개발자 프로그램 회원이 되려면 유효한 이메일 주소로 NVIDIA 개발자 계정을 등록해야 합니다. 그러면 모든 cuDNN 릴리즈 파일을 무료로 다운로드할 수 있습니다.

Windows 10의 경우 cuDNN v7.5.0 다운로드(2019년 2월 21일)를 클릭하십시오. CUDA 10.0의 경우, **Windows 10 용 cuDNN 라이브러리**를 클릭하십시오. 그러면 약 224MB인 cudnn-10.0-windows10-x64-v7.5.0.56.zip 파일이 다운로드됩니다. 다운로드한 파일의 압축을 풀고 다음과 같이 압축 해제된 파일을 CUDA 디렉토리에 복사하십시오.

- [UNZIPPED_DIR]\cuda\bin\cudnn64_7.dll -> C:\Program Files\NVIDIA GPU Computing Toolkit\CUDA\v10.0\bin\cudnn64_7.dll
- [UNZIPPED_DIR]\cuda\include\cudnn.h -> C:\Program Files\NVIDIA GPU Computing Toolkit\CUDA\v10.0\include\cudnn.h
- [UNZIPPED_DIR]\cuda\lib\x64\cudnn.lib -> C:\Program Files\NVIDIA GPU Computing Toolkit\CUDA\v10.0\lib\x64\cudnn.lib

Ubuntu 18.04에서는 **cuDNN v7.5.0 다운로드**(2019년 2월 21일)를 클릭하십시오. CUDA 10.0의 경우 **Linux용 cuDNN 라이브러리**를 클릭하십시오. cudnn-10.0-linux-x64-v7.5.0.56.tgz 파일이 다운로드됩니다. 파일 크기는 약 433 MB입니다. 다운로드가 완료되면 터미널을 열고 다음 스크립트를 실행하십시오(파일이 ~/Downloads 디렉토리로 다운로드되었다고 가정).

다운로드한 파일을 압축 해제하십시오.

```
$ cd ~/Downloads
$ tar -xzvf cudnn-10.0-linux-x64-v7.5.0.56.tgz
```

파일을 시스템 디렉토리에 복사하고 모든 사용자에게 읽기 권한을 부여하십시오(먼저 추출된 폴더로 이동해야 할 수도 있음).

```
$ sudo cp cuda/include/cudnn.h /usr/local/cuda/include
$ sudo cp cuda/lib64/libcudnn* /usr/local/cuda/lib64
```

```
$ sudo chmod a+r /usr/local/cuda/include/cudnn.h
/usr/local/cuda/lib64/libcudnn*
```

다른 플랫폼에서는 https://docs.nvidia.com/deeplearning/sdk/cudnn-install/index.html의 지침에 따라 cuDNN을 설치하십시오.

CUDA 설치 평가

CUDA가 컴퓨터에서 제대로 작동하는지 확인하십시오. 여기에서는 공식 CUDA 샘플도 설치했다고 가정합니다.

 여기에서 Windows에서 CUDA 샘플을 빌드하고 평가하려면 Microsoft Visual Studio가 필요합니다. 이 예에서는 Visual Studio Community 2017을 사용하고 있습니다.

Windows 10에서 CUDA 샘플 디렉토리(예 : C:\ProgramData\NVIDIA Corporation\CUDASamples\v10.0)로 이동하십시오. 1_Utilities\deviceQuery\deviceQuery_vs2017.sln 솔루션 파일을 Visual Studio 2017로 엽니다.

Visual Studio에서 **솔루션 구성**(Solution Configurations)을 **릴리스**(Release)로 전환하십시오. 그런 다음 샘플 코드를 빌드하기 위해 **빌드 | 빌드 deviceQuery**(Build | Build deviceQuery)를 클릭하십시오. 빌드가 완료되면 C:\ProgramData\NVIDIA Corporation\CUDA Samples\v10.0\bin\win64\Release로 이동하여 이 디렉토리에서 PowerShell을 엽니다. 다음 명령을 입력하십시오 :

```
> .\deviceQuery.exe
```

출력은 다음과 같아야 합니다.

```
CUDA Device Query (Runtime API) version (CUDART static linking)

Detected 1 CUDA Capable device(s)

Device 0: "GeForce GTX 1080 Ti"
    CUDA Driver Version / Runtime Version 10.0 / 10.0
    CUDA Capability Major/Minor version number: 6.1
    Total amount of global memory: 11175 MBytes (11718230016 bytes)
    ...
Result = PASS
```

이것은 CUDA 10.0이 성공적으로 설치되었음을 나타냅니다.

Ubuntu 18.04에서는 CUDA 샘플 디렉토리로 이동하십시오(예 : ~/NVIDIACUDA-10.0Samples). 터미널을 열고 다음을 입력하십시오.

```
$ cd 1_Utilities/deviceQuery
$ make
```

문제없이 deviceQuery 프로그램을 컴파일해야 합니다. 그런 다음 빌드 디렉토리로 이동하여 프로그램을 실행하십시오.

```
$ cd ../../bin/x86_64/linux/release
$ ./deviceQuery
```

출력은 Windows 10의 출력과 유사해야 합니다.

이제 PyTorch 1.0 설치로 넘어갈 수 있습니다!

2.3 Windows 및 Linux에서 PyTorch 설치

PyTorch를 설치하고 사용하려면 먼저 Python 개발 환경을 올바르게 설정해야 합니다. 이 섹션에서는 먼저 Python 환경을 설정하는 방법과 공식 릴리스 바이너리를 사용하거나 소스에서 빌드하여 PyTorch를 설치하는 방법에 대해 설명합니다. 이 섹션의 끝에서는 가볍지만 매우 강력한 코드 편집기 도구인 Microsoft VS Code를 소개하고 PyTorch 프로그래밍을 위해 이를 구성하는 방법을 보여줍니다.

파이썬 환경 설정

다음 섹션에서는 Windows 10 및 Ubuntu 18.04에서 Python 환경을 설정하는 방법과 PyTorch를 설치 또는 빌드하는 방법을 안내합니다. 물론 CUDA를 시스템에 성공적으로 설치했다고 가정합니다(예 : CUDA 10.1).

파이썬 설치

Windows 10의 경우 https://www.python.org/downloads/windows를 방문하여 Windows x86-64 실행 가능 설치 관리자를 다운로드하십시오. 원하는 버전을 설치할 수 있습니다. 예를 들어 최신 버전(작성 당시) 3.7.5를 설치합니다. 실제로 3.8.0은 최신 버전이지만 3.7.x 트랙을 유지하는 것이 좋습니다. 다운로드된 python-3.7.5-amd64.exe 파일은 약 25 MB입니다. 설치 경로를 찾기 쉬운 위치(예를 들어 C:\Python37)로 변경할 수 있다는 점을 제외하고 설치 중에 기본 설정을 유지하십시오.

설치하는 동안 'PATH에 Python 3.7 추가' 확인란을 선택해야 합니다. 그렇지 않으면 환경 변수를 수동으로 추가해야 합니다(C:\Python37\ 및 C:\Python37\Scripts). Windows 10에서 환경 변수를 추가하는 자세한 과정은 이 장의 뒷부분에서 설명합니다.

Ubuntu 18.04에서는 Python 2.7.15 및 3.7.1이 이미 시스템과 함께 제공됩니다. 따라서 지금은 아무것도 할 필요가 없습니다.

 Ubuntu에서 시스템이 제공하는 기본 Python 버전을 사용하려는 경우 시스템의 다른 많은 요소에 영향을 미치므로 수정하기 전에 두 번 생각하십시오 (업그레이드, 다운 그레이드 또는 제거 포함). 그리고 항상 올바른 버전의 Python(Python 2 vs 3)을 사용하고 있는지 확인하십시오. 때로는 Python 2와 Python 3에서 패키지를 설치하고 사용하는 것이 약간 어려울 수 있습니다.

Anaconda Python 설치

Windows 10의 경우 https://www.anaconda.com/distribution/#windows에서 설치 관리자를 다운로드하십시오. Python 3.7 버전을 다운로드하여 설치합니다. 약 614 MB 크기의 Anaconda3-2018.12-Windows-x86_64.exe 파일을 다운로드합니다. 이 파일을 열어 Anaconda를 설치하고 기본 설정을 변경하지 마십시오. 우리는 새로운 Python 환경을 만들고 나중에 해당 환경 변수를 수동으로 추가하기 때문에 **Anathonda를 시스템 Python 3.7로 등록 확인란을 선택할 필요가 없습니다.**

설치가 끝나면 Microsoft VS Code를 설치할 것인지 묻는 메시지가 나타납니다. Python 개발용으로 설치하는 것이 좋습니다.

Ubuntu 18.04의 경우 https://www.anaconda.com/distribution/#linux에서 설치 관리자를 다운로드하십시오. 여기에서 예를 들어 Python 버전 3.7을 다운로드하여 설치합니다. Anaconda3-2018.12-Linux-x86_64.sh 파일이 다운로드됩니다. 파일 크기는 약 684 MB입니다. 이 파일을 실행하여 설치하십시오(~/Downloads에 있다고 가정).

```
$ cd ~/Downloads
```

```
$ chmod +x Anaconda3-2018.12-Linux-x86_64.sh
$./Anaconda3-2018.12-Linux-x86_64.sh
```

설치하는 동안 모든 기본 설정을 승인하십시오. 설치가 끝나면 시스템에 Microsoft VS Code를 설치할 것인지 묻는 메시지가 나타납니다. 아직 설치하지 않은 경우 수락할 수 있습니다.

계속 진행하기 위한 전제 조건

다음 섹션으로 넘어가기 전에 설치해야 할 중요하거나 필요한 Python 도구 및 라이브러리가 있습니다.

- pip(필수) : Python 패키지를 관리해야 합니다. 우분투에서는 Python 2의 경우 `sudo apt-get install python-pip`, Python 3의 경우 `sudo apt-get install python3-pip`를 실행하십시오. Windows에서는 일반적으로 Python과 함께 설치됩니다.
- NumPy(필수) : 선형 대수, 푸리에 변환 및 난수 기능과 함께 텐서 표현, 조작 및 계산을 위한 과학적 컴퓨팅 라이브러리. PyTorch를 설치해야 합니다.
- SciPy(선택 사항) : 신호 처리, 최적화 및 통계를 포함한 수치 알고리즘 모음입니다. 예를 들어 특정 임의 분포를 기반으로 매개변수를 초기화하는 등의 통계 기능에 주로 사용합니다.
- OpenCV(선택 사항) : 효율적이고 실시간 이미지 처리 및 패턴 인식을 위한 크로스 플랫폼 오픈소스 컴퓨터 비전 라이브러리. 신경망에서 데이터, 매개변수 및 기능 맵을 사전 처리하거나 시각화하는 데 사용합니다.
- Matplotlib(선택 사항) : 출판-품질 플로팅 라이브러리. 손실 곡선 또는 다른 플롯을 설명하기 위해 사용할 것입니다.

Windows 10의 경우 https://www.lfd.uci.edu/~gohlke/pythonlibs를 방문하

여 해당 라이브러리의 .whl 파일을 다운로드하고 pip install[FILENAME](Python 2의 경우)을 사용하여 설치합니다. 또는 pip3은 [FILENAME]을 설치합니다(Python 3의 경우).

Ubuntu 18.04에서는 다음과 같은 패키지를 설치할 수 있습니다.

```
#For Python 2
$ pip install numpy scipy opencv-python matplotlib
#For Python 3
$ pip3 install numpy scipy opencv-python matplotlib
```

사용자 권한 문제로 인해 설치가 실패할 수 있습니다. Windows의 관리자인 경우 관리자 권한으로 명령 프롬프트를 열어야 합니다. 우분투에서 루트 액세스 권한이 있다면 간단히 설치 명령 전에 sudo를 추가하십시오. 관리자 또는 루트 액세스 권한이 없는 경우 pip3 install --user로 패키지를 설치하십시오.

PyTorch 설치

공식 릴리스 바이너리를 사용하거나 소스에서 빌드하여 PyTorch를 설치할 수 있습니다. PyTorch를 시스템에 직접 설치하거나 Anaconda와 같은 패키지 관리자를 사용하여 다른 도구와의 충돌 가능성을 피할 수 있습니다. 이 책을 쓸 당시 PyTorch의 최신 버전은 v1.3.1입니다. PyTorch가 제공하는 최첨단 기능을 활용하기 위해 이 책의 나머지 장에서 PyTorch 1.3을 설치하고 사용할 것입니다. 물론 원하는 다른 버전을 선택하거나 이 책에서 사용하는 것보다 최신 버전을 설치할 수 있습니다. 다음 지침에 따라 버전 번호를 자신의 버전으로 변경하십시오.

Ubuntu를 사용하는 경우 시스템과 함께 제공되는 기본 Python 환경에 영향을 미치지 않으므로 Anaconda와 함께 PyTorch를 설치하는 것이 좋습니다. Windows를 사용하는 경우 기본적으로 Python 설치를 삭제하고 심각한 문제가 발생하면 원하는 다른 버전을 다시 설치하십시오.

공식 바이너리 설치

얼마 전까지 만해도 PyTorch를 설치하는 것이 큰 노력이었습니다. 그러나 PyTorch.org의 훌륭한 사람들은 시스템에 PyTorch를 설치하기 매우 쉽게 만들었습니다. 시작하려면 https://pytorch.org/get-started/locally/로 이동하십시오. 여기에는 적절한 설치 정보를 얻기 위한 매우 간단한 포인트 앤 클릭 방법이 있습니다.

설치하려는 빌드로 시작한 다음 운영 체제를 선택해야 합니다. 다음으로 Conda, pip 등을 통해 PyTorch를 설치하는 방법을 결정해야 합니다. 다음으로, 타겟팅하려는 Python 버전을 선택하고 마지막으로 사용 중인 CUDA 버전 또는 GPU 없이 갈 것인지를 선택하십시오.

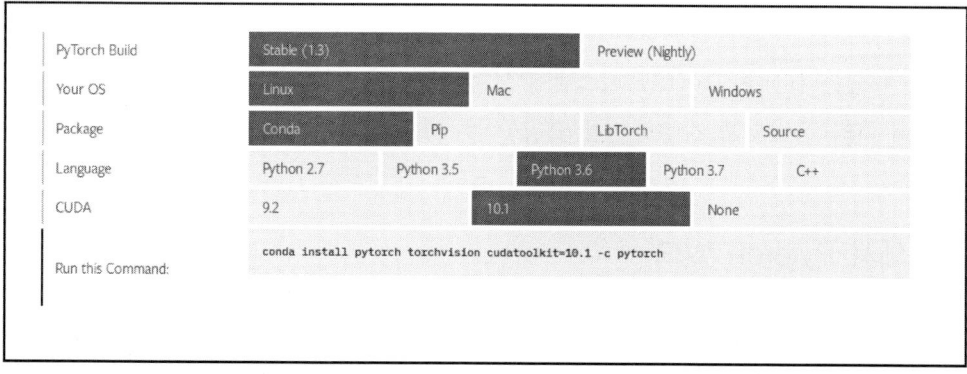

마지막 단계는 그리드 하단의 상자에서 명령을 선택하고 복사하는 것입니다. 이것을 터미널이나 명령 프롬프트에 붙여넣고 실행하십시오. 1~2분 안에 모든 준비가 완료됩니다.

생성된 Python 환경을 시스템의 기본 Python으로 만드는 것도 고려할 수 있습니다.

이를 위해서는 다음과 같은 환경 변수를 추가하기만 하면 됩니다. 환경 변수 : C:\Users\John\Anaconda3\envs\torch 및 C:\Users\John\Anaconda3\envs\torch\Scripts.

 Windows 10에서 환경 변수를 추가하는 방법 : (1) 시작 버튼을 마우스 오른쪽 버튼으로 클릭하고 시스템을 클릭하십시오. (2) 설정 창의 오른쪽에 있는 시스템 정보를 클릭하면 시스템 제어판이 열립니다(이전 버전의 Windows 10인 경우에는 이 단계가 필요하지 않을 수 있습니다.). (3) 왼쪽에서 고급 시스템 설정을 클릭하면 시스템 속성 창이 열립니다. (4) 환경 변수 버튼을 클릭하면 환경 변수 창이 열립니다. (5) 사용자 변수의 경로 변수 선을 두 번 클릭하십시오. 이제 Anaconda 또는 Python 디렉토리를 가리키는 경로를 추가하거나 편집할 수 있습니다. 환경 변수를 편집할 때마다 환경 변수 창을 닫고 PowerShell에서 이 스크립트를 실행해야 합니다.
`$env:Path = [System.Environment]::GetEnvironmentVariable("Path","Mach ine") + ";" +[System.Environment]::GetEnvironmentVariable("Path","User ").`

이제 다 했습니다! PyTorch가 시스템에 설치되었으며 PyTorch 설치 평가 섹션의 지시 사항에 따라 올바르게 작동하는지 확인할 수 있습니다.

소스에서 Pytorch 빌드

여기서는 빌드 프로세스가 Windows에서 실패할 가능성이 매우 높기 때문에 Ubuntu 18.04에서 Anaconda Python을 사용하여 소스에서 PyTorch를 빌드하는 것에 대해서만 이야기합니다. 먼저 `conda create -n torch-nt python = 3.7`을 사용하여 베타 버전(nightly version)을 빌드하고, 설치하기 위한 torch-nt라는 새 Python 환경을 만들어 `conda activate torch-nt`로 활성화합니다.

다음으로 PyTorch를 빌드하는 데 필요한 종속성을 설치하십시오.

```
(torch-nt)$ conda install numpy pyyaml mkl mkl-include setuptools cmake
cffi typing
(torch-nt)$ conda install magma-cuda100 -c pytorch
```

그런 다음 Git을 사용하여 PyTorch의 소스 코드를 다운로드하십시오.

```
(torch-nt)$ git clone --recursive https://github.com/pytorch/pytorch
(torch-nt)$ cd pytorch
(torch-nt)$ export CMAKE_PREFIX_PATH="/home/john/anaconda3/envs/torch-nt"
(torch-nt)$ python setup.py install
```

여기서 CMAKE_PREFIX_PATH는 Python 환경의 루트 디렉토리를 가리킵니다. Anaconda가 생성한 모든 환경은 ~/anaconda3/envs 폴더에 있습니다.

끝날 때까지 기다리십시오. 완료되면 터미널에서 python을 실행하고 import torch를 입력한 다음 Enter 키를 누릅니다. 오류가 나타나지 않으면 PyTorch가 성공적으로 빌드 및 설치되었음을 의미합니다.

Python은 설치된 패키지 대신 소스 파일에서 Torch 라이브러리를 선택하려고 하기 때문에 PyTorch를 빌드한 동일한 디렉토리에서 import torch를 실행하지 마십시오.

PyTorch 설치 평가

이제부터는 이전에 이 책에서 기본 Python 환경으로 만든 **torch**이라는 Anaconda Python 환경을 사용합니다. 스크립트 앞에 (torch) 표시기를 생략합니다. 또한 기본적으로 이 책의 모든 코드는 Python 3(특히 Python 3.7)용으로 작성되었습니다. Python 2 구현을 찾고 있다면 3to2(https://pypi.org/project/3to2)를 보고 싶을 것입니다.

PyTorch를 사용하여 행렬 곱셈을 위한 짧은 스니펫을 작성해 봅시다. pytorch_test.py라는 Python 소스 코드 파일을 작성하고 다음을 이 파일에 복사하십시오.

```python
import torch

print("PyTorch version: {}".format(torch.__version__))
print("CUDA version: {}".format(torch.version.cuda))

device = torch.device("cuda" if torch.cuda.is_available() else "cpu")
print(device)

a = torch.randn(1, 10).to(device)
b = torch.randn(10, 1).to(device)
c=a @ b
print(c.item())
```

터미널을 열고 이 스니펫을 실행하십시오.

```
$ conda activate torch
$ python pytorch_test.py
```

출력은 다음과 같습니다.

```
PyTorch version: 1.3.1
CUDA version: 10.1.243
cuda
-2.18083119392395
```

마지막 줄은 완전히 무작위이므로 다른 결과를 얻더라도 걱정하지 마십시오. 이 장의 코드 저장소에 있는 pytorch_test 디렉토리에서 코드를 사용할 수도 있습니다.

이전 섹션의 jit 또는 torchhub 예제를 사용하여 PyTorch 설치를 평가할 수 있습니다. https://github.com/pytorch/examples에서 공식 예제를 확인하십시오.

1장에서 NumPy로 구현한 간단한 GAN을 기억하십시오. 이제 PyTorch를 준비했으므로 PyTorch로 GAN을 구현하는 방법에 대해 생각할 수 있습니다.

보너스 : Python 코딩을 위한 VS Code 설정

VS Code는 Microsoft에서 개발한 가벼운 오픈 소스 코드 편집기입니다. 여기에는 내장된 구문 강조, 자동 완성, 디버깅, Git 관리 및 커뮤니티에서 개발한 10,000개 이상의 확장 기능이 있습니다. StackOverflow 설문 조사에 따르면 Windows, macOS 및 Linux를 지원하며 소프트웨어 개발자들 사이에서 가장 널리 사용되는 개발 도구입니다 : https://inights.stackoverflow/survey/2018/#technology-most-popular-development-environments. 이 책을 이용하여 GAN 학습을 위해 주로 자신의 컴퓨터에서 작업하는 경우 PyTorch 개발에 VS Code를 사용하는 것이 좋습니다.

파이썬 코드를 로컬로 작성하고 해당 코드를 원격 서버에서 실행해야 하는 경우 PyCharm Professional Edition(https://www.jetbrains.com/pycharm) 사용을 고려할 수 있습니다. 무료 VS Code 확장이 제공하는 것보다 훨씬 성숙한 원격 개발 기능이 있습니다.

Python 개발을 위한 VS Code 구성

기본적으로 VS Code의 Python 프로그래밍에는 Python 확장(ms-python.python)만 필요합니다.

Windows 10의 경우 File | Preferences | Settings에서 오른쪽 상단의 { } 버튼(Open

Settings(JSON))을 클릭하고, 다음을 입력하십시오.

```
"python.pythonPath": "C:\\Users\\John\\Anaconda3\\envs\\torch"
```

Ubuntu 18.04에서 File ㅣPreferences ㅣ Settings에서 오른쪽 상단의 { } 버튼(Open Settings(JSON))을 클릭하고, 다음을 입력하십시오.

```
"python.pythonPath": "~/anaconda3/envs/torch/bin/python3"
```

이제 VS Code는 자동으로 Anaconda Python 환경으로 인식하여 Python 코드를 작성할 준비가 되었습니다!

권장 VS Code 확장

다음은 개인적으로 Python 개발에 유용한 VS Code 확장입니다. 저는 이들이 여러분의 작업을 훨씬 쉽게 만들어 줄 것이라고 확신합니다. 제작자에게 감사합니다!

- Bracket Pair Colorizer(coenraads.bracket-pair-colorizer) : 각 브라켓 쌍이 서로 다른 색상으로 일치하여 쉽게 인식할 수 있습니다.
- Code Runner(formulahendry.code-runner) : Python과 다른 많은 언어의 코드를 버튼 클릭으로 실행할 수 있습니다. 그러나 로깅 메시지가 길고 VS Code에서 일부 메시지가 누락될 수 있으므로 신경망의 학습 스니펫을 실행하는 데 사용하지 않는 것이 좋습니다.
- GitLens—Git supercharged(eamodio.gitlens) : 소스 코드를 관리하기 위해 Git에 의존하는 경우 강력한 도구입니다. 예를 들어, 편집기에서 현재 보고 있는 각 라인에 Git 히스토리가 표시되고 트리 구조의 모든 로컬 및 원격 변경 사항 등이 표시됩니다.
- indent-switcher(ephoton. 들여쓰기 전환기) : 모든 사람의 프로그래밍 습관이 다릅니다. 일부는 들여쓰기로 두 개의 공백을 좋아하고 일부는 네 개의 공

백을 좋아합니다. 이 확장으로 2칸 들여쓰기와 4칸 들여쓰기를 전환할 수 있습니다.

- Partial Diff(ryu1kn.partial-diff) : 다른 파일에서 두 개의 코드 조각을 비교할 수 있습니다.
- Path Intellisense(christian-kohler.path-intellisense) : 이 확장은 코드에서 파일 이름을 자동 완성합니다.
- Search-Open All Results(fabiospampinato.vscode-search-open-all-results) : 여러 소스 파일에서 키워드 검색을 지원합니다.
- Settings Sync(shan.code-settings-sync) : 설치된 확장 및 사용자 설정을 Gist 파일에 저장하고 해당 파일에서 복구합니다. 여러 시스템 및 시스템에서 작업하는 경우 매우 유용할 수 있습니다.

2.4 참고 문헌 및 유용한 독서 목록

1. Udacity India. (2018, Mar 8). *Why Python is the most popular language used for Machine Learning*. Retrieved from https://medium.com/@UdacityINDIA/why-use-python-for-machine-learning-e4b0b4457a77.

2. S Bhutani. (2018, Oct 7). *PyTorch 1.0 - A brief summary of the PTDC '18: PyTorch 1.0 Preview and Promise*. Retrieved from https://hackernoon.com/pytorch-1-0-468332ba5163.

3. C Perone. (2018, Oct 2). *PyTorch 1.0 tracing JIT and LibTorch C++ API to integrate PyTorch into NodeJS*. Retrieved from http://blog.christianperone.com/2018/10/pytorch-1-0-tracing-jit-and-libtorch-c-api-to-integrate-pytorch-into-nodejs.

4. T Wolf. (2018, Oct 15). *Training Neural Nets on Larger Batches: Practical Tips for 1-GPU, Multi-GPU and Distributed setups*. Retrieved from https://medium.com/

```
huggingface/training-larger-batches-practical-tips-on-1-gpu-multi-
gpu-distributed-setups-ec88c3e51255.
```

2.5 요약

와! 많은 일과 정보가 있었습니다. 잠시 시간을 내어 커피나 차를 마시고 다시 오십시오. 기다려 드리겠습니다.

우리가 한 모든 일을 봅시다.

우리는 Python 설치가 최신 상태인지 확인하고 CUDA(NVIDIA GPU 그래픽 카드가 있다고 가정)를 설치하고 PyTorch를 설치했습니다. 여러분이 나와 같은 사람이라면, 여러분은 프로그래밍을 하기 위해 조금 뛰어 들었습니다.

그러나 실제로 생산성을 높이기 위해서는 더 많은 기본 사항을 정의해야 합니다. 이것이 우리의 목표입니다. 다음 장에서는 몇 가지 기본 사항을 살펴 보겠습니다.

모델 설계 및 학습을 위한 모범 사례

이 장에서는 지금까지 배운 내용을 살펴보고 앞으로 나아가는 데 도움이 되는 기본 정보를 제공합니다. 모델 구조의 전체 디자인과 필요한 합성곱 작업을 선택할 때 따라야 할 단계를 살펴 보겠습니다. 또한 손실 함수와 학습률을 조정하는 방법도 배웁니다.

이 장에서는 다음과 같은 주제를 다룰 것입니다.

- 모델 디자인 개요
- 모델 학습 개요
- 파이썬에서 효율적인 코딩
- 딥러닝 초보자를 위한 조언

3.1
모델 디자인 개요

이 섹션에서는 GAN 모델의 구조를 설계할 때 선택할 수 있는 다양한 선택 사항과 일반적인 딥러닝 모델에 대한 개요를 제공합니다. 논문에서 볼 수 있는 모델 구조를 직접 빌리는 것이 항상 좋습니다. 또한 실제 문제에 따라 모델을 조정하고 새로운 모델을 처음부터 새로 만드는 방법을 알아야 합니다. 모델을 설계할 때 GPU 메모리 용량 및 예상 학습 시간과 같은 다른 요소도 고려해야 합니다. 우리는 다음에 대해 이야기할 것입니다.

- 전체 모델 구조 설계
- 합성곱 연산 방법 선택
- 다운 샘플링 작업 방법 선택

전체 모델 구조 설계

딥러닝 모델에 대한 설계 과정은 주로 두 가지가 있습니다. 서로 다른 시나리오에 적합하며 두 과정 모두에 익숙해져야 합니다.

- 특히 얕은 네트워크를 위해 전체 네트워크를 직접 설계하십시오. 네트워크의 모든 계층을 쉽게 추가/제거할 수 있습니다. 이 방법을 사용하면 네트워크에서 병목 현상(예 : 더 많은 뉴런이 필요한 층)을 쉽게 확인할 수 있습니다. 이는 모바일 장치에서 실행될 모델을 설계할 때 매우 중요합니다.
- 작은 블록/셀(여러 계층 또는 연산을 포함)을 설계하고 블록을 여러 번 반복하여 전체 네트워크를 형성하십시오. 이 프로세스는 매우 깊은 네트워크, 특히 **네트워크 구조 검색**(NAS: network architecture search)에서 매우 인기가 있습니다. 블록을 조정하고, 전체 네트워크를 몇 시간 동안 학습시키고, 조정

으로 인해 성능이 향상되는지 확인하기 때문에 모델에서 약점을 발견하기가 조금 더 어렵습니다.

이 책의 일부 장에서는 U-Net 모양(예 : pix2pixm, 6장, '이미지에서 이미지로의 변환 및 응용 프로그램'에서 다룰 예정)과 ResNet 모양(예 : SRGAN, 7장, 'GAN을 사용한 이미지 복원'에서 설명합니다.) 네트워크가 사용됩니다. 두 구조 모두 블록 기반 접근 방식을 통해 설계되었으며 인접하지 않은 층을 연결하기 위해 건너뛰기 연결(skip connection)을 사용합니다. 신경망에는 두 가지 다른 형태의 데이터 흐름이 있습니다.

- 일반 네트워크 : 네트워크 내의 모든 층에는 최대 하나의 입력과 하나의 출력 방향만 있습니다.
- 분기 네트워크 : 하나 이상의 층이 ResNet 및 DenseNet과 같은 두 개 이상의 다른 층에 연결되어 있습니다.

이 책에서 일반 네트워크는 종종 판별기에 사용되며 분기 구조는 종종 생성기에 사용됩니다. 일반적으로 생성기 네트워크는 판별기보다 학습하기가 더 어렵고 분기(예 : 건너뛰기 연결(skip connection))는 하위 레벨 세부 사항을 순방향 패스의 더 깊은 층으로 전달하고 역방향 패스에서 기울기가 더 잘 흐르도록 도와주기 때문입니다.

네트워크에서 분기를 처리할 때, 여러 분기가 병합되는 방식(텐서가 균일한 크기의 다른 블록/셀로 전달될 수 있도록)도 네트워크 성능에 큰 영향을 미칩니다. 권장되는 접근 방식은 다음과 같습니다.

- 모든 텐서를 목록으로 연결하고 다른 합성곱 층을 만들어 이 목록을 더 작은 텐서에 매핑합니다. 이러한 방식으로 모든 입력 분기의 정보가 예약되고 이들 사이의 관계는 합성곱 층에 의해 학습됩니다. 그러나 더 많은 메모리가 필요하고 매개변수가 많을수록 과적합에 더 취약하기 때문에 매우 깊은 네트워크에서는 이 방법을 주의하십시오.
- 전체 입력 텐서를 직접 합산하십시오. 이것은 구현하기 쉽지만 입력 분기가

너무 많으면 성능이 떨어질 수 있습니다.
- 합산하기 전에 학습 가능한 가중치 계수를 분기에 지정하십시오. 여기서, 병합된 텐서는 입력 텐서의 가중치 합일 것입니다. 네트워크가 어떤 입력에 응답해야 하는지 파악하고 학습된 가중치가 0에 너무 가까운 경우 불필요한 분기를 제거할 수 있습니다.

일반적으로 복잡한 데이터를 다루는 경우, 이 책에서 배운 클래식 모델을 사용해보십시오. 클래식 모델이 제대로 작동하지 않으면 기본 블록(예 : 잔차 블록(residual block))을 구축하고 이것을 이용해 더 깊은 네트워크를 구축하십시오. 더 깊은 네트워크에는 더 많은 놀라움이 있으며 물론 학습하는 데 더 오랜 시간이 걸립니다.

합성곱 연산 방법 선택

동일한 합성곱 층에서 다르게 구성함으로써 우리가 선택할 수 있는 다양한 유형의 합성곱 작업으로 인해 다른 결과가 발생합니다. 여기에서 일반적으로 사용되는 합성곱 작업을 요약하고 그 장점과 단점에 대해 이야기합니다.

1. 바닐라 합성곱(vanilla convolution) : CNN에서 가장 일반적인 합성곱 작업입니다. 합성곱은 동일한 입/출력 크기를 가진 완전히 연결된 층(nn.Linear)보다 적은 매개변수를 취하며 im2col을 사용하여 매우 빠르게 계산할 수 있습니다(자세한 내용은 7장, GAN을 사용한 이미지 복원 참조). 다음 스니펫을 사용하여 ReLu-Conv-BN 그룹을 작성할 수 있습니다(물론 세 함수의 순서를 자유롭게 변경하십시오).

```
class ReLUConvBN(nn.Module):
    def __init__(self, C_in, C_out, kernel_size, stride,
                padding, affine=True):
        super(ReLUConvBN, self).__init__()
        self.op = nn.Sequential(
```

```
            nn.ReLU(inplace=False),
            nn.Conv2d(C_in, C_out, kernel_size, stride=stride,
                    padding=padding, bias=False),
            nn.BatchNorm2d(C_out, affine=affine)
        )

    def forward(self, x):
        return self.op(x)
```

2. **그룹화된 합성곱(Grouped convolution)** : 여기에서 입력/출력 뉴런 간의 연결이 그룹으로 분리됩니다. 다음과 같이 그룹화된 합성곱을 만들 수 있습니다. groups 인수를 1보다 큰 정수에 할당할 때 nn.Conv2d를 호출하면 다른 그룹의 정보를 함께 혼합할 수 있도록 커널 크기가 1인 다른 합성곱 층이 뒤따릅니다. 커널 크기가 1보다 큰 경우 GroupConv-1x1Conv 조합은 항상 기본 합성곱보다 적은 수의 매개변수를 포함합니다.

3. **깊이 분리 가능한 합성곱(Depthwise separable convolution)** : 그룹 크기가 입력 채널과 같고 1×1 합성곱이 따라오는 그룹화된 합성곱입니다. 커널 크기가 1보다 크면 바닐라 합성곱보다 적은 수의 매개변수를 항상 포함합니다. 깊이 분리 가능한 합성곱은 모바일 장치 및 NAS를 위한 소규모 네트워크에서 매우 인기가 있습니다(제한된 하드웨어 리소스에서 최고 성능에 도달하려고 하는 경우). 깊이 분리 가능한 두 개의 합성곱이 함께 나타나 성능을 향상시키는지 확인하는 데 종종 사용됩니다. 다음 스니펫을 사용하여 2층 깊이 분리 가능한 합성곱 작업을 만들 수 있습니다.

```
class SepConv(nn.Module):
    def __init__(self, C_in, C_out, kernel_size, stride,
                padding, affine=True):
        super(SepConv, self).__init__()
        self.op = nn.Sequential(
```

```
            nn.ReLU(inplace=False),
            nn.Conv2d(C_in, C_in, kernel_size=kernel_size,
                    stride=stride, padding=padding,
                    groups=C_in, bias=False),
            nn.Conv2d(C_in, C_in, kernel_size=1, padding=0,
                    bias=False),
            nn.BatchNorm2d(C_in, affine=affine),
            nn.ReLU(inplace=False),
            nn.Conv2d(C_in, C_in, kernel_size=kernel_size,
                    stride=1, padding=padding, groups=C_in,
                    bias=False),
            nn.Conv2d(C_in, C_out, kernel_size=1, padding=0,
                    bias=False),
            nn.BatchNorm2d(C_out, affine=affine)
        )
    def forward(self, x):
        return self.op(x)
```

4. **확장 합성곱(Dilation convolution)** : 바닐라 합성곱에 비해 수신 분야가 더 큽니다. 예를 들어, 3×3 바닐라 합성곱에는 3×3 슬라이딩 윈도우를 갖습니다. 그렇지만 3×3 확장 합성곱에는 5×5 슬라이딩 윈도우가 있는데, 여기에는 입력 픽셀은 모든 두 개의 인접한 단계마다 하나씩 샘플입니다. 그러나 동일한 네트워크에서 다른 유형의 합성곱(예 : 깊이 분리 가능한 합성곱)과 함께 확장 합성곱을 사용하지 않는 것이 좋습니다. 확장 합성곱은 일반적으로 학습하는 데 훨씬 더 작은 학습 단계가 필요하기 때문에 학습 프로세스가 크게 느려집니다. 다음 스니펫을 사용하여 확장 합성곱 작업을 만들 수 있습니다.

```
class DilConv(nn.Module):
    def __init__(self, C_in, C_out, kernel_size, stride,
                padding, dilation, affine=True):
        super(DilConv, self).__init__()
```

```python
self.op = nn.Sequential(
    nn.ReLU(inplace=False),
    nn.Conv2d(C_in, C_in, kernel_size=kernel_size,
              stride=stride, padding=padding,
              dilation=dilation, groups=C_in, bias=False),
    nn.Conv2d(C_in, C_out, kernel_size=1, padding=0,
              bias=False),
    nn.BatchNorm2d(C_out, affine=affine)
)

def forward(self, x):
    return self.op(x)
```

일반적으로 바닐라 합성곱은 이미 충분합니다. 메모리 용량이 극히 제한된 경우 깊이 분리 가능한 합성곱이 최선의 선택이 될 것입니다.

다운 샘플링 작업 방법 선택

네트워크에서 텐서(피처 맵)의 크기를 늘리거나 줄이는 것이 종종 불가피합니다. 텐서의 크기를 줄이는 과정을 **다운 샘플링**이라고 하고 텐서의 크기를 늘리는 과정을 **업 샘플링**이라고 합니다. 다운 샘플링은 작은 텐서에서 유용한 정보를 너무 많이 잃고 싶지 않기 때문에 종종 업 샘플링보다 까다롭습니다.

신경망, 특히 CNN에서 다운 샘플링을 수행하는 방법에는 여러 가지가 있습니다. 필요에 따라 가장 적합한 것을 선택할 수 있습니다.

- 최대 풀링(Max-pooling)(예 : nn.MaxPool2d)은 슬라이딩 창에서 최댓값을 선택합니다. LeNet-5와 같은 초기 얕은 네트워크에서 매우 인기가 있었습니다. 그러나 자질 맵에서 최댓값이 반드시 가장 중요한 자질은 아닙니다. 예를 들어, 최솟값은 어떻게 됩니까? 분명히 텐서 [-0.1, -1.7, -0.5, 0.1]에서 최

솟값 (−1.7)은 이 텐서에 포함된 패턴의 종류에 대해 최댓값 (0.1)보다 많은 정보를 제공합니다.

- 평균 풀링(Average-pooling)(예 : nn.AvgPool2d 또는 nn.AdaptiveAvg-Pool2d)은 슬라이딩 창에서 평균값을 가져옵니다. 최대 풀링보다 인기가 높아지고 있습니다. 빠른 다운 샘플링을 수행하려면 최대 풀링보다 평균 풀링을 선택해야 합니다.

- 스트라이드 합성곱(Strided Convolution) : 보폭이 1보다 큰 합성곱입니다. 이것은 실제로 이 책의 대부분의 모델이 기능을 추출하고 동시에 텐서 크기를 줄일 수 있기 때문에 다운 샘플링을 수행하는 데 사용합니다. 슬라이딩 윈도우는 계산하는 동안 많은 픽셀을 건너뛰기 때문에 이 방법에는 엄청난 양의 정보 손실이 있을 수 있습니다. 자질 맵 크기의 감소는 종종 채널 크기가 증가와 동반됩니다. 예를 들어, 미니 배치 텐서 [32, 8, 256, 256] (4차원은 배치 크기, 채널 크기, 자질맵 높이 및 너비를 나타냄)는 종종 출력 텐서가 입력 텐서와 비슷한 양의 정보를 포함하도록 [32, 16. 128, 128]로 다운 샘플링됩니다.

- 분해 감소(Factorized reduction) : 소폭 이동으로 두 개의 스트라이드 합성곱을 수행합니다. 이 접근법에서, 제2 합성곱은 제1 합성곱으로 스킵된 픽셀을 커버합니다. 따라서 자세한 정보가 보존되어 있습니다. 더 많은 매개변수를 포함하므로 학습하는 데 시간이 오래 걸립니다. 다음 스니펫을 사용하여 분해 붕괴를 수행할 수 있습니다.

```
class FactorizedReduce(nn.Module):
    def __init__(self, C_in, C_out, affine=True):
        super(FactorizedReduce, self).__init__()
        assert C_out % 2 == 0
        self.relu = nn.ReLU(inplace=False)
        self.conv_1 = nn.Conv2d(C_in, C_out // 2, 1, stride=2,
                    padding=0, bias=False)
        self.conv_2 = nn.Conv2d(C_in, C_out // 2, 1, stride=2,
                    padding=0, bias=False)
```

```python
        self.bn = nn.BatchNorm2d(C_out, affine=affine)
    def forward(self, x):
        x = self.relu(x)
        out = torch.cat([self.conv_1(x),
                        self.conv_2(x[:,:,1:,1:])], dim=1)
        out = self.bn(out)
        return out
```

여분의 GPU 메모리가 충분하면 모델에서 분해 감소를 사용하십시오. 그렇지 않은 경우, 스트라이드 합성곱을 사용하면 많은 메모리를 절약할 수 있습니다.

모델 디자인에 대한 추가 정보

https://pythonch.org/docs/stable/nn.html에서 같이 사용 가능한 다양한 층과 작업에 대한 자세한 내용은 torch.nn에 있는 PyTorch 공식 문서를 참조하십시오.

3.2 모델 학습 개요

학습 전략을 설계하는 것은 모델 설계보다 중요합니다. 때로는 훌륭한 학습 전략을 통해 제대로 설계되지 않은 모델이 빛을 발할 수 있습니다. 여기서는 다음 주제에 대해 이야기할 것입니다.

- 매개변수 초기화
- 손실 함수 조정
- 최적화 방법 선택

- 학습률 조정
- 기울기 클리핑, 가중치 클리핑 등

매개변수 초기화

때로는 책/논문에서 최적화 방법을 배우고 코드로 구현하는 데 있어 가장 실망스러운 점 중 하나는 기계학습 시스템의 초기 상태(매개변수의 초기 값)가 모델의 최종 성능에 큰 영향을 줄 수 있다는 것입니다. 특히 딥 네트워크를 다룰 때 매개변수 초기화에 대한 지식이 있어야 합니다. 매개변수 초기화가 양호하다는 것은 학습 중에 매개변수를 항상 유지하기 위해 배치 정규화에 의존하지는 않는다는 것을 의미합니다. PyTorch 문서에서 인용하자면, "PyTorch Tensor는 기본적으로 numpy 배열과 동일합니다. 딥러닝이나 계산 그래프 또는 기울기에 대해 아무것도 모르고 임의의 숫자에 사용되는 일반적인 n차원 배열입니다." 이것이 많은 방법이 있을 수 있는 이유이며 앞으로 더 많은 방법이 있을 것입니다.

많이 사용되는 매개변수 초기화 방법이 있습니다. 우리는 그 방법 중의 일부는 다소 설명적이기 때문에 자세히 설명하지 않을 것입니다. 균일 분포는 종종 완전히 연결된 층에 사용되고 정규 분포는 합성곱 층에 종종 사용됩니다. 이제 이들 중 일부를 살펴보겠습니다.

- 균일(nn.init.uniform_(tensor, a, b)) : 균일 분포($u(a, b)$)로 텐서를 초기화합니다.
- 정규(nn.init.normal_(tensor, a, b)) : 정규 분포($N(a, b^2)$)로 텐서를 초기화합니다.
- Xavier-uniform(nn.init.xavier_uniform_(tensor)) : 균일 분포($u(-a, a)$)로 tensor를 초기화합니다. 여기서 a는 다음 방정식을 따릅니다.

$$a = \sqrt{\frac{6}{\text{in\_channels} + \text{out\_channels}}}$$

- Xavier-normal(nn.init.xavier_normal(tensor)) : 정규 분포($N(0,\ b^2)$)로 텐서를 초기화합니다. 여기서 b는 다음 방정식을 따릅니다.

$$b = \sqrt{\frac{2}{(\text{in\_channels} + \text{out\_channels}) \times \text{kernel\_size}^2}}$$

- He-uniform(즉, Kaiming-uniform 또는 MSRA-uniform, nn.init.kaiming_uniform(tensor)) : 균일($u(-a,\ a)$)하게 텐서를 초기화합니다. 여기서 a는 다음 식을 따릅니다.

$$a = \sqrt{\frac{6}{\text{in\_channels}}}$$

- He-normal(즉, Kaiming-normal 또는 MSRA-normal, nn.init.kaiming_normal(tensor)) : 정상 분포($N(0,\ b^2)$)로 텐서를 초기화합니다. 여기서 b는 다음 식을 따릅니다.

$$b = \sqrt{\frac{2}{\text{in\_channels} \times \text{kernel\_size}^2}}$$

- 잘린 정규(Truncated normal) : 이 방법에서는 표준 편차의 두 배(또는 표준 편차의 음의 두 배)보다 큰(또는 작은) 모든 값이 삭제되고 재생성됩니다.

torch.nn.init를 사용하여 매개변수를 초기화하는 것 외에도 언제든지 사용자 정의 초기화를 작성할 수 있습니다. 예를 들어, 다음은 numpy 및 scipy.stats를 사용하여 합성곱 층에 사용할 수 있는 초기화입니다.

```python
import numpy as np
from scipy import stats
def initializer_conv(shape,
                init='he',
                dist='truncnorm',
                dist_scale=1.0):
    w_width = shape[3]
    w_height = shape[2]
    size_in = shape[1]
    size_out = shape[0]

    limit = 0.
    if init == 'xavier':
        limit = math.sqrt(2. / (w_width * w_height * (size_in +
                size_out))) * dist_scale
    elif init == 'he':
        limit = math.sqrt(2. / (w_width * w_height * size_in)) *
                dist_scale
    else:
        raise Exception('Arg 'init' not recognized.')
    if dist == 'norm':
        var = np.array(stats.norm(loc=0, scale=limit).rvs(shape)).
                astype(np.float32)
    elif dist == 'truncnorm':
        var = np.array(stats.truncnorm(a=-2, b=2, scale=limit).
                rvs(shape)).astype(np.float32)
    elif dist == 'uniform':
        var = np.array(stats.uniform(loc=-limit, cale=2*limit).
                rvs(shape)).astype(np.float32)
    else:
        raise Exception('Arg 'dist' not recognized.')
    return var
```

```
class Conv2d(nn.Conv2d):
    def __init__(self, in_channels, out_channels, kernel_size,
                 stride=1, padding=0, dilation=1, groups=1, bias=True,
                 init='he', dist='truncnorm', dist_scale=1.0):
        super(Conv2d, self).__init__(in_channels, out_channels,
            kernel_size, stride, padding, dilation, groups, bias)
        self.weight = nn.Parameter(torch.Tensor(initializer_conv([out_
            channels, in_channels // groups, kernel_size, kernel_
            size], init=init, dist=dist, dist_scale=dist_scale)))
```

매개변수의 크기가 비슷한 수준으로 유지되는 한, 다른 초기화 방법이 모델의 최종 성능에 있어 큰 차이를 만들지 않는 경우가 있습니다. 이런 경우에는 조금이라도 개선이 필요할 때 다른 초기화 방법을 시도하는 것이 좋습니다.

손실 함수 조정

손실 함수는 학습 과정의 목적(objectives)을 설명합니다. 우리는 목적에 따라 다양한 GAN 모델에서 다양한 형태의 손실 함수를 보았습니다. 모델의 성공적인 학습을 위해서는 올바른 손실 함수를 설계하는 것이 중요합니다. 일반적으로 GAN 모델에는 생성기 손실 함수와 판별기 손실 함수가 있습니다. 물론, 모델에 두 개 이상의 네트워크가 있는 경우 처리해야 할 손실 함수가 더 있을 수 있습니다. 각 손실 함수는 하나 이상의 정규화 항을 가질 수 있습니다. 가장 일반적인 세 가지 형태는 다음과 같습니다.

- $\mathop{\mathbb{E}}\limits_{real}[\log D(x)] + \mathop{\mathbb{E}}\limits_{fake}[\log(1 - D(x))]$

- $\mathop{\mathbb{E}}\limits_{fake}[\log(1 - D(x))]$

- $\mathop{\mathbb{E}}\limits_{fake}[-\log D(x)]$

 7장, 'GAN을 사용한 이미지 복원'에서는 GAN의 다양한 형태의 손실 함수에 대해 긴 시간 동안 논의할 것입니다. 자세한 내용을 확인하십시오.

가장 일반적으로 사용되는 정규화 항은 다음과 같습니다.

- L1-loss, $\|e\|$
- L2-loss, $\|e\|^2$

L1 손실 및 L2 손실에서 e는 다양한 것이 될 수 있는데, 예를 들어 두 이미지 사이의 거리 또는 이미지의 기울기일 수 있습니다. L2 손실은 더 밀도가 높은 결과를 생성하는 경향이 있으며(대부분의 값이 0에 가까울수록) L1 손실은 더 희소한 결과를 생성합니다(0보다 큰 값을 가진 일부 특이치가 허용되는 경우).

매개변수에 대한 L2-규정화(**L2-페널티**)는 본질적으로 **가중치 감퇴**와 동일합니다. 그 이유는 다음과 같습니다.

$$\mathcal{L} = \alpha \cdot f + \frac{\beta}{2} \sum_i w_i^2$$

$$\frac{\partial \mathcal{L}}{\partial w_i} = \alpha \cdot \frac{\partial f}{\partial w_i} + \beta \cdot w_i$$

첫 번째 방정식의 두 번째 항은 L2-페널티이고, 두 번째 방정식의 두 번째 항은 가중치 감퇴입니다. 첫 번째 방정식의 양변에 도함수를 취하면 두 번째 방정식이 됩니다. 따라서 신경망에서 L2-페널티와 가중치 감퇴는 본질적으로 동일합니다.

손실 함수는 알고리즘 설계에 생명을 불어넣는 곳이기도 합니다. 예를 들어, 데이터 세트에 대한 추가 레이블 정보가 있는 경우 손실 함수에 추가하십시오. 결과를 가능한 한 비슷하게 하려면 정규화 항에 거리를 추가하십시오. 생성된 이미지를 부드럽게 하려면 기울기를 정규화 항에 추가하십시오.

최적화 방법 선택

여기서는 GAN에서 가장 일반적으로 사용되는 기울기 기반 최적화 방법에 대해서만 설명합니다. 다른 기울기 방법에는 고유한 장단점이 있습니다. 모든 문제를 해결할 수 있는 보편적인 최적화 방법은 없습니다. 그러므로 우리는 다른 실제 문제에 관해서는 현명하게 선택해야 합니다. 이제 몇 가지를 살펴 보겠습니다.

1. SGD(모멘텀 = 0 및 nesterov = False인 optim.SGD 호출) : 얕은 네트워크에서 빠르고 잘 작동합니다. 그러나 더 깊은 네트워크의 경우 속도가 매우 느릴 수 있으며 딥 네트워크의 경우 수렴되지 않을 수도 있습니다.

$$\theta_{t+1} = \theta_t - \eta \cdot \nabla J(\theta_t)$$

이 방정식에서 θ_t는 반복 단계 t에서의 매개변수이고, η는 학습률이며, ∇J는 목적 함수 J의 기울기입니다.

2. Momentm(모멘텀 값이 0보다 크고 nestrov = False일 때 optim.SGD 호출) : 가장 일반적으로 사용되는 최적화 방법 중 하나입니다. 이 방법은 이전 단계의 업데이트를 현재 단계의 기울기와 결합하여 SGD보다 부드러운 궤적을 취합니다. Momentum의 학습 속도는 종종 SGD보다 빠르며 일반적으로 얕은 네트워크와 깊은 네트워크 모두에서 잘 작동합니다.

$$v_{t+1} = \mu \cdot v_t - \eta \cdot \nabla J(\theta_t)$$
$$\theta_{t+1} = \theta_t + v_{t+1}$$

이 방정식에서 μ는 모멘텀 항이라고 하며, 일반적으로 0.5~0.9 사이의 부동 소수점 값으로 설정됩니다.

3. Nesterov(모멘텀 값이 0보다 크고 nestrov = True일 때 optim.SGD 호출) : 이것은 모멘텀 방법의 변형입니다. 여기서는 모멘텀 벡터와 기울기 벡터를 결합할 때 반복 단계 $t+1$에서 목적 함수의 "예측된" 기울기를 계산한다. 이론

적으로 Momentum보다 수렴 속도가 빠릅니다. 모델이 Momentum으로 수렴하는 데 문제가 있는 경우 Nesterov를 사용해보십시오.

$$v_{t+1} = \mu \cdot v_t - \eta \cdot \nabla J(\theta_t + \mu \cdot v_t)$$
$$\theta_{t+1} = \theta_t + v_{t+1}$$

4. AdaGrad(optim.Adagrad) : 이 방법은 학습률이 낮을수록 더 자주 업데이트되는 매개변수를 업데이트하고 학습률이 높을수록 덜 자주 업데이트되는 매개변수를 업데이트합니다. 이는 2012년에 Google의 DistBelief에 의해 사용되었습니다. 그러나 AdaGrad는 학습률이 점점 작게 유지되기 때문에 현재는 널리 사용되지 않습니다. 이는 심층 모델의 장기 학습에 좋지 않습니다.

$$\theta_{t+1} = \theta_t - \frac{\eta}{\sqrt{G_t + \epsilon}} \cdot \nabla J(\theta_t)$$

이 방정식에서 G_t는 0에서 시작해서 t 스텝까지 기울기 제곱의 총합입니다. 이것은 시간이 지남에 따라 증가하고 학습률을 감소시킵니다. 반면에 ϵ은 매우 작은 값입니다.

5. RMSprop(optim.RMSprop) : 이 방법은 제곱 기울기의 합계 대신에 이동 평균이 사용된다는 점을 제외하고 AdaGrad와 유사합니다. 이 방법은 다양한 딥러닝 모델에서 흔하지 않습니다. 7장, 'GAN을 사용한 이미지 복원'에서는 Wasserstein GAN에서 RMSprop를 사용해야 한다고 명시적으로 지적합니다.

$$\mathbb{E}[g^2]_t = \gamma \mathbb{E}[g^2]_{t-1} + (1-\gamma)g_t^2, \quad g_t = \nabla J(\theta_t)$$
$$\theta_{t+1} = \theta_t - \frac{\eta}{\sqrt{\mathbb{E}[g^2]_t + \epsilon}} \cdot g_t$$

이 식에서, $\mathbb{E}[g^2]_t$는 반복 단계 g^2까지의 γ_t의 이동 평균이며, 평활 항은 보통 1에 매우 가까운 값으로 설정됩니다. 예를 들어 0.99 또는 0.999입니다.

6. Adam(optim.Adam) : 이 방법은 두 가지 모멘트 항을 통해 Momentum과 RMSprop를 결합합니다. 심층 모델에서 가장 인기 있고 효과적인 최적화 방법 중 하나입니다. 이전 방법이 모두 모형에서 제대로 수행되지 않는 경우, 특히 모형이 매우 깊고 매개변수 간의 관계가 매우 복잡한 경우(예 : 모형에 여러 가지 분기 구조가 있는 경우) Adam이 최선의 기회입니다.

$$m_t = \beta_1 m_{t-1} + (1 - \beta_1)g_t, \quad g_t = \nabla J(\theta_t)$$
$$v_t = \beta_2 v_{t-1} + (1 - \beta_2)g_t^2$$
$$\hat{m}_t = \frac{m_t}{1 - \beta_1^t}, \quad \hat{v}_t = \frac{v_t}{1 - \beta_2^t}$$
$$\theta_{t+1} = \theta_t - \frac{\eta}{\sqrt{\hat{v}_t} + \epsilon} \cdot \hat{m}_t$$

이 방정식에서 모멘트 계수(β_1 및 β_2)는 일반적으로 1에 매우 가까운 값으로 설정됩니다. 예를 들어 β_1 =0.9 및 β_2 =0.999입니다. 방정식의 세 번째 줄은 학습이 시작될 때, 특히 $t = 0$에서 0으로 초기화될 때 모멘트 항이 0에 가까워지기를 원하지 않기 때문에 존재합니다. Adam의 학습률은 다른 방법(예 : Momentum)보다 크게 낮아야 합니다.

요약하면, 조정 가능한 하이퍼 파라미터가 적고 학습을 보다 빨리 하려고 새 모델에 대한 학습 전략을 시도할 때 Momentum을 사용해 보십시오. 이제 그 모델의 성능에 만족하면 잠재력을 더 많이 활용하도록 Adam을 시도하는 것이 좋습니다.

학습률 조정

최적화 방법을 선택했으므로 기울기 방법에 대한 적절한 학습률을 설정하고 학습을 시작해야 합니다. 일반적으로 매개변수의 업데이트는 학습 단계 시작 시 매우 중요합니다. 오랫동안 학습을 한 후에는 매개변수 간의 관계가 결정되고 더 작은 학습률로 매개변수를 미묘하게 조정할 때입니다. 학습률을 점차 낮추기 위해 RMSprop 또는

Adam과 같은 최적화 방법에 단순히 의존할 수는 없습니다. 학습 중에 주기적으로 학습률을 적극적으로 줄이는 것이 훨씬 효율적입니다.

다음 코드와 같이 optim.lr_scheduler를 사용하여 스케줄러를 설정하고 각 세대(epoch) 후에 scheduler.step()을 호출할 수 있습니다.

```
scheduler = optim.lr_scheduler.StepLR(optimizer, step_size=50, gamma=0.1)
for epoch in range(epochs):
    ...
    scheduler.step()
```

다음과 같이 사용자 정의 스케줄러를 작성할 수도 있습니다.

```
class LRScheduleCosine(object):
    def __init__(self, optimizer, epoch=0, epoch_start=0, lr_max=0.05,
                 lr_min=0.001, t_mul=10): self.optimizer = optimizer
        self.epoch = epoch
        self.lr_min = lr_min
        self.lr_max = lr_max
        self.t_start = epoch_start
        self.t_mul = t_mul
        self.lr = lr_max

    def step(self):
        self.epoch += 1
        self.lr = self.lr_min + 0.5*(self.lr_max- self.lr_min)*(1.+math.
                  cos(math.pi*(self.epoch-self.t_start)/self.t_mul))
        if self.optimizer is not None:
            for param_group in self.optimizer.param_groups:
                param_group['lr'] = self.lr
        if self.epoch == self.t_start + self.t_mul:
            self.t_start += self.t_mul
```

```
        self.t_mul *= 2
    return self.lr
```

이것은 웜 재시작(warm restarts)으로 코사인 스케줄을 구현한 것입니다. 학습에 사용하려면 간단하게 다음과 같이 호출하십시오.

```
scheduler = LRScheduleCosine(optimizer, lr_max=0.025, lr_min=0.001,
                             t_mul=10)
for epoch in range(epochs):
    lr = scheduler.step()
    ...
```

학습률은 처음 10개 세대에서 0.025에서 0.001로 감소하고, 0.025에서 다시 시작하고, 다음 10 세대에서 0.001로 감소한 다음, 0.025에서 다시 시작하고, 다음 40개 세대에서 0.001로 감소합니다.

PyTorch의 공식 문서를 확인하여 다른 유형의 스케줄러에 대한 자세한 내용을 확인할 수 있습니다 : https://pytorch.org/docs/stable/optim.html#how-to-adjust-learning-rate.

기울기 클리핑, 가중치 클리핑 등

이 책의 첫 번째 장인 1장 '적대적 네트워크 기본 사항'에서 NumPy를 사용하여 간단한 GAN을 생성하여 기울기 클리핑 및 가중치 클리핑을 사용하여 사인(sine) 신호를 생성하여 학습을 수렴했습니다. 이러한 트릭이 모델에 유용한 이유를 살펴 보겠습니다.

- **기울기 클리핑** : 기울기는 기본적으로 매개변수를 업데이트하는 방법을 알려 줍니다. 일반적으로 기울기가 클수록 매개변수에 더 큰 변화가 적용됩니다. 우연히 검색 위치 주변의 손실 표면이 가팔라서 기울기 값이 크면 다음 반복

단계에서 이 영역에서 멀리 떨어진 새 영역에서 최적의 솔루션을 찾아야 합니다. 따라서 클리핑 기울기 및 최대/최소 값에 대한 설정 제한으로 인해 오랜 시간 학습을 하면서 이전 검색 결과를 위태롭게 하지 않을 수 있습니다. nn. utils.clipgradnorm_을 사용하여 기울기 클리핑을 수행할 수 있습니다.

- **소실 기울기** : 기울기의 변화가 너무 작은 경우에도 문제가 발생할 수 있습니다. 종종 입력이 너무 압축되어 시스템이 올바르게 학습할 수 없기 때문입니다. 이런 일이 발생하면 ReLU 또는 Leaky ReLU 사용을 고려하십시오. 1장인, '적대적 네트워크 기본 사항'에서 소개했습니다.

- **가중치 클리핑** : Wasserstein GAN(7장, GAN을 사용한 이미지 복원)에 적용하는 것 외에는 널리 사용되지 않는 기술입니다. 기울기 클리핑을 수행하는 간접적인 방법입니다. 따라서 동일한 모델에서 두 기술을 모두 사용할 필요는 없습니다. 우리는 1장, '적대적 네트워크 기본 사항'의 예제에서 두 가지를 모두 사용하여 모델에 아무런 문제가 없는지 확인했습니다.

3.3
파이썬에서 효율적인 코딩

이 책에서 볼 수 있는 대부분의 코드는 Python으로 작성되었습니다. 거의 모든 인기 있는 딥러닝 도구(PyTorch, TensorFlow, Keras, MXNet 등)도 Python으로 작성되었습니다. Python은 특히 C++ 및 Java와 같은 다른 **객체 지향 프로그래밍**(OOP) 언어와 비교하여 배우기 쉽고 사용하기 쉽습니다. 그러나 파이썬을 사용한다고 해서 게으른 코딩에서 벗어날 수는 없습니다. 우리는 그것이 작동하는 데 정착해서는 안됩니다. 딥러닝에서 효율적인 코드를 사용하면 몇 시간의 학습 시간을 절약할 수 있습니다. 이 섹션에서는 효율적인 Python 프로젝트 작성에 대한 팁과 조언을 제공합니다.

현명하게 재발명하기

혁신적인 개발자는 GitHub 또는 타사 라이브러리에서 쉽게 가져올 수 있는 프로젝트의 모든 작은 구성 요소를 재발명하는 데 열중하지 않습니다. 딥러닝은 오픈 소스에 의존하며 전 세계 누구나 이를 통해 멋진 일을 배우고 수행할 수 있습니다. 귀중한 시간을 절약할 수 있다면 실제 문제를 해결하기 위해 사용할 수 있는 모든 도구를 활용하는 것이 좋습니다. 이 책의 일부 모델 구현은 GitHub의 다른 사람들의 프로젝트에서 나온 것입니다. 이미 발표된 논문을 기반으로 모든 구현 세부 사항을 파악하는 데 얼마나 시간이 걸리는지 상상해보십시오!

다음은 특정 도구 또는 코드 스니펫을 찾을 때 유용할 수 있는 웹 사이트입니다.

- https://github.com
- https://stackoverflow.com
- https://stats.stackexchange.com
- https://discuss.pytorch.org
- https://www.reddit.com/r/MachineLearning
- https://www.kaggle.com/kernels
- 마지막으로 가장 중요한 곳: https://www.google.com

딥러닝 초보자를 위한 조언

다음은 딥러닝 초보자가 반드시 따라야 할 조언입니다.

- 합리적이지만 확실한 목표와 마감일 설정 : 주제를 연구하고 배우고 실험할 충분한 시간을 확보하세요. 목표부터 시작하여 목표를 달성할 일련의 단계를 만듭니다. 진행 상황을 기록하십시오.
- 웹을 검색하여 작업 중인 프로젝트에 대한 정보를 찾으십시오. : 인터넷은 종종 특정 주제에 대한 정보를 수집하는 가장 빠른 방법입니다. 단순하지만 직접

검색 텍스트로 시작한 다음 최상의 리소스를 얻기 위해 검색을 구체화하십시오.
- **작은 한 발이 큰 도약보다 낫습니다.** : 선택한 주제에 대한 기사나 장을 읽을 때 코드를 IDE(Integrate Development Environment)에 복사하고 프로젝트를 실행하십시오. 입력, 출력 및 이를 생성하는 코드를 이해할 때까지 계속 진행하지 마십시오.
- **사전 학습된 모델 찾기** : 기본 정보가 있고 모델 프로세스를 이해하면 사전 학습된 모델을 사용하여 시간과 하드웨어 리소스를 절약하십시오. 다시 결과를 로그에 보관하십시오.
- **검색 결과를 가져와서 직접 실험해 보십시오.** : 연구 및 평가를 수행할 때 주제에 대한 아이디어를 수집할 수 있습니다. 그것들을 적어 놓고 배운 것에 대해 당신의 아이디어를 평가하십시오.
- **감당할 수 있는 최상의 하드웨어를 확보하십시오.** 아마도 가장 중요한 팁일 것입니다. 좋은 그래픽 카드와 가능한 많은 메모리를 가진 GPU를 갖춘 우수한 컴퓨터는 프로세스 시간을 단축시킬 수 있습니다.

3.4 요약

이 장에서는 모델 구조의 전체 디자인과 최상의 합성곱 작업을 선택할 때 필요한 단계를 살펴 보았습니다.

다음 장에서는 2D 이미지 생성에 사용되는 DCGAN이라는 클래식 성능 GAN 모델을 소개합니다.

Section II

이미지 합성을 위한 일반적인 GAN 모델

이 섹션에서는 실제 작업 코드와 함께 이미지 생성, 변환 및 복원을 위한 일반적인 GAN 모델의 구조, 학습 전략 및 평가 방법을 소개합니다.

이 섹션은 다음과 같은 장으로 구성되어 있습니다.

- 4장 PyTorch로 첫 GAN 구축
- 5장 레이블 정보를 기반으로 이미지 생성
- 6장 이미지에서 이미지로의 변환 및 응용 프로그램
- 7장 GAN을 이용한 이미지 복원
- 8장 다른 모델을 속이는 GAN 학습
- 9장 설명 텍스트에서 이미지 생성
- 10장 GAN을 사용한 순차 합성
- 11장 GAN을 사용하여 3D 모델 재구성

CHAPTER 4
PyTorch로 첫 번째 GAN 구축

이전 장에서는 NumPy로 간단한 신호를 생성하기 위해 적대적 학습을 사용하는 아이디어를 다루고 PyTorch 1.3의 새로운 기능에 대해 배웠습니다. 이제 PyTorch를 사용하여 흥미로운 샘플을 생성하기 위한 GAN 모델을 학습해야 합니다.

이 장에서는 2D 이미지를 생성하기 위해 DCGAN이라는 클래식하고 성능이 우수한 GAN 모델을 소개합니다. 다음을 배우게 됩니다.

- DCGAN의 구조
- DCGAN 학습 및 평가
- DCGAN을 사용하여 손으로 쓴 숫자 생성 및 사람 얼굴 생성
- 이미지 속성을 변경하기 위해 잠재 벡터에 대한 이미지 보간 및 산술 계산을 수행하여 생성기 네트워크와 재미있게 즐기기

이 장을 마치면 이미지 데이터 생성을 위한 GAN 모델의 핵심 구조 설계를 파악하고 잠재 벡터와 생성된 샘플 간의 관계를 보다 잘 이해할 수 있습니다.

4.1 심층 합성곱 GAN 소개

DCAGN(Deep Convolutional Generative Adversarial Network)은 적대적 학습을 통해 이미지를 생성하기 위한 성능이 뛰어나고 안정적인 초기 접근 방법 중 하나입니다. 1장, '적대적 생성 네트워크의 기본 사항'의 간단한 예를 다시 살펴 보겠습니다.

여기서는 1D 데이터를 조작하기 위해 GAN 학습만 하더라도 안정적인 학습을 보장하기 위해 여러 가지 기술을 사용해야 합니다. GAN 학습에는 많은 문제가 발생할 수 있습니다. 예를 들어, 생성기 또는 판별기가 둘 중 하나가 수렴하지 않으면 과적합할 수 있습니다. 때때로 생성기는 소수의 샘플 종류만 생성합니다. 이를 **모드 붕괴**(mode collapse)라고 합니다. 다음은 모드 붕괴의 예입니다. 여기서는 중국에서 Baozou라는 인기 있는 meme 이미지로 GAN을 학습하려고 합니다. GAN이 한 번에 하나 또는 두

개의 meme만 생성할 수 있음을 알 수 있습니다. 기울기 소실/폭발 및 언더 피팅과 같은 다른 머신러닝 알고리즘에서 일반적으로 발생하는 문제는 GAN 학습에도 발생할 수 있습니다. 따라서 1D 데이터를 2D 이미지로 바꾸는 것만으로는 성공적인 학습이 보장되지 않습니다.

GAN 학습 모드 붕괴(왼쪽 : 일부 학습 샘플, 중간 : 492번째 반복 결과, 오른쪽 : 500번째 반복 결과)

이와 같은 이미지 데이터에 대한 GAN의 안정적인 학습을 보장하기 위해 DCGAN은 세 가지 기술을 사용합니다.

- 완전히 연결된 층을 제거하고 합성곱 층만 사용
- 풀링 층을 사용하는 대신 스트라이드 합성곱 층을 사용하여 다운 샘플링 수행
- 은닉층 간에 Tanh 대신 ReLU / leakyReLU 활성화 함수 사용

이 섹션에서는 DCGAN 생성기 및 판별기의 구조를 소개하고 이를 사용하여 이미지를 생성하는 방법을 학습합니다. 우리는 DCNAN의 구조를 설명하기 위해 MNIST(http://yann.lecun.com/exdb/mnist) 샘플을 사용하고 다음 두 섹션에서 모델을 학습시키

는 데 사용할 것입니다.

생성기의 구조

DCGAN의 생성기 네트워크에는 4개의 은닉층(간단함을 위해 입력 층을 첫 번째 은닉 층으로 취급)과 1개의 출력층이 있습니다. 전치된 합성곱 층은 은닉층에 사용되며 그 뒤에 배치 정규화 층과 ReLU 활성화 함수가 사용됩니다. 출력층은 또한 전치된 합성곱 층이며 Tanh는 활성화 함수로 사용됩니다. 생성기의 구조는 다음 다이어그램에 나와 있습니다.

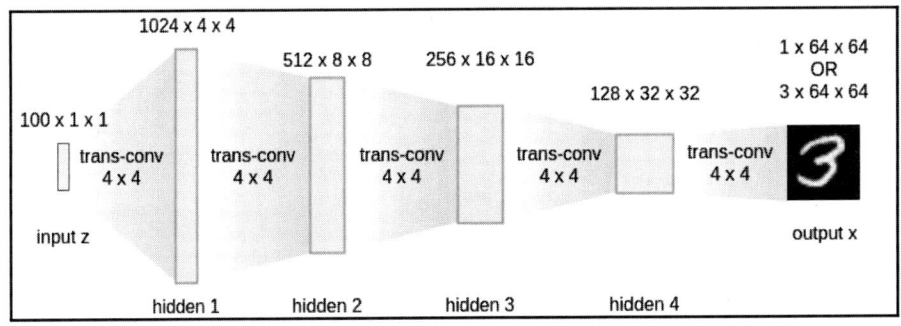

DCGAN의 생성기 구조

두 번째, 세 번째 및 네 번째 은닉층과 출력층의 보폭은 2입니다. 첫 번째 층의 패딩 값은 0이고 다른 층의 패딩 값은 1입니다. 심층에서 이미지(피처 맵) 크기가 2씩 증가하면 채널 수가 반으로 줄어 듭니다. 이것은 신경망의 구조 설계에서 공통적인 규칙입니다. 전치된 합성곱 층의 모든 커널 크기는 4×4로 설정됩니다. 회색조 이미지를 생성할지 컬러 이미지를 생성할지에 따라 출력 채널은 1 또는 3이 될 수 있습니다.

 전치된 합성곱 층은 일반 합성곱의 **역 과정**으로 간주될 수 있습니다. 한 번은 일부 역합성곱 층에 의해 호출되었는데, 이는 전치된 합성곱이 합성곱의 반대가 아니기 때문에 오도의 소지가 있습니다. 대부분의 합성곱 층은 선형대수 관점에서 조건이 잘못되어(매우 큰 조건 수를 가짐) 가역 역행렬이 역 과정을 나타내는 데 적합하지 않기 때문에 되돌릴 수 없습니다. 합성곱 커널의 역을 찾는 데 관심이 있다면 인터넷에서 수치 역합성곱 방법을 검색할 수 있습니다.

판별기의 구조

DCGAN의 판별기 네트워크는 4개의 은닉층(입력 층을 첫 번째 은닉층으로 취급)과 1개의 출력층으로 구성됩니다. 합성곱 층은 모든 층에 사용되며 첫 번째 층에 배치 정규화가 없는 것을 제외하고 배치 정규화 층이 뒤 따릅니다. LeakyReLU 활성화 함수는 은닉층에 사용되며 Sigmoid는 출력층에 사용됩니다. 판별기의 구조는 다음과 같습니다.

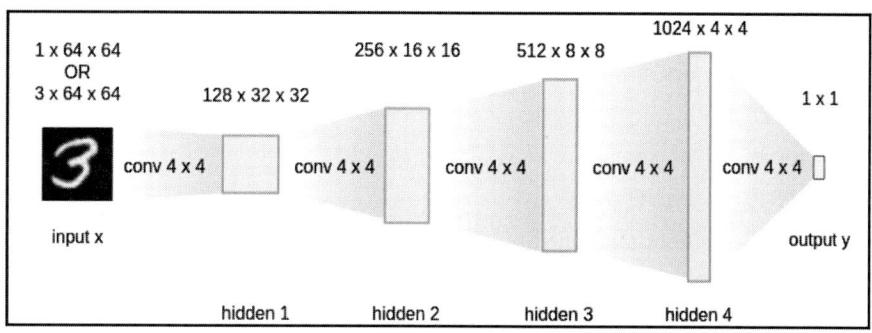

DCGAN의 판별기 구조

입력 채널은 회색조 이미지를 처리하는지 또는 컬러 이미지를 처리하는지에 따라 1 또는 3일 수 있습니다. 모든 은닉층은 보폭값이 2이고 패딩 값이 1이므로 출력 이미지 크기가 입력 이미지의 절반이 됩니다. 층 크기가 클수록 이미지 크기가 커질수록 채널 수가 두 배 증가합니다. 합성곱 층의 모든 커널 크기는 4×4입니다. 출력 층의 보폭은 1이고 패딩값은 0입니다. Sigmoid 함수가 단일 값을 예측 신뢰로 변환할 수 있도록 4×4 자질 맵을 단일값으로 매핑합니다.

4.2 PyTorch를 사용하여 DCGAN 작성

DCGAN 모델을 만들기 위해 PyTorch 코드 작성을 시작하겠습니다. 여기서는 Ubuntu 18.04에서 Python 3.7 환경을 사용한다고 가정합니다. 그렇지 않은 경우 2장 PyTorch 1.3 시작을 참조하여 Anaconda 환경을 만드는 방법을 알아보십시오.

먼저 dcgan.py라는 Python 소스 파일을 만들고 필요한 패키지를 가져 오겠습니다.

```
import os
import sys

import numpy as np
import torch
import torch.nn as nn
import torch.nn.parallel
import torch.backends.cudnn as cudnn
import torch.optim as optim
import torch.utils.data
import torchvision.datasets as dset
import torchvision.transforms as transforms
import torchvision.utils as vutils

import utils
```

여기서 NumPy는 임의의 초깃값을 초기화하는 것에만 사용됩니다. NumPy가 설치되어 있지 않으면 np.random을 random으로 바꾸고 import os 뒤에 import random line을 삽입하십시오. 마지막 코드 줄에서 utils라는 모듈을 가져옵니다. 이 모듈은 utils.py 파일에 정의된 사용자 지정 유틸리티 패키지입니다. utils.py의 전체 소스 코드는 이 장의 코드 저장소에 있습니다.

이 책에서는 PyTorch 독립적인 도우미 기능(파일 구성, 학습 속도 조정, 로깅, 텐서 시각화 등 포함)의 대부분을 이 utils.py 파일에 넣습니다. 따라서 다음 장에서도 이 모듈을 살펴보겠습니다. 이후 장으로 넘어갈 때 이 파일을 업데이트하는 것을 잊지 마십시오.

그런 다음 출력 경로와 하이퍼 파라미터를 정의합니다. 여기서 우리는 이전에 보여준 128의 값이 판별기의 과적합을 초래할 수 있다는 것을 알기 때문에 생성기와 판별기 양쪽 모두 은닉층의 최소 채널 크기를 64로 설정했습니다.

```
CUDA = True
DATA_PATH = '~/Data/mnist'
OUT_PATH = 'output'
LOG_FILE = os.path.join(OUT_PATH, 'log.txt')
BATCH_SIZE = 128
IMAGE_CHANNEL = 1
Z_DIM = 100
G_HIDDEN = 64
X_DIM = 64
D_HIDDEN = 64
EPOCH_NUM = 25
REAL_LABEL = 1
FAKE_LABEL = 0
lr = 2e-4
seed = 1
```

CUDA 지원 그래픽 카드가 없고 CPU에서 네트워크를 학습시키려면 CUDA를 False로 변경할 수 있습니다. DATAPATH는 MNIST 데이터 세트의 루트 디렉토리를 가리킵니다. 아직 MNIST를 다운로드하여 올바르게 전처리하지 않은 경우, 단순히 '.'와 같은 디렉토리를 가리키면 나중에 다운로드할 수 있습니다. BATCHSIZE는 코드에서 소비하는 GPU 메모리 양에 큰 영향을 줍니다. 시스템에 적합한 배치 크기가 확실하지 않은 경우 작은 값에서 시작하여 1세대(epoch) 동안 모델을 학습하고 오류가 발생할 때까지 배치 크기를 두 배로 늘릴 수 있습니다.

MNIST의 경우 BATCHSIZE를 128로 설정하면 충분하고 1GB 미만의 GPU 메모리가 필요합니다. IMAGE_CHANNEL은 이미지 샘플의 색상 채널 수를 나타냅니다. MNIST의 모든 이미지는 단일 채널이므로 1로 설정해야 합니다. EPOCH_NUM은 신경망의 학습 시간에 큰 영향을 미칩니다. 더 나은 결과를 원한다면 세대 수를 늘리고 학습률을 낮추는 것이 대부분 좋은 전략입니다. 결과가 이 책에서 얻은 것과 정확히 같아지도록 seed = 1을 설정했습니다.

다음으로 네트워크를 만들기 전에 준비를 해야 합니다.

```
utils.clear_folder(OUT_PATH)
print("Logging to {}\n".format(LOG_FILE))
sys.stdout = utils.StdOut(LOG_FILE)
CUDA = CUDA and torch.cuda.is_available()
print("PyTorch version: {}".format(torch.__version__))
if CUDA:
    print("CUDA version: {}\n".format(torch.version.cuda))
if seed is None:
    seed = np.random.randint(1, 10000)
print("Random Seed: ", seed)
np.random.seed(seed)
torch.manual_seed(seed)
if CUDA:
```

```
    torch.cuda.manual_seed(seed)
cudnn.benchmark = True
device = torch.device("cuda:0" if CUDA else "cpu")
```

여기서 `utils.clearfolder(OUTPATH)`는 출력 폴더를 비우고 존재하지 않는 경우 생성합니다. `sys.stdout = utils.StdOut(LOG_FILE)`은 모든 메시지를 print에서 로그 파일로 방향 재설정하고 동시에 이러한 메시지를 콘솔에 표시합니다. 구현에 관심이 있다면 `utils.py` 파일을 참조하십시오. `cudnn.benchmark = True`는 입력 데이터의 크기가 고정된 경우 cuDNN에게 모델에 가장 적합한 알고리즘 세트를 선택하도록 지시합니다. 그렇지 않으면 cuDNN은 각 반복에서 최상의 알고리즘을 찾아야 합니다.

이전에 PyTorch를 사용하여 CNN에서 일부 학습 작업을 수행한 경우, 때때로 `cudnn.benchmark = True`를 설정하면 GPU 메모리 소비가 급격히 증가함을 알 수 있습니다. 특히 학습 중에 모델 구조가 변경되거나 학습 및 평가를 모두 수행할 때 증가합니다. 만약 이상한 **OOM(메모리 부족)** 문제가 발생하면 `False`로 변경하십시오.

생성기 네트워크

이제 PyTorch로 생성기 네트워크를 정의해 봅시다 :

```
class Generator(nn.Module):
    def __init__(self):
        super(Generator, self).__init__()
        self.main = nn.Sequential(
            # 1st layer
            nn.ConvTranspose2d(Z_DIM, G_HIDDEN * 8, 4, 1, 0, bias=False),
            nn.BatchNorm2d(G_HIDDEN * 8),
            nn.ReLU(True),
```

```
            # 2nd layer
            nn.ConvTranspose2d(G_HIDDEN * 8, G_HIDDEN * 4, 4, 2, 1,
                            bias=False),
            nn.BatchNorm2d(G_HIDDEN * 4),
            nn.ReLU(True),
            # 3rd layer
            nn.ConvTranspose2d(G_HIDDEN * 4, G_HIDDEN * 2, 4, 2, 1,
                            bias=False),
            nn.BatchNorm2d(G_HIDDEN * 2),
            nn.ReLU(True),
            # 4th layer
            nn.ConvTranspose2d(G_HIDDEN * 2, G_HIDDEN, 4, 2, 1,
                            bias=False),
            nn.BatchNorm2d(G_HIDDEN),
            nn.ReLU(True),
            # output layer
            nn.ConvTranspose2d(G_HIDDEN, IMAGE_CHANNEL, 4, 2, 1,
                            bias=False),
            nn.Tanh()
        )

    def forward(self, input):
        return self.main(input)
```

출력층에는 연결된 배치 정규화 층이 없습니다.

네트워크 매개변수를 초기화하는 도우미 함수를 만들어 봅시다 :

```
def weights_init(m):
    classname = m.__class__.__name__
    if classname.find('Conv') != -1:
        m.weight.data.normal_(0.0, 0.02)
```

```
elif classname.find('BatchNorm') != -1:
    m.weight.data.normal_(1.0, 0.02)
    m.bias.data.fill_(0)
```

생성기 네트워크에는 학습 가능한 매개변수를 포함하는 두 가지 유형의 층, 즉 전치된 합성곱 층과 배치 정규화 층이 있습니다. 여기에서 우리는 평균이 0이고 표준 편차가 0.02인 가우스 분포(정규 분포)를 기반으로 합성곱 커널을 초기화합니다. 또한 배치 정규화에서 어파인(affine) 매개변수(확장 인자)를 초기화해야 합니다.

이제 다음과 같이 Generator 객체를 만들 수 있습니다.

```
netG = Generator().to(device)
netG.apply(weights_init)
print(netG)
```

생성기 네트워크에 어떤 모듈이 포함되어 있는지 직접 인쇄하여 확인할 수 있습니다. 길이를 고려하여 출력을 표시하지 않습니다.

판별기 네트워크

이제 판별기 네트워크를 정의해 봅시다 :

```
class Discriminator(nn.Module):
    def __init__(self):
        super(Discriminator, self).__init__()
        self.main = nn.Sequential(
            # 1st layer
            nn.Conv2d(IMAGE_CHANNEL, D_HIDDEN, 4, 2, 1, bias=False),
            nn.LeakyReLU(0.2, inplace=True),
            # 2nd layer
```

```python
            nn.Conv2d(D_HIDDEN, D_HIDDEN * 2, 4, 2, 1, bias=False),
            nn.BatchNorm2d(D_HIDDEN * 2),
            nn.LeakyReLU(0.2, inplace=True),
            # 3rd layer
            nn.Conv2d(D_HIDDEN * 2, D_HIDDEN * 4, 4, 2, 1, bias=False),
            nn.BatchNorm2d(D_HIDDEN * 4),
            nn.LeakyReLU(0.2, inplace=True),
            # 4th layer
            nn.Conv2d(D_HIDDEN * 4, D_HIDDEN * 8, 4, 2, 1, bias=False),
            nn.BatchNorm2d(D_HIDDEN * 8),
            nn.LeakyReLU(0.2, inplace=True),
            # output layer
            nn.Conv2d(D_HIDDEN * 8, 1, 4, 1, 0, bias=False),
            nn.Sigmoid()
        )

    def forward(self, input):
        return self.main(input).view(-1, 1).squeeze(1)
```

입력 층에는 연결된 배치 정규화 층이 없습니다. 이는 모든 층에 배치 정규화를 적용할 때 원본 논문에서 지적한 것처럼 샘플 진동 및 모델 불안정성을 초래할 수 있기 때문입니다.

마찬가지로 Discriminator 객체를 다음과 같이 만들 수 있습니다.

```
netD = Discriminator().to(device)
netD.apply(weights_init)
print(netD)
```

4.3 모델 학습 및 평가

우리는 생성기와 판별기 네트워크 모두에 대한 학습 방법으로 Adam을 사용할 것입니다. 기울기 하강 방법에 대한 자세한 내용은 3장 모델 디자인 및 학습 모범 사례를 참조하십시오. 여기에서는 일반적인 학습 방법에 대한 자세한 내용을 다루고 있습니다.

먼저 판별기 네트워크에 대한 손실 함수와 두 네트워크 모두에 대한 최적화 프로그램을 정의하십시오.

```
criterion = nn.BCELoss()

optimizerD = optim.Adam(netD.parameters(), lr=lr, betas=(0.5, 0.999))
optimizerG = optim.Adam(netG.parameters(), lr=lr, betas=(0.5, 0.999))
```

여기에서 nn.BCELoss()는 이진 교차 엔트로피 손실 함수를 나타내며, 이전에 1장 '적대적 생성 네트워크 기본 사항'에서 사용했습니다.

다음으로 MNIST 데이터 셋을 GPU 메모리에 로드합니다 :

```
dataset = dset.MNIST(root=DATA_PATH, download=True,
                transform=transforms.Compose([
                transforms.Resize(X_DIM),
                transforms.ToTensor(),
                transforms.Normalize((0.5,), (0.5,))
                ]))
assert dataset
dataloader = torch.utils.data.DataLoader(dataset, batch_size=BATCH_
        SIZE, shuffle=True, num_workers=4)
```

 작은 데이터 세트에서 torch.utils.data.DataLoader()를 호출할 때, pin_memory = True 인수를 추가 하면 데이터가 고정 GPU 메모리 주소에 저장되어 학습 중에 데이터 로딩 속도가 빨라집니다.

학습 반복

학습 절차는 기본적으로 1장, '적대적 생성 네트워크 기본 사항'의 간단한 예와 동일합니다.

1. 실제 데이터로 판별기를 학습시키고, 실제 데이터로 인식하십시오.
2. 위조 데이터를 사용하여 판별기를 학습시키고, 이를 가짜로 인식하십시오.
3. 가짜 데이터로 생성기를 학습시키고, 실제 데이터로 인식하십시오.

처음 두 단계를 통해 판별기는 실제 데이터와 가짜 데이터의 차이점을 구별하는 방법을 배울 수 있습니다. 세 번째 단계는 생성기에게 판별기가 생성된 샘플을 혼동시키는 방법을 알려줍니다.

```
viz_noise = torch.randn(BATCH_SIZE, Z_DIM, 1, 1, device=device)
for epoch in range(EPOCH_NUM):
    for i, data in enumerate(dataloader):
        x_real = data[0].to(device)
        real_label = torch.full((x_real.size(0),), REAL_LABEL,
                    device=device)
        fake_label = torch.full((x_real.size(0),), FAKE_LABEL,
                    device=device)

        # Update D with real data
        netD.zero_grad()
        y_real = netD(x_real)
        loss_D_real = criterion(y_real, real_label)
```

```python
        loss_D_real.backward()
        
        # Update D with fake data
        z_noise = torch.randn(x_real.size(0), Z_DIM, 1, 1, device=device)
        x_fake = netG(z_noise)
        y_fake = netD(x_fake.detach())
        loss_D_fake = criterion(y_fake, fake_label)
        loss_D_fake.backward()
        optimizerD.step()
        
        # Update G with fake data
        netG.zero_grad()
        y_fake_r = netD(x_fake)
        loss_G = criterion(y_fake_r, real_label)
        loss_G.backward()
        optimizerG.step()
        
        if i % 100 == 0:
            print('Epoch {} [{}/{}] loss_D_real: {:.4f} loss_D_fake: 
                {:.4f} loss_G: {:.4f}'.format(
                epoch, i, len(dataloader),
                loss_D_real.mean().item(),
                loss_D_fake.mean().item(),
                loss_G.mean().item()
            ))
```

여기서는 모든 샘플 배치가 동일한 크기를 가질 것이라는 보장이 없기 때문에 `real_label` 및 `fake_label` 텐서를 실시간으로 만듭니다(마지막 배치는 배치 크기 및 총 학습 샘플 수에 따라 더 작습니다).

생성된 샘플 시각화

생성기가 얼마나 잘 학습되었는지 확인할 수 있다면 더 좋습니다. 따라서 학습 중에 생성된 이미지를 내보내야 합니다. if 범위의 끝에 다음 행을 추가하십시오.

```python
if i % 100 == 0:
    ...
    vutils.save_image(x_real, os.path.join(OUT_PATH,
                    'real_samples.png'), normalize=True)
    with torch.no_grad():
        viz_sample = netG(viz_noise)
        vutils.save_image(viz_sample, os.path.join(OUT_PATH,
            'fake_samples_{}.png'.format(epoch)), normalize=True)
torch.save(netG.state_dict(), os.path.join(OUT_PATH, 'netG_{}.pth'
        .format(epoch)))
torch.save(netD.state_dict(), os.path.join(OUT_PATH,'netD_{}.pth'
        .format(epoch)))
```

이제 DCGAN이 학습 준비가 되었습니다. 터미널을 열고 아나콘다 환경을 활성화하고 DCGAN 학습을 시작하세요 :

```
    $ conda activate torch
(torch)$ python dcgan.py
```

학습은 GTX 1080Ti 그래픽 카드에서 약 13분이 걸립니다. 학습이 완료되기 전에 생성된 샘플이 마음에 들지 않으면 언제든지 Ctrl + C를 눌러 학습을 취소할 수 있습니다. 첫 번째 및 25번째 세대 이후에 생성된 이미지는 다음과 같습니다. 생성된 이미지의 절반만 (즉, 64개의 샘플) 표시합니다.

우리는 DCGAN이 손으로 쓴 숫자를 생성하는 데 잘 작동한다는 것을 알 수 있습니다.

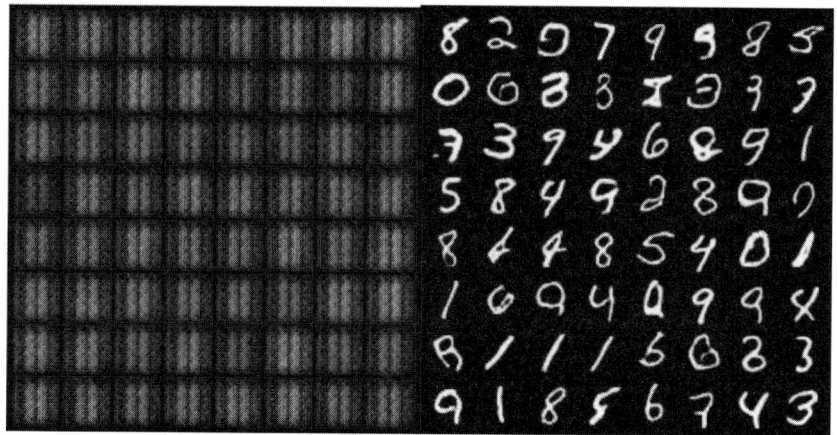

1차 및 25차 세대 이후 MNIST에서 DCGAN에 의해 생성된 이미지

참고로 다음은 BATCH_SIZE 값이 다른 GPU 메모리 소비 목록입니다. 배치 크기가 아무리 크더라도 계산의 총 워크로드는 기본적으로 동일하기 때문에 총 학습 시간은 거의 변하지 않습니다.

Batch size	128	256	512	1024	2048
GPU memory	939 MB	1283 MB	1969 MB	3305 MB	6011 MB

GPU 사용 정보 확인

여기서는 Windows 10 및 Ubuntu 18.04의 다른 하드웨어 사용량 정보와 함께 GPU 사용량을 확인하는 방법에 대해 설명합니다.

Windows 10에서 하드웨어 사용량(GPU 사용량 포함)을 확인하는 가장 쉬운 방법은 작업 관리자를 사용하는 것입니다. Ctrl + Shift + Esc를 눌러 작업 관리자를 열어서 **성능** 패널로 전환할 수 있습니다. 모든 하드웨어 사용 정보가 제공됩니다.

Ubuntu 18.04에서는 시스템과 함께 제공되는 **그놈 시스템 모니터**를 사용하여 CPU,

RAM 및 드라이브 사용량을 확인할 수 있습니다. **응용 프로그램** 메뉴에서 시스템 모니터를 검색하거나 터미널에서 gnome-system-monitor를 실행하여 열 수 있습니다.

또는 그놈 확장을 설치하여 상태 표시줄에 사용 그래프를 표시할 수 있습니다. 이를 위해 **시스템 모니터 확장**(https://extensions.gnome.org/extension/120/system-monitor)을 사용하는 것이 좋습니다. 설치하려면 먼저 몇 가지 전제 조건을 설치해야 합니다.

```
$ sudo apt-get install gir1.2-gtop-2.0 gir1.2-networkmanager-1.0
gir1.2- clutter-1.0 gir1.2-clutter-gst-3.0 gir1.2-gtkclutter-1.0
```

그런 다음 Firefox 브라우저를 열고 https://addons.mozilla.org/en-US/firefox/addon/gnome-shell-integration 사이트로 이동하여 http://gnome.org에서 제공하는 그놈 확장 프로그램의 쉬운 설치를 위한 브라우저 확장 프로그램을 설치하십시오. 또한 터미널에서 sudo apt-get install chrome-gnome-shell을 실행해야 합니다.

다음으로 Firefox 브라우저를 사용하여 웹 페이지 https://extensions.gnome.org/extension/120/system-monitor를 엽니다. 확장 프로그램 제목 오른쪽에 스위치 버튼이 표시됩니다. 이를 클릭하여 ON으로 전환하면 시스템 모니터 확장을 설치하라는 메시지가 표시됩니다.

마지막으로 Alt + F2를 누르고 r을 입력한 다음 Enter 키를 누릅니다. 그러면 시스템 모니터 확장이 활성화되도록 그놈 셸이 다시 시작됩니다.

Ubuntu에서 GPU 사용량을 확인하려면 터미널에서 이 스크립트를 실행하여 실시간으로 표시할 수 있습니다.

```
watch -n 0.5 nvidia-smi
```

편리한 디렉터리에 .sh 파일을 만들 수도 있습니다(예 : ~/gpu.sh) : 스크립트를 이 파일로 복사한 다음 chmod + x ~/.gpu.sh를 실행하십시오. 그런 다음 GPU 사용량을 확인해야 할 때마다 터미널에서 ./gpu.sh를 실행하면 됩니다.

대안으로 Ubuntu에서 사용할 수 있는 다른 도구가 많이 있습니다(예 : NVTOP(https://github.com/Syllo/nvtop)).

4.4 더 큰 데이터 세트로 이동

숫자를 생성하는 것은 재미있습니다. 우리는 인간의 얼굴이나 침실 사진과 같은 다른 것들을 더 재미있게 생성할 수 있습니다. 이와 같이 좋고 복잡한 이미지를 생성하려면 MNIST가 제공하는 60,000개의 샘플보다 더 많은 학습 샘플이 필요합니다. 이 섹션에서는 훨씬 더 큰 두 개의 데이터 세트(CelebA 및 LSUN)를 다운로드하고 DCGAN을 학습시켜 보다 복잡하게 생성된 샘플을 얻을 것입니다.

CelebA 데이터 세트에서 사람 얼굴 생성

CelebFaces 속성(CelebA, http://mmlab.ie.cuhk.edu.hk/projects/CelebA.html) 데이터 세트는 200,000개 이상의 유명 인사 이미지가 포함된 대규모 얼굴 속성 데이터 세트입니다. 각각 40개의 속성 주석이 있습니다. 자른 이미지와 정렬된 이미지를 다운로드해야 합니다. 여기서는 속성 주석이 필요하지 않으므로 크기가 2 GB 이하인 img_align_celeba.zip이라는 파일만 다운로드하면 됩니다.

 공식 링크에서 CelebA 데이터 셋을 다운로드할 수 없다면 Kaggle과 공식 PyTorch 튜토리얼 : https://www.kaggle.com/jessicali9530/celeba-dataset 및 https://drive.google.com/drive/folders/0B7EVK8r0v71pWEZsZE9oNnFzTm8에서 제공하는 링크를 사용해보십시오. Google 드라이브 링크에서 Img/img_align_celeba.zip만 다운로드하면 됩니다.

다운로드한 이미지를 ~/Data/CelebA와 같은 디렉토리로 압축을 해제하십시오. 모든 이미지가 이 루트 디렉토리 내의 개별 디렉토리에 포함되어 있는지 확인하여 이미지가 ~/Data/CelebA/imgaligncelebra/000001.png와 같은 위치에 저장되도록 하십시오.

 컴퓨터에 충분한 공간이 연결되어 있는 SSD(Solid-State Drive)가 있는 경우, 특히 강력한 그래픽 카드가 있는 경우 모든 학습 샘플을 SSD로 옮기는 것이 좋습니다. GPU 메모리에 맞지 않는 매우 큰 데이터 세트에서 신경망을 학습할 때 실제 드라이브의 읽기 속도가 학습 성능의 병목이 될 수 있습니다. 때로는 기존 하드 드라이브(5 MB/s)에 비해 SSD 속도(샘플을 50 MB/s로 읽음)가 빨라져 학습 시간이 크게 단축될 수 있습니다.

CelebA 데이터 셋에 대해 DCGAN을 학습시키기 위해 이전 섹션에서 코드의 3 가지 부분만 변경하면 됩니다.

1. 데이터 세트 루트 디렉토리를 변경하십시오.

```
DATA_PATH = '/media/john/FastData/CelebA'  # Load data from SSD
```

현재 Ubuntu의 파일 관리자에 어떤 절대 경로가 있는지 확실하지 않은 경우 Ctrl + L을 누르면 전체 경로가 표시됩니다.

2. 이미지 채널 번호를 변경하십시오.

```
IMAGE_CHANNEL = 3
```

3. 데이터 세트 객체를 재정의합니다 :

```python
dataset = dset.ImageFolder(root=DATA_PATH,
                           transform=transforms.Compose([
                               transforms.Resize(X_DIM),
                               transforms.CenterCrop(X_DIM),
                               transforms.ToTensor(),
                               transforms.Normalize((0.5, 0.5, 0.5),
                                                    (0.5, 0.5, 0.5)),
                           ]))
```

이제 터미널에서 python dcgan.py를 실행하고 잠시 기다립니다. GTX 1080Ti 그래픽 카드에서 25번의 학습을 마치려면 약 88분이 걸립니다. 제1번째 세대 및 제25번째 세대 이후에 생성된 이미지는 다음과 같다. 다시, 우리는 64개의 생성된 샘플만 보여줍니다 :

CelebA에서 DCGAN에 의해 생성된 이미지

BATCH_SIZE 값이 다른 GPU 메모리 소비 목록은 다음과 같습니다.

Batch size	64	128	256	512	1024	2048
GPU memory	773 MB	963 MB	1311 MB	2029 MB	3441 MB	6283 MB

LSUN 데이터 세트에서 침실 사진 생성

LSUN(Large-scale Scene Understanding, https://www.yf.io/p/lsun)은 10개의 장면 범주와 20개의 개체 범주가 있는 큰 이미지 데이터 집합입니다. https://github.com/fyu/lsun에서 다운로드 툴킷을 얻을 수 있습니다. 우리는 침실 카테고리를 사용하여 3백만 개가 넘는 침실 사진이 있는 DCGAN을 학습시킬 것입니다.

```
$ git clone https://github.com/fyu/lsun.git
$ cd lsun
$ python download.py -c bedroom
```

python data.py export bedroomtrainlmdb --outdir bedroomtrain_img를 사용하여 이미지를 개별 파일로 내보낼 수도 있으므로 이러한 이미지를 다른 프로젝트에 쉽게 사용할 수 있습니다. 그러나 파일 관리자로 이미지 폴더를 직접 열지 마십시오. 많은 메모리가 필요하고 시간이 많이 걸립니다.

데이터 세트는 크기가 약 54 GB인 LMDB(Lightning Memory-Mapped Database Manager) 데이터베이스 파일에 포함되어 있습니다. 루트 디렉토리가 지정될 때 PyTorch의 데이터 로더가 이를 인식할 수 있도록 데이터베이스 파일이 bedroomtrainlmdb 디렉토리에 있는지 확인하십시오.

마찬가지로 모델에 LSUN 데이터 세트를 사용하려면 코드의 3개 부분만 변경하면 됩니다.

1. 데이터 세트 루트 디렉토리를 변경하십시오:

```
DATA_PATH = '/media/john/FastData/lsun' # Load data from SSD
```

2. 이미지 채널 번호 변경합니다:

```
IMAGE_CHANNEL = 3
```

3. 데이터 세트 객체를 재정의합니다 :

```
dataset = dset.LSUN(root=DATA_PATH, classes=['bedroom_train'],
                    transform=transforms.Compose([
                    transforms.Resize(X_DIM),
                    transforms.CenterCrop(X_DIM),
                    transforms.ToTensor(),
                    transforms.Normalize((0.5, 0.5, 0.5),
                                         (0.5, 0.5, 0.5)),
                    ]))
```

그리고 데이터베이스 파일을 읽을 수 있도록 Python 용 lmdb 라이브러리를 설치하는 것을 잊지 마십시오.

```
$ pip install lmdb
```

이제 소스 파일을 저장하고 터미널에서 python dcgan.py를 실행해 봅시다. LSUN 데이터 세트에는 더 많은 샘플이 있으므로 25 세대에 대해 모델을 학습할 필요가 없습니다. 생성된 이미지 중 일부는 학습의 첫 번째 세대 이후에도 이미 인상적입니다. GTX 1080Ti 그래픽 카드에서 5 세대를 학습시키는 데 약 5시간이 걸립니다. 제1 세대 및 제25 세대 이후에 생성된 이미지는 다음과 같다. 여기에는 64개의 생성된 샘플만 표시됩니다. 입력 이미지가 3채널이고 네트워크 구조가 변경되지 않았기 때문에 LSUN의 CelebA와 거의 동일하므로 LSUN의 GPU 메모리 소비를 표시하지 않습니다.

다시 말하지만, 대규모 데이터 세트에서 GAN을 학습하려는 경우 항상 강력한 GPU를 사용하고 데이터 세트를 SSD에 배치하는 것이 좋습니다. 여기서는 두 가지 성능 비교 세트를 제공합니다. 첫 번째 구성에서는 NVIDIA GTX 960 그래픽 카드를 사용하고 학습 세트를 HDD(**하드 디스크 드라이브**)에 넣습니다. 두 번째 구성에서는 NVIDIA GTX 1080Ti 그래픽 카드를 사용하고 학습 세트를 SSD에 넣습니다. 우리는 강력한 플랫폼의 속도가 인생을 변화시키는 것을 볼 수 있습니다.

LSUN에서 DCGAN에 의해 1차 및 5차 세대 이후 이미지 생성

Dataset	CelebA	LSUN
GTX 960 + HDD	2시간/세대	16.6시간/세대
GTX 1080Ti + SSD	3.5분/세대	53분/세대
Speedup	34X	19X

4.5
생성기 네트워크와 놀기

이제 첫 번째 이미지 생성기가 학습되었으므로 가능한 기능과 랜덤 노이즈 벡터에서 이미지가 생성되는 방법에 대해 궁금하지 않습니까? 이 섹션에서는 생성기 네트워크에 대해 좀 더 살펴봅니다. 먼저 두 개의 랜덤 벡터를 선택하고 그 사이의 보간을 계산하여 어떤 이미지가 생성되는지 확인합니다. 둘째, 생성된 샘플에 어떤 변화가 나타나는지 알아보기 위해 예시적인 벡터를 선택하고 그에 대한 산술 계산을 수행합니다.

먼저 DCGAN 코드의 평가 버전이 필요합니다.

원본 dcgan.py 파일을 dcgan_test.py로 복사하십시오. 다음으로, 우리는 새 파일로 변경해야 합니다. 먼저 Generator 클래스의 다음 줄을 바꿔야 합니다.

```
netG = Generator().to(device)
netG.apply(weights_init)
print(netG)
```

다음 줄로 바꿉니다(삭제하거나 간단히 주석 처리할 수 있습니다).

```
netG = Generator()
negG.load_state_dict(torch.load(os.path.join(OUT_PATH, 'netG_24.pth')))
netG.to(device)
```

다음으로 weights_init, Discriminator, dataset, dataloader, criterion 및 optimizer 객체를 제거(또는 주석 처리)해야 합니다.

다음으로 전체 학습 반복 섹션을 다음과 같이 바꿔야 합니다.

```
if VIZ_MODE == 0:
    viz_tensor = torch.randn(BATCH_SIZE, Z_DIM, 1, 1, device=device)
elif VIZ_MODE == 1:
    load_vector = np.loadtxt('vec_20190317-223131.txt')
    xp = [0, 1]
    yp = np.vstack([load_vector[2], load_vector[9]]) # choose two exem-
                                                       plar vectors
    xvals = np.linspace(0, 1, num=BATCH_SIZE)
    sample = interp1d(xp, yp, axis=0)
    viz_tensor = torch.tensor(sample(xvals).reshape(BATCH_SIZE, Z_DIM,
            1, 1), dtype=torch.float32, device=device)
elif VIZ_MODE == 2:
    load_vector = np.loadtxt('vec_20190317-223131.txt')
    z1 = (load_vector[0] + load_vector[6] + load_vector[8]) / 3.
    z2 = (load_vector[1] + load_vector[2] + load_vector[4]) / 3.
    z3 = (load_vector[3] + load_vector[4] + load_vector[6]) / 3.
    z_new = z1 - z2 + z3
    sample = np.zeros(shape=(BATCH_SIZE, Z_DIM))
    for i in range(BATCH_SIZE):
        sample[i] = z_new + 0.1 * np.random.normal(-1.0, 1.0, 100)
    viz_tensor = torch.tensor(sample.reshape(BATCH_SIZE, Z_DIM, 1, 1),
            dtype=torch.float32, device=device)
```

거의 다 끝났습니다. 끝에 다음 코드를 추가해야 합니다.

```
with torch.no_grad():
    viz_sample = netG(viz_tensor)
    viz_vector = utils.to_np(viz_temsor).reshape(BATCH_SIZE, Z_DIM)
    cur_time = datetime.now().strftime("%Y%m%d-%H%M%S")
    np.savetxt('vec_{}.txt'.format(cur_time), viz_vector)
    vutils.save_image(viz_sample, 'img_{}.png'.format(cur_time),
            nrow=10, normalize=True)
```

이제 코드 파일 맨 위로 돌아가서 import 섹션에 행을 추가하십시오.

```
from datetime import datetime
```

마지막으로 변수 정의에 한 줄을 추가해야 합니다. CUDA = True라고 표시된 줄 바로 뒤에 다음을 추가하십시오.

```
VIZ_MODE = 0
```

VIZ_MODE의 값은 임의의 경우 0, 보간의 경우 1, 의미 계산의 경우 2입니다. 세 가지 코드 세트를 통해서 순방향으로 진행할 때 사용됩니다.

입력 벡터와 생성된 이미지를 파일로 내보내야 합니다. DCGAN 평가의 전체 코드(dcgantest.py)는 이 장의 코드 저장소에서 사용할 수 있습니다. 그리고 utils.-clearfolder(OUT_PATH) 라인을 삭제하거나 주석 처리하는 것을 잊지 마십시오. 그렇지 않으면 모든 학습 결과가 삭제될 수도 있습니다.

이미지 보간

생성기 네트워크는 입력된 랜덤 벡터(잠재 벡터)를 생성된 이미지에 매핑합니다. 잠재 벡터에 대해 선형 보간을 수행하면 해당 출력 이미지도 보간 관계를 따릅니다. 예를 들어 CelebA에서 학습된 모델을 살펴 보겠습니다.

먼저 깨끗한 이미지를 생성하는 두 개의 벡터를 무작위로 선택합시다. 여기서는 단순성을 위해 BATCH_SIZE = 10을 설정했습니다. 또한 코드의 어떤 부분을 실행할지 쉽게 선택할 수 있도록 if 조건부 시작 부분을 추가합니다.

```
if VIZ_MODE == 0:
    viz_tensor = torch.randn(BATCH_SIZE, Z_DIM, 1, 1, device=device)
```

생성된 이미지는 다음과 같습니다. 그리고 이 이미지의 잠재 벡터는 파일로 내보내집니다(예: vec_20190317-223131.txt).

무작위로 생성된 이미지

보간을 위해 세 번째 이미지와 마지막 이미지를 선택한다고 가정합니다. 이제 SciPy를 사용하여 잠재 벡터에 선형 보간을 수행해 봅시다(viz_tensor = ...로 시작하는 이전 줄을 다음 줄로 바꿉니다). 파일 이름을 시스템에서 방금 생성한 파일 이름으로 변경하십시오.

```
elif VIZ_MODE == 1:
    load_vector = np.loadtxt('vec_20190317-223131.txt')
    xp = [0, 1]
    yp = np.vstack([load_vector[2], load_vector[9]])
    xvals = np.linspace(0, 1, num=BATCH_SIZE)
    sample = interp1d(xp, yp, axis=0)
    viz_tensor = torch.tensor(sample(xvals).reshape(BATCH_SIZE, Z_DIM,
            1, 1), dtype=torch.float32, device=device)
```

보간을 위해 VIZ_MODE 플래그를 0에서 1로 변경해야 합니다.

```
VIZ_MODE = 1
```

이제 변경된 소스 코드를 실행하십시오. 해당 생성 이미지는 다음과 같습니다.

이미지 보간

왼쪽의 이미지가 오른쪽의 이미지로 부드럽게 변환되는 것을 볼 수 있습니다. 따라서, 잠재 벡터의 보간은 생성된 이미지의 보간으로 이어진다는 것을 알고 있습니다.

의미 벡터 산술

선형보간은 선형대수의 기본 방법 중 하나입니다. 잠재 벡터에 대한 산술 계산으로 더 많은 것을 할 수 있습니다.

이전 단계에서 임의로 생성된 이미지를 가져옵니다. 일부 이미지는 웃는 여성(1, 7 및 9 이미지)이고, 일부 여성의 이미지는 웃지 않으며(2, 3 및 5 이미지), 이미지의 남성은 웃고 있지 않습니다. 남자들은 심각하지 않습니까! 새로운 무작위 벡터 세트를 재생성하지 않고 어떻게 남성의 얼굴에 미소를 짓습니까?

산술 계산으로 해결할 수 있다고 상상해보십시오.

[웃는 여자] – [여자] = [웃음]

[웃음] + [남자] = [웃는 남자]

이렇게 할 수 있습니까? 해 봅시다!

먼저 의미 계산을 위해 VIS_MODE 플래그를 다시 2로 설정하십시오.

```
VIZ_MODE = 2
```

다음 코드를 사용하여 if 조건부로 계속 진행하십시오. 다시 한번 이전에 만들었던 파일 이름을 사용하십시오.

```
elif VIZ_MODE == 2:
    load_vector = np.loadtxt('vec_20190317-223131.txt')
    z1 = (load_vector[0] + load_vector[6] + load_vector[8]) / 3.
    z2 = (load_vector[1] + load_vector[2] + load_vector[4]) / 3.
    z3 = (load_vector[3] + load_vector[4] + load_vector[6]) / 3.
    z_new = z1 - z2 + z3
    sample = np.zeros(shape=(BATCH_SIZE, Z_DIM))
    for i in range(BATCH_SIZE):
        sample[i] = z_new + 0.1 * np.random.normal(-1.0, 1.0, 100)
    viz_tensor = torch.tensor(sample.reshape(BATCH_SIZE, Z_DIM, 1, 1),
            dtype=torch.float32, device=device)
```

여기에서는 z1-z2를 수행하여 웃는 벡터를 얻습니다. 그리고 z3는 우리에게 사람 벡터를 제공합니다. 그것들을 합하면 다음과 같은 결과가 나옵니다. 보다 안정적인 결과를 위해 3개의 다른 잠재 벡터의 평균 벡터를 사용하고 산술 결과에 작은 임의의 값을 추가하여 약간의 임의성을 도입합니다.

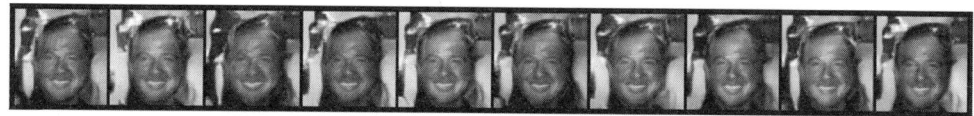

잠재 벡터에 대한 벡터 산술

벡터 산술 계산 과정은 다음과 같이 설명할 수 있습니다.

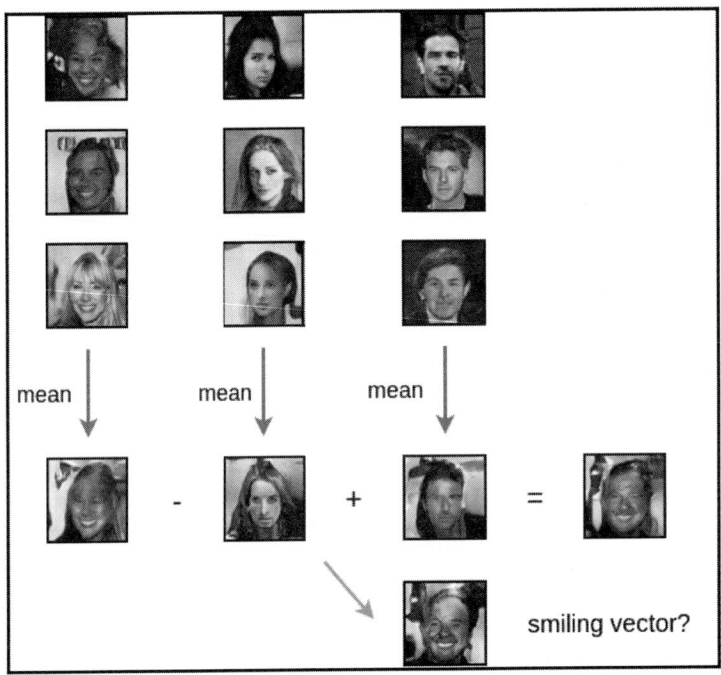

벡터 산술

호기심으로 z1-z2를 기반으로 이미지를 직접 생성하여 이전 스크린 샷의 오른쪽 하단에 샘플을 제공합니다. 우리는 그것이 웃는 얼굴이라고 말할 수 있지만, 나머지 얼굴은 부자연스럽습니다. 이상한 친구의 얼굴처럼 보입니다.

이제 GAN이 생성된 이미지의 속성을 조작할 수 있는 가능성을 열었습니다. 그러나 결과는 자연스럽고 확실하지 않습니다. 다음 장에서는 원하는 정확한 속성으로 샘플을 생성하는 방법을 배웁니다.

4.6 요약

우리는 이 장에서 심층 합성곱 GAN에 대해 배우는 데 많은 시간을 보냈습니다. 우리는 MNIST 데이터 셋과 CelebA 및 LSUN 데이터 셋 형태의 두 개의 거대한 데이터 셋을 다루었습니다. 또한 많은 컴퓨팅 주기를 소비했습니다. 이 시점에서 DCGAN에 대해 잘 알고 있기를 바랍니다.

다음으로 **조건부 GAN(CGAN)**과 학습 과정에서 레이블 정보를 추가하는 방법을 살펴보겠습니다.

4.7 참고 문헌 및 유용한 독서 목록

1. Hui J. (2018, Jun 21). GAN—*Why it is so hard to train Generative Adversarial Networks!*. Retrieved from https://medium.com/@jonathan_hui/gan-why-it-is-so-hard-to-train-generative-advisory-networks-819a86b3750b.

CHAPTER 5
레이블 정보를 기반으로 이미지 생성

이전 장에서, 우리는 잠재된 벡터와 생성된 이미지 사이의 연결을 배우는 GAN의 잠재력에 대한 첫 취향을 얻었고 잠재된 벡터가 어떻게든 이미지의 속성을 조작한다는 관찰을 했습니다. 이 장에서는 공개 데이터 세트에서 흔히 볼 수 있는 레이블 및 속성 정보를 공식적으로 사용하여 잠재 벡터와 이미지 속성 사이의 브리지를 올바르게 설정합니다.

이 장에서는 **조건부 GAN(CGAN)**을 사용하여 지정된 레이블을 기반으로 이미지를 생성하는 방법과 자동 엔코더를 사용하여 적대적 학습을 구현하고 나이가 많은 사람의 얼굴을 노화시키는 방법을 배우게 됩니다. 다음으로, 쉬운 조정 및 확장을 위해 소스 코드를 효율적으로 구성하는 방법을 보여줍니다.

이 장을 읽은 후 레이블 및 속성 정보를 사용하여 GAN에서 생성된 이미지의 품질을 향상시키기 위한 지도 및 비지도 방법을 모두 배웠습니다. 이 장은 또한 이 책 전체에서 기본 소스 코드 계층을 소개하며, 이는 자신의 프로젝트에 매우 유용할 수 있습니다.

이 장에서 다룰 내용은 다음과 같습니다.

- CGAN – 레이블은 어떻게 사용됩니까?
- CGAN을 사용하여 레이블에서 이미지 생성
- Fashion-MNIST와 협력
- InfoGAN – 감독되지 않은 속성 추출
- 참고 문헌 및 유용한 독서 목록

5.1
CGAN – 레이블은 어떻게 사용됩니까?

이전 장에서, 우리는 GAN의 학습 과정에 의해 잠재 벡터와 생성된 이미지 사이의 관계가 확립될 수 있고, 잠재 벡터의 특정 조작은 생성된 이미지의 변화에 의해 반영된다는 것을 배웠습니다. 그러나 우리는 원하는 속성을 가진 이미지를 어떤 부분 또는 어떤 종류의 잠재 벡터에 제공할 것인지 제어할 수 없습니다. 이 문제를 해결하기 위해 CGAN을 사용하여 학습 과정에서 레이블 정보를 추가하여 모델이 어떤 종류의 이미지를 생성할 것인지에 대해 이야기할 수 있습니다.

CGAN에 대한 아이디어는 Mehdi Mirza와 Simon Osindero가 그들의 논문, *Conditional Generative Adversarial Nets*에서 제안했습니다. 핵심 아이디어는 레이블 벡터가 생성기 및 판별기 네트워크 모두에 통합되어 레이블 벡터가 잠재 벡터의 분포를 변경하여 다른 속성을 가진 이미지로 이어지는 것이었습니다.

CGAN은 바닐라 GAN 모델과 비교하여 실제 데이터 x와 생성된 데이터 x^*를 각각 $x|\gamma$와 $x^*|\gamma$로 대체하여 추가 정보를 포함할 수 있도록 목적 함수를 약간 변경합니다. 여기서 γ는 레이블과 속성 등의 추가 정보를 나타냅니다.

$$\min_{G}\max_{D} V(D,G) = \mathbb{E}_x[\log D(x|\gamma)] + \mathbb{E}_{x^*}[\log(1 - D(x^*|\gamma))]$$

이 방정식에서 $D(x|\gamma)$는 γ의 조건 하에서 데이터 x가 분포되는 방식을 설명하는 조건부 확률의 형태를 차용합니다. 새로운 객체 함수를 계산하려면 생성기 네트워크가 특정 조건이 주어진 데이터를 생성할 수 있어야 하고 판별기 네트워크는 입력 이미지가 주어진 조건을 준수하는지 여부를 알려줍니다. 따라서 이 섹션에서는 이러한 목적을 달성하기 위해 생성기 및 판별기를 설계하는 방법에 대해 설명합니다.

이 장에서는 서로 다른 두 가지 모델을 만들고 재사용 가능한 코드를 작성하기 위해 이전 장에서 했던 것처럼 모든 코드를 하나의 단일 파일에 넣는 대신 소스 코드를 별도의 파일에 넣습니다.

레이블을 생성기와 결합

CGAN의 생성기 네트워크 구조는 다음과 같습니다. 원본 논문에 설명된 대로 모든 데이터는 MLP와 같은 네트워크를 통해 생성됩니다. 그러나 원본 논문과 달리 배치 정규화 및 LeakyReLU와 같은 훨씬 더 심층적인 구조와 기술을 사용하여 보다 나은 결과를 얻을 수 있습니다.

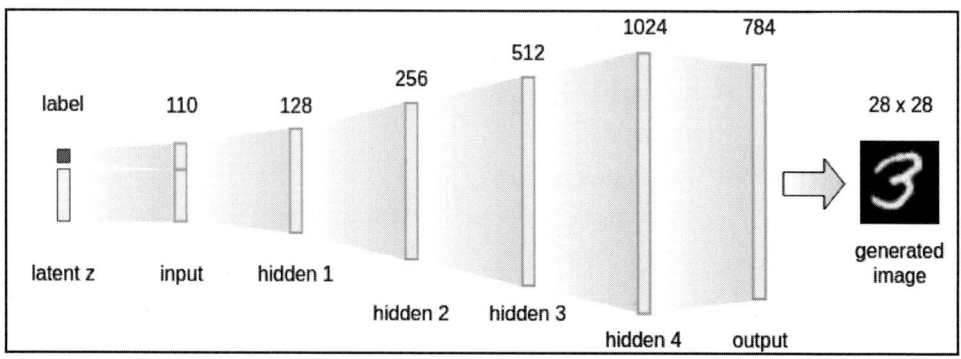

CGAN의 생성기 네트워크 구조

레이블 값은 길이가 10인 벡터로 변환되며 잠재 벡터 z와 연결됩니다. 생성기 네트워크의 모든 데이터는 벡터 형태로 저장됩니다. 출력 벡터의 길이는 생성된 이미지의 너비와 높이의 곱셈과 같으며 MNIST 데이터 세트의 경우 $28 \times 28 = 784$입니다. 물론 출력 이미지의 크기를 원하는 다른 값으로 변경할 수 있습니다(소스 코드에서 나중에 이미지 크기를 64×64로 설정함).

이전 장과 다르게 코드를 구성하고 모델 정의를 위한 cgan.py 파일을 만들어 봅시다.

먼저 소스 파일의 시작 부분에 PyTorch 및 NumPy 모듈을 가져옵니다.

```
import torch
import torch.nn as nn
import torch.nn.functional as F import numpy as np
```

그런 다음 생성기 네트워크를 정의합니다.

```
class Generator(nn.Module):
    def __init__(self, classes, channels, img_size, latent_dim):
        super(Generator, self).__init__()
        self.classes = classes
        self.channels = channels
        self.img_size = img_size
        self.latent_dim = latent_dim
        self.img_shape = (self.channels, self.img_size, self.img_size)
        self.label_embedding = nn.Embedding(self.classes, self.classes)

        self.model = nn.Sequential(
            *self._create_layer(self.latent_dim + self.classes, 128, False),
            *self._create_layer(128, 256),
            *self._create_layer(256, 512),
            *self._create_layer(512, 1024),
```

```python
            nn.Linear(1024, int(np.prod(self.img_shape))),
            nn.Tanh()
        )

    def _create_layer(self, size_in, size_out, normalize=True):
        layers = [nn.Linear(size_in, size_out)]
        if normalize:
            layers.append(nn.BatchNorm1d(size_out))
        layers.append(nn.LeakyReLU(0.2, inplace=True))
        return layers

def forward(self, noise, labels):
    z = torch.cat((self.label_embedding(labels), noise), -1)
    x = self.model(z)
    x = x.view(x.size(0), *self.img_shape)
    return x
```

생성기 네트워크는 5개의 선형층으로 구성되며 그 중 3개는 배치 정규화 층에 연결되며 첫 4개의 선형층에는 LeakyReLU 활성화 기능이 있고 마지막 4개 층에는 Tanh 활성화 함수가 있습니다. 레이블 정보는 조회 테이블로 동작하는 nn.Embedding 모듈에 의해서 처리됩니다. 학습 샘플용 레이블이 10개 있다고 가정해 봅시다. 임베딩 층은 10개의 서로 다른 레이블을 10개의 사전 정의된 임베딩 벡터로 변환하며 기본적으로 정규 분포를 기반으로 초기화됩니다. 이어서, 레이블의 임베딩 벡터는 임의의 잠재 벡터와 연결되어 제1층의 입력 벡터로서 기능합니다. 마지막으로 출력 벡터를 최종 결과로 2D 이미지로 재구성해야 합니다.

판별기에 레이블 통합

CGAN의 판별기 네트워크 구조는 다음과 같습니다. 다시 말하지만, 판별기 구조는 원래 논문에서 사용된 것과 다릅니다. 물론 네트워크를 조정하고 모델이 더 나은 결과를 생성할 수 있는지 확인하는 것은 환영합니다.

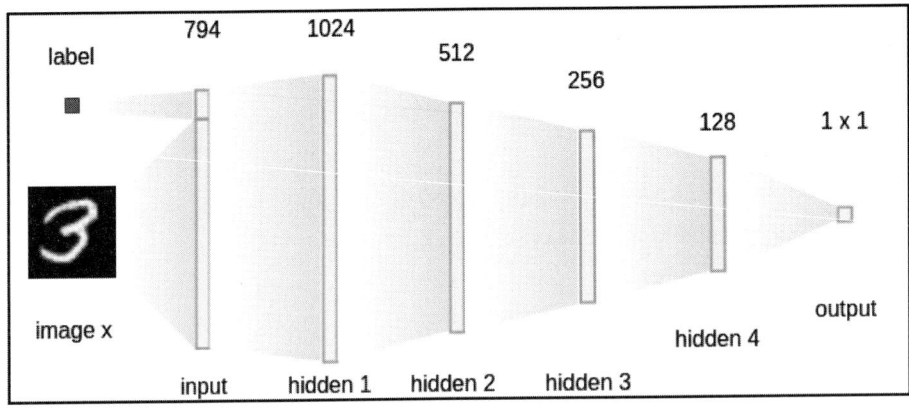

CGAN의 판별기 네트워크 구조

생성기 네트워크와 유사하게, 레이블 값은 CGAN의 판별기 네트워크 입력의 일부이기도 합니다. 입력 이미지(28×28 크기)는 길이가 784인 벡터로 변환되므로 판별기 네트워크의 입력 벡터의 총 길이는 794입니다. 판별기 네트워크에는 은닉층이 4개 있습니다. 이미지 분류를 위한 일반적인 CNN 모델과 달리 판별기 네트워크는 길이를 클래스 수로 사용하는 벡터 대신 단일 값을 출력합니다. 네트워크 입력에 이미 레이블 정보를 포함하고 있기 때문에 레이블 조건에 따라 이미지가 실제 이미지와 얼마나 가까운지를 판별기 네트워크가 알려주기만을 원합니다.

이제 cgan.py 파일에서 판별기 네트워크를 정의해 봅시다 :

```
class Discriminator(nn.Module):
    def __init__(self, classes, channels, img_size, latent_dim):
        super(Discriminator, self).__init__()
        self.classes = classes
        self.channels = channels
        self.img_size = img_size
```

```python
        self.latent_dim = latent_dim
        self.img_shape = (self.channels, self.img_size, self.img_size)
        self.label_embedding = nn.Embedding(self.classes, self.classes)
        self.adv_loss = torch.nn.BCELoss()
        self.model = nn.Sequential(
            *self._create_layer(self.classes + int(np.prod(self.img_
                                shape)), 1024, False, True),
            *self._create_layer(1024, 512, True, True),
            *self._create_layer(512, 256, True, True),
            *self._create_layer(256, 128, False, False),
            *self._create_layer(128, 1, False, False), nn.Sigmoid()
        )

    def _create_layer(self, size_in, size_out, drop_out=True, act_func=True):
        layers = [nn.Linear(size_in, size_out)]
        if drop_out:
            layers.append(nn.Dropout(0.4))
        if act_func:
            layers.append(nn.LeakyReLU(0.2, inplace=True))
        return layers

    def forward(self, image, labels):
        x = torch.cat((image.view(image.size(0), -1), self.label_
                      embedding(labels)), -1)
        return self.model(x)

def loss(self, output, label):
    return self.adv_loss(output, label)
```

마찬가지로, 레이블은 이미지 벡터와 연결되기 전에 다른 nn.Embedding 모듈에 의해 전달됩니다. 판별기 네트워크는 5개의 선형층으로 구성되며, 그 중 2개는 일반화 기능을 향상시키기 위해 Dropout 층에 연결됩니다. 우리는 항상 마지막 층의 출력 값이

[0, 1] 범위 내에 있다고 보장할 수 없기 때문에 이를 보장하기 위해 Sigmoid 활성화 함수가 필요합니다.

> Dropout 률이 0.4인 Dropout 층은 학습 중 각 반복에서 각 뉴런이 최종 결과 계산에 참여하지 않을 확률이 0.4임을 의미합니다. 따라서, 상이한 서브 모델이 상이한 학습 단계에서 학습되므로, 전체 모델이 Dropout 층이 없는 것과 비교하여 학습 데이터를 과적합시키기가 더 어려워집니다. Dropout 층은 종종 평가 중에 비활성화됩니다.

Dropout 또는 LeakyReLU 활성화 함수가 있는 층을 선택하는 것은 다소 주관적입니다. 다른 조합을 시도하여 어떤 구성이 가장 좋은 결과를 낼 수 있는지 알아볼 수 있습니다.

5.2 CGAN을 사용하여 레이블에서 이미지 생성

이전 섹션에서는 CGAN의 생성기 및 판별기 네트워크의 구조를 정의했습니다. 이제 모델 학습을 위한 코드를 작성해 봅시다. 결과를 쉽게 재현할 수 있도록 MNIST를 학습 세트로 사용하여 이미지 생성에서 CGAN의 성능을 확인합니다. 여기서 우리가 달성하고자 하는 것은 모델이 학습된 후에 우리가 알려주는 정확한 숫자 이미지를 다양한 형태로 생성할 수 있다는 것입니다.

원스톱 모델 학습 API

먼저 다른 모델의 래퍼 역할을 하고 원스톱 학습 API를 제공하는 새 Model 클래스를 만들어 보겠습니다. build_gan.py라는 새 파일을 작성하고 필요한 모듈을 가져오십시오.

```
import os

import numpy as np
import torch
import torchvision.utils as vutils

from cgan import Generator as cganG
from cgan import Discriminator as cganD
```

그런 다음 Model 클래스를 만들어 봅시다. 이 클래스에서는 Generator 및 Discriminator 모듈을 초기화하고 train 및 eval 메소드를 제공하여 사용자가 다른 곳에서 Model.train()(또는 Model.eval())을 호출하여 모델 학습(또는 평가)을 완료할 수 있도록 합니다.

```
class Model(object):
    def __init__(self,
                 name,
                 device,
                 data_loader,
                 classes,
                 channels,
                 img_size,
                 latent_dim):
        self.name = name
        self.device = device
        self.data_loader = data_loader
        self.classes = classes
        self.channels = channels
        self.img_size = img_size
```

```
        self.latent_dim = latent_dim
        if self.name == 'cgan':
            self.netG = cganG(self.classes, self.channels,
                        self.img_size, self.latent_dim)
        self.netG.to(self.device)
        if self.name == 'cgan':
            self.netD = cganD(self.classes, self.channels,
                        self.img_size, self.latent_dim)
        self.netD.to(self.device)
        self.optim_G = None
        self.optim_D = None
```

여기서, 생성기 네트워크(netG) 및 판별기 네트워크(netD)는 클래스 번호(클래스), 이미지 채널(채널), 이미지 크기(imgsize) 및 잠재 벡터의 길이(latentdim)에 기초하여 초기화됩니다. 이 논쟁은 나중에 나올 것입니다. 지금은 이러한 값이 이미 알려져 있다고 가정해 봅시다. 이 클래스에서 모든 텐서와 함수를 초기화해야 하므로 모델이 실행되는 장치(self.device)를 정의해야 합니다. optimG 및 optimD 객체는 두 네트워크에 대한 최적화 프로그램입니다. 다음과 같이 초기화됩니다.

```
def create_optim(self, lr, alpha=0.5, beta=0.999):
    self.optim_G = torch.optim.Adam(filter(lambda p: p.requires_grad,
                            self.netG.parameters()),
                            lr=lr,
                            betas=(alpha, beta))
    self.optim_D = torch.optim.Adam(filter(lambda p: p.requires_grad,
                            self.netD.parameters()),
                            lr=lr,
                            betas=(alpha, beta))
```

 Adam 옵티마이저의 첫 번째 인수인 `filter(lambda p : p.requiresgrad, self.netG.parameters())`는 requires_grad 플래그가 True로 설정된 텐서인 경우는 모두 설정해야 합니다. 모델의 일부가 학습되지 않은 경우 (예를 들어 학습된 모델을 새 데이터 세트로 전이한 후 마지막 층 미세 조정) 유용합니다.

다음으로 모델 학습을 위한 train 함수를 정의하겠습니다. train 인수에는 학습 세대(epoch) 수, 로깅 메시지 사이의 반복 간격(log_interval), 결과 출력 디렉토리(out_dir) 및 학습 메시지를 터미널에 인쇄할지 여부(verbose)가 포함됩니다.

```python
def train(self,
          epochs,
          log_interval=100,
          out_dir='',
          verbose=True):
    self.netG.train()
    self.netD.train()
    viz_noise = torch.randn(self.data_loader.batch_size,
            self.latent_dim, device=self.device)
    viz_label = torch.LongTensor(np.array([num for _ in range(nrows)
            for num in range(8)])).to(self.device)
    for epoch in range(epochs):
        for batch_idx, (data, target) in enumerate(self.data_loader):
            data, target = data.to(self.device), target.to(self.device)
            batch_size = data.size(0)
            real_label = torch.full((batch_size, 1), 1.,
                    device=self.device)
            fake_label = torch.full((batch_size, 1), 0.,
                    device=self.device)

            # Train G
```

```
            self.netG.zero_grad()
            z_noise = torch.randn(batch_size, self.latent_dim,
                    device=self.device)
            x_fake_labels = torch.randint(0, self.classes,
                        (batch_size,), device=self.device)
            x_fake = self.netG(z_noise, x_fake_labels)
            y_fake_g = self.netD(x_fake, x_fake_labels)
            g_loss = self.netD.loss(y_fake_g, real_label)
            g_loss.backward()
            self.optim_G.step()

            # Train D
            self.netD.zero_grad()
            y_real = self.netD(data, target)
            d_real_loss = self.netD.loss(y_real, real_label)

            y_fake_d = self.netD(x_fake.detach(), x_fake_labels)
            d_fake_loss = self.netD.loss(y_fake_d, fake_label)
            d_loss = (d_real_loss + d_fake_loss) / 2
            d_loss.backward()
            self.optim_D.step()
```

train에서는 먼저 네트워크를 학습 모드(예 : self.netG.train())로 전환합니다. 주로 Dropout 및 배치 정규화 층의 동작에 영향을 줍니다. 그런 다음 고정 잠재 벡터 세트(viz_noise)와 레이블(viz_label)을 정의합니다. 모델은 학습 과정에서 이미지를 생성하여 모델 학습 방법을 추적할 수 있습니다. 그렇지 않으면 학습이 끝난 후에야 학습이 옳지 않은 방향으로 진행되었음을 알 수 있습니다.

```
            if verbose and batch_idx % log_interval == 0 and
                                    batch_idx > 0:
```

```
                print('Epoch {} [{}/{}] loss_D: {:.4f} loss_G:
                                {:.4f}'.format(
                    epoch, batch_idx, len(self.data_loader),
                    d_loss.mean().item(),
                    g_loss.mean().item()))
                vutils.save_image(data, os.path.join(out_dir,
                        'real_samples.png'), normalize=True)
                with torch.no_grad():
                    viz_sample = self.netG(viz_noise, viz_label)
                    vutils.save_image(viz_sample, os.path.join
                            (out_dir, 'fake_samples_{}.png'.for
                            mat(epoch)), nrow=8, normalize=True)
            self.save_to(path=out_dir, name=self.name, verbose=False)
```

여기서는 코드의 일부(평가 API 및 모델 내보내기 및 로드 포함)를 생략했습니다. 이 장의 코드 저장소에서 전체 소스 코드를 얻을 수 있습니다.

인수 파싱 및 모델 학습

이제 남은 것은 프로젝트의 주요 항목을 만들고 정의하는 것입니다. 이 파일에서 우리는 이전에 알고 있다고 가정한 인수를 정의해야 합니다. 이러한 하이퍼 파라미터는 네트워크를 만들 때 필수적이며 이러한 값을 우아하게 구문 분석합니다. main.py라는 새 파일을 만들고 필요한 모듈을 가져 오겠습니다.

```
import argparse
import os
import sys

import numpy as np
```

```
import torch
import torch.backends.cudnn as cudnn import torch.utils.data
import torchvision.datasets as dset
import torchvision.transforms as transforms

import utils

from build_gan import Model
```

우리 모델과 관련된 유일한 Python 모듈이 build_gan.Model이라는 것을 알고 계셨습니까? 우리는 쉽게 다른 프로젝트를 생성하고 주요 수정 없이 이 파일의 내용 대부분을 복사할 수 있습니다.

그런 다음 주요 기능을 정의하십시오.

```
FLAGS = None

def main():
    device = torch.device("cuda:0" if FLAGS.cuda else "cpu")

    if FLAGS.train:
        print('Loading data...\n')
        dataset = dset.MNIST(root=FLAGS.data_dir, download=True,
                    transform=transforms.Compose([
                    transforms.Resize(FLAGS.img_size),
                    transforms.ToTensor(),
                    transforms.Normalize((0.5,), (0.5,))
                    ]))
        assert dataset
        dataloader = torch.utils.data.DataLoader(dataset, batch_size=
                    FLAGS.batch_size, shuffle=True, num_workers=4,
                    pin_memory=True)
```

```
        print('Creating model...\n')
        model = Model(FLAGS.model, device, dataloader, FLAGS.classes,
                FLAGS.channels, FLAGS.img_size, FLAGS.latent_dim)
        model.create_optim(FLAGS.lr)

        # Train
        model.train(FLAGS.epochs, FLAGS.log_interval, FLAGS.out_dir, True)

        model.save_to('')
    else:
        model = Model(FLAGS.model, device, None, FLAGS.classes,
                FLAGS.channels, FLAGS.img_size, FLAGS.latent_dim)
        model.load_from(FLAGS.out_dir)
        model.eval(mode=0, batch_size=FLAGS.batch_size)
```

네트워크와 학습 일정을 별도의 파일로 이미 정의했으므로 모델의 초기화 및 학습은 model = Model(), model.create_optim() 및 model.train()의 세 줄의 코드만으로 수행됩니다. 이러한 방식으로 코드를 읽고 수정하고 유지 관리하기 쉽고 다른 프로젝트에서 대부분의 코드를 쉽게 사용할 수 있습니다.

FLAGS 객체는 모델 정의 및 학습에 필요한 모든 인수 및 하이퍼 파라미터를 저장합니다. 인수의 구성을 보다 사용자 친화적으로 만들기 위해 Python에서 제공하는 arg-parse 모듈을 사용합니다.

다른 데이터 세트를 사용하려는 경우 이전 장에서와 동일한 방식으로 데이터 세트 객체의 정의를 변경할 수 있습니다.

소스 코드의 주요 항목과 인수의 정의는 다음과 같습니다.

```
if __name__ == '__main__':
    from utils import boolean_string
```

```python
parser = argparse.ArgumentParser(description='Hands-On GANs - 
        Chapter 5')
parser.add_argument('--model', type=str, default='cgan', help='one 
        of `cgan` and `infogan`.')
parser.add_argument('--cuda', type=boolean_string, default=True, 
        help='enable CUDA.')
parser.add_argument('--train', type=boolean_string, default=True, 
        help='train mode or eval mode.')
parser.add_argument('--data_dir', type=str, 
        default='~/Data/mnist', help='Directory for dataset.')
parser.add_argument('--out_dir', type=str, default='output', 
        help='Directory for output.')
parser.add_argument('--epochs', type=int, default=200, 
        help='number of epochs')
parser.add_argument('--batch_size', type=int, default=128, 
        help='size of batches')
parser.add_argument('--lr', type=float, default=0.0002, 
        help='learning rate')
parser.add_argument('--latent_dim', type=int, default=100, 
        help='latent space dimension')
parser.add_argument('--classes', type=int, default=10, 
        help='number of classes')
parser.add_argument('--img_size', type=int, default=64, help='size 
        of images')
parser.add_argument('--channels', type=int, default=1, 
        help='number of image channels')
parser.add_argument('--log_interval', type=int, default=100, 
        help='interval between logging and image sampling')
parser.add_argument('--seed', type=int, default=1, help='random 
        seed')

FLAGS = parser.parse_args()
```

parser.addargument(ARG_NAME, ARG_TYPE, DEFAULT_VALUE, HELP_MSG)에 의해 새로운 인수가 작성됩니다. 여기서 ARG_NAME은 인수 이름이고, ARG_TYPE은 인수의 값 유형(예 : int, float, bool 또는 str), DEFAULT_VALUE는 어떤 값도 주어지지 않을 때 사용되는 인수값입니다. 터미널에서 python main.py --help를 실행하면 HELP_MSG의 메시지가 출력됩니다. python main.py --ARGNAME ARG_VALUE를 이용하여 인수값을 결정할 수 있습니다. 또는 소스 코드에서 기본값을 변경하고 pythin main.py를 실행하면 됩니다. 여기서 우리 모델은 배치 크기가 128인 200 세대에 대해 학습됩니다. 작은 학습률이 Adam 방법에 적합하기 때문에 학습률은 0.0002로 설정합니다. 잠재 벡터의 길이는 100이고, 생성된 이미지의 크기는 64로 설정됩니다. 또한 이 책에서와 동일한 결과를 얻을 수 있도록 랜덤 시드를 1로 설정합니다.

boolean_string은 utils.py 파일에 정의되어 있으며, 다음과 같습니다(자세한 내용은 https://stackoverflow.com/a/44561739/3829845를 참조하십시오.). 그렇지 않으면 터미널에서 --train False를 전달해도 스크립트에 영향을 미치지 않습니다.

```
def boolean_string(s):
    if s not in {'False', 'True'}:
        raise ValueError('Not a valid boolean string')
    return s == 'True'
```

우리는 여전히 인수에 대한 전처리를 해야 합니다.

```
FLAGS.cuda = FLAGS.cuda and torch.cuda.is_available()

if FLAGS.seed is not None:
    torch.manual_seed(FLAGS.seed)
    if FLAGS.cuda:
        torch.cuda.manual_seed(FLAGS.seed)
```

```python
        np.random.seed(FLAGS.seed)

    cudnn.benchmark = True

    if FLAGS.train:
        utils.clear_folder(FLAGS.out_dir)

    log_file = os.path.join(FLAGS.out_dir, 'log.txt')
    print("Logging to {}\n".format(log_file))
    sys.stdout = utils.StdOut(log_file)
    print("PyTorch version: {}".format(torch.__version__))
    print("CUDA version: {}\n".format(torch.version.cuda))

    print(" " * 9 + "Args" + " " * 9 + "|" + "Type" + \
          " | " + "Value")
    print("-" * 50)
    for arg in vars(FLAGS):
        arg_str = str(arg)
        var_str = str(getattr(FLAGS, arg))
        type_str = str(type(getattr(FLAGS, arg)).__name__)
        print(" " + arg_str + " " * (20-len(arg_str)) + "|" + \
              " " + type_str + " " * (10-len(type_str)) + "|" + \
              " " + var_str)

main()
```

여기서 먼저 CUDA가 PyTorch에 사용 가능한지 확인합니다. 그런 다음 랜덤 시드를 NumPy, PyTorch 및 CUDA 백엔드로 수동 설정합니다. 모델을 재학습할 때마다 출력 디렉토리를 비워야 하며 모든 출력 메시지가 외부 파일인 log.txt로 리디렉션됩니다. 마지막으로 main 함수를 실행하기 전에 취한 모든 인수를 인쇄하여 모델을 올바르게 구성했는지 여부를 확인할 수 있습니다.

이제 터미널을 열고 다음 스크립트를 실행하십시오. DATA_DIRECTORY를 머신의 MNIST 데이터 세트 경로로 변경하는 것을 기억하십시오.

```
    $ conda activate torch
(torch)$ python main.py --model cgan --train True --data_dir
DATA_DIRECTORY
```

출력 메시지는 다음과 같습니다(인수 순서가 다를 수 있음).

```
Logging to output/log.txt

PyTorch version: 1.0.1.post2
CUDA version: 10.0.130

     Args         | Type    | Value
-----------------------------------------------
    model         | str     | cgan
    cuda          | bool    | True
    train         | bool    | True
    data_dir      | str     | ~/Data/mnist
    out_dir       | str     | output
    epochs        | int     | 200
    batch_size    | int     | 128
    lr            | float   | 0.0002
    latent_dim    | int     | 100
    classes       | int     | 10
    img_size      | int     | 64
    channels      | int     | 1
    log_interval  | int     | 100
    seed          | int     | 1
Loading data...
```

```
Creating model...

Epoch 0 [100/469] loss_D: 0.6747 loss_G: 0.6119
Epoch 0 [200/469] loss_D: 0.4745 loss_G: 0.8135
...
```

GTX 1080Ti 그래픽 카드에서 200 세대를 학습시키는 데 약 22분이 소요되며, 약 729 MB의 GPU 메모리가 필요합니다. MNIST 데이터 세트에서 생성된 이미지는 다음과 같습니다.

CGAN에 의해 MNIST에서 생성된 이미지(왼쪽 : 첫 번째 세대; 중간 : 25번째 세대; 오른쪽 : 200번째 세대)

현실적으로 다양한 모양을 유지하면서 해당 레이블에 대해 숫자 이미지가 올바르게 생성되었음을 알 수 있습니다. 모델에서 이미지를 매우 긴 벡터로 취급하기 때문에 수직 및 수평 방향 모두에서 부드러움을 생성하기가 어렵고 25번의 학습 후에 생성된 이미지에서 반점 노이즈를 쉽게 발견할 수 있습니다. 그러나 200 세대 후에는 이미지 품질이 훨씬 좋아집니다.

5.3 Fashion-MNIST와 협력

이제 MNIST 데이터 세트가 여러 개의 필기 숫자로 구성되어 있음을 알았습니다. 이는 머신러닝 커뮤니티의 사실상의 표준이며 종종 과정을 검증하는 데 사용됩니다. 다른 그룹은 더 나은 대체가 될 수 있는 다른 데이터 집합을 만들기로 결정했습니다. 이 프로젝트의 이름은 Fashion-MNIST이며 간단한 대체용으로 설계되었습니다. https://www.kaggle.com/zalando-research/fashionmnist/data#에서 프로젝트에 대해 더 깊이 이해할 수 있습니다.

Fashion-MNIST는 60,000개의 이미지 및 레이블 학습 세트와 10,000개의 이미지 및 레이블 평가 세트로 구성됩니다. 모든 이미지는 회색조이며 28×28 픽셀로 설정되며, 티셔츠/탑, 바지, 풀오버, 드레스, 코트, 샌달, 셔츠, 스니커즈, 백 및 발목 부츠의 10가지 등급의 이미지가 있습니다. 이 대체 데이터 세트가 알고리즘을 더 열심히 작동해야 한다는 것을 이미 알 수 있습니다.

데이터 세트 사용을 시연하기 위해 표준 MNIST 데이터 세트를 위해 방금 생성한 프로그램을 사용하고 몇 가지 사항을 변경합니다.

1. 원본을 안전하게 유지하려면 main.py 파일을 fashion-main.py에 복사하십시오. 이제 fashion-main.py 파일에서 다음 코드 부분을 찾으십시오.

```
dataset = dset.MNIST(root=FLAGS.data_dir, download=True,
    transform=transforms.Compose([
    transforms.Resize(FLAGS.img_size),
    transforms.ToTensor(),
    transforms.Normalize((0.5,), (0.5,)) ]))
```

2. 다음과 같이 dset.MNIST를 dset.FashionMNIST로 변경하는 것입니다.

```
dataset = dset.FashionMNIST(root=FLAGS.data_dir, download=True,
            transform=transforms.Compose([
            transforms.Resize(FLAGS.img_size),
            transforms.ToTensor(),
            transforms.Normalize((0.5,), (0.5,)) ]))
```

다행히도 Torch 비전에는 이미 Fashion-MNIST를 위한 클래스가 내장되어 있습니다. 몇 분 안에 다른 몇 가지를 살펴 보겠습니다.

3. 소스 파일을 저장하십시오.

4. 첫 번째 예제의 데이터 세트가 안전한지 확인하기 위해 마지막으로 사용한 데이터 폴더의 이름을 바꿉니다. 새 데이터 세트가 자동으로 다운로드됩니다. 또 다른 방법은 출력 폴더의 이름을 바꾸고 다시 안전하게 유지하는 것입니다.

5. 마지막 프로그램과 마찬가지로 명령 행 항목으로 시작합니다.

```
(torch)$ python fashion_main.py --model cgan --train True --data_dir DATA_DIRECTORY
```

터미널의 출력은 새 데이터 세트 정보의 다운로드를 표시하는 행을 제외하고 마지막 프로그램의 출력과 거의 비슷합니다.

```
Downloading
http://fashion-mnist.s3-website.eu-central-1.amazonaws.com/train-images-idx 3-ubyte.gz to ./Data/fashion/FashionMNIST/raw/train-images-idx3-ubyte.gz 26427392it [00:06, 4212673.42it/s]
Extracting ./Data/fashion/FashionMNIST/raw/train-images-idx3-ubyte.gz to ./Data/fashion/FashionMNIST/raw
...
```

다음은 예상할 수 있는 출력 이미지의 예입니다.

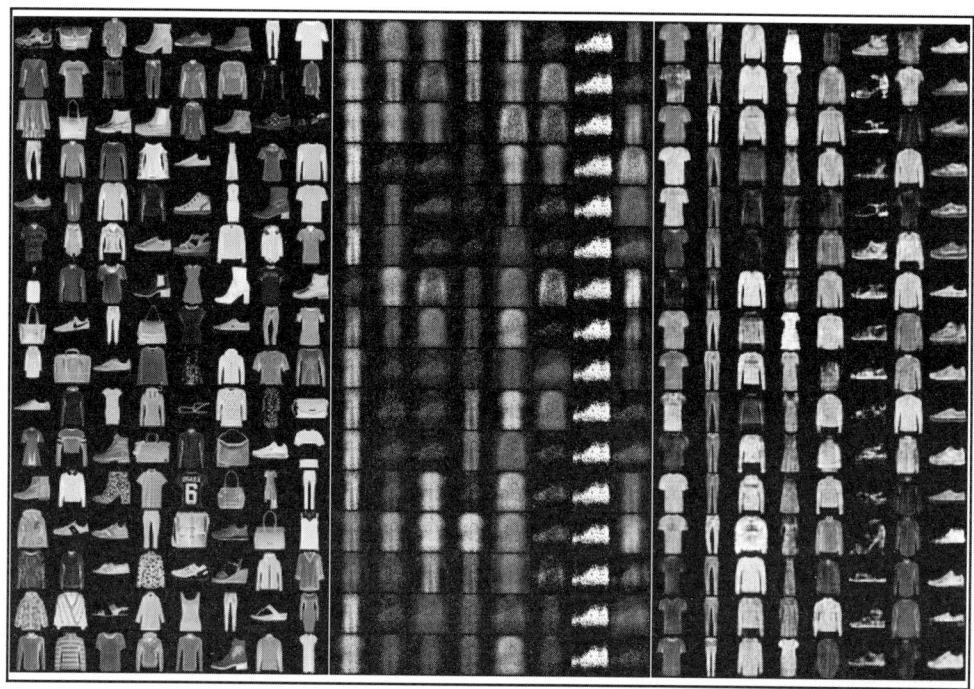

왼쪽은 실제 샘플 데이터이고, 중간은 세대 0의 결과이고, 오른쪽은 세대 199의 결과입니다. 완벽하지는 않지만 출력이 상당히 좋아지고 있음을 알 수 있습니다.

앞서 Torch 비전이 지원하는 다른 클래스를 살펴 보겠다고 말했습니다. 여기에 토론할 내용이 너무 많지만 https://pytorch.org/docs/stable/torchvision/datasets.html로 이동하면 지원되는 각 클래스와 API 매개변수 목록을 볼 수 있습니다. 코드에서 데이터 세트 행을 수정하고 프로그램에서 데이터 세트를 다운로드하도록 허용하는 경우를 제외하고는 대부분 코드와 함께 사용할 수 있습니다.

5.4
InfoGAN – 비지도 속성 추출

이전 섹션에서는 GAN에서 생성된 이미지 품질을 향상시키기 위해 데이터 레이블과 같은 보조 정보를 사용하는 방법을 배웠습니다. 그러나 사전에 정확한 학습 샘플 레이블을 준비하는 것이 항상 가능한 것은 아닙니다. 때로는 매우 복잡한 데이터의 레이블을 정확하게 설명하기가 어려운 경우도 있습니다. 이 섹션에서는 GAN 제품군 중 또다른 우수 모델인 InfoGAN을 소개합니다. 이 모델은 비지도 방식으로 학습 중에 데이터 속성을 추출할 수 있습니다. InfoGAN은 Xi Chen, Yan Duan, Rein Houthooft 등이 그들의 논문인 *InfoGAN : Interpretable Representation Learning by Information Maximizing Generative Adversarial Nets*에서 제안했습니다. 이 GAN은 실제 샘플 생성뿐만 아니라 샘플 생성에 필수적인 의미 자질도 배울 수 있음을 보여주었습니다.

CGAN과 마찬가지로 InfoGAN은 원래 데이터 분포를 조건부 분포(보조 정보를 조건으로)로 대체합니다. 주요 차이점은 InfoGAN은 레이블 및 속성 정보를 판별기 네트워크에 공급할 필요가 없다는 것입니다. 대신, 다른 분류기 Q를 사용하여 보조 기능 학습 방법을 측정합니다. InfoGAN의 목적 기능은 다음과 같습니다. 수식 끝에 다른 목표 $-\lambda L_I$가 추가되어 있음을 알 수 있습니다.

$$\min_{G,Q} \max_D V(D, G, Q) = \mathbb{E}_x[\log D(x)] + \mathbb{E}_{x^*}[\log(1 - D(x^*))] - \lambda L_I(G, Q)$$

$$L_I(G, Q) = \mathbb{E}_{\gamma \sim P(\gamma), x \sim G(z, \gamma)}[\log Q(\gamma|x)] + H(\gamma)$$

이 공식에서 $x^* = G(z, \gamma)$는 생성된 샘플이고 z는 잠재 벡터이며 γ는 보조 정보를 나타냅니다. $P(\gamma)$는 찾기 어려운 γ의 실제 분포를 설명합니다. 따라서 우리는 사후 분포 $Q(\gamma|x)$를 사용하여 $P(\gamma)$를 추정하며 이 과정은 신경망 분류기로 수행됩니다.

 위의 공식에서 $L_I(G, Q)$는 실제로 보조 벡터와 생성된 샘플 사이의 **상호 정보** $I(\gamma | G(z, \gamma))$의 근사치입니다. 상호 정보 $I(X; Y)$는 Y에 대한 지식을 바탕으로 랜덤 변수 X에 대해 얼마나 많은 정보를 알고 있는지를 설명합니다. 상호 정보는 $I(X; Y) = H(X) - H(X|Y)$으로 정의할 수 있습니다. 여기서 $H(X)$가 **엔트로피**이고, $H(X|Y)$는 **조건부 엔트로피**를 의미합니다. 또한 이것은 $D_{KL}(p(x, y) \| p(x)p(y))$(Kullback–Leibler divergence)로 설명할 수 있습니다. 이는 우리가 한계 분포를 사용하여 X와 Y의 결합 분포를 근사할 때 정보 손실을 설명합니다. 자세한 수학적 도출은 InfoGAN 원본을 참조하십시오. 지금은 L_I가 γ 기반 x^*의 생성이 원하는 대로 진행되는지 알려줍니다.

InfoGAN의 네트워크 정의

InfoGAN의 생성기 네트워크 구조는 다음과 같습니다. 원본 논문의 결과를 재현하기는 다소 까다롭습니다. 따라서 이 GitHub 리포지토리(https://github.com/eriklindernoren/PyTorch-GAN/blob/master/implementations/infogan/infogan)를 기반으로 모델 구조를 제시합니다.

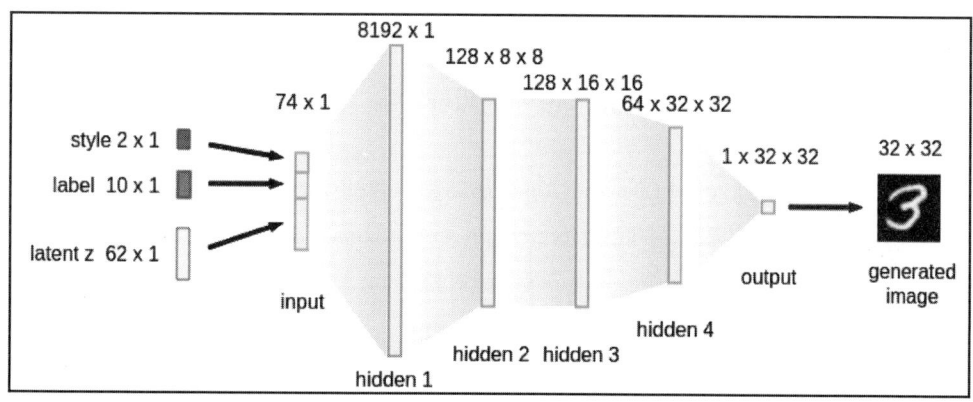

InfoGAN의 생성기 구조

InfoGAN의 생성기 네트워크는 4개의 은닉층으로 구성됩니다. 첫 번째 은닉층은 길이가 74(62 + 10 + 2)인 입력 벡터를 길이가 8,192(128 * 8 * 8)로 변환한 다음 치수가 128 * 8 * 8인 텐서로 직접 변환됩니다. 그런 다음 자질 맵은 점차 32 * 32 이미지로 업 스케일됩니다. 자질 맵의 스케일링은 torch.nn.functional.interpolate를 사용하여 수행됩니다. 업 샘플링을 위한 파생 모듈 클래스를 정의하여 다른 torch.nn 층으로 취급할 수 있습니다.

infogan.py라는 새 소스 파일을 만들고 cgan.py에서와 동일한 Python 모듈을 가져오고 다음과 같이 Upsample 클래스를 정의하겠습니다.

```python
class Upsample(nn.Module):
    def __init__(self, scale_factor):
        super(Upsample, self).__init__()
        self.scale_factor = scale_factor

    def forward(self, x):
        return F.interpolate(x, scale_factor=self.scale_factor,
                             mode='bilinear', align_corners=False)
```

이미지는 다른 선택에 비해 가장 적합하기 때문에 bilinear 방법을 사용하여 이미지를 업 스케일합니다. 이 클래스는 torch.nn.Module에서 파생되고 정방향 패스에서 계산을 수행하기 위해 torch의 함수만 사용하므로 사용자 정의 클래스는 학습에서 기울기 역전파를 수행하는 데 아무런 문제가 없습니다.

PyTorch 1.0에서 nn.Upsample을 호출하면 더 이상 사용되지 않는 경고가 표시되고 실제로는 torch.nn.functional.interpolate로 구현됩니다. 따라서 사용자 정의 Upsample 층은 nn.Upsample과 동일하지만 경고 메시지가 없습니다.

생성기 네트워크는 다음과 같이 정의됩니다.

```python
class Generator(nn.Module):
    def __init__(self, classes, channels, img_size, latent_dim, code_dim):
        super(Generator, self).__init__()
        self.classes = classes
        self.channels = channels
        self.img_size = img_size
        self.img_init_size = self.img_size // 4
        self.latent_dim = latent_dim
        self.code_dim = code_dim
        self.img_init_shape = (128, self.img_init_size, self.img_init_size)
        self.img_shape = (self.channels, self.img_size, self.img_size)
        self.stem_linear = nn.Sequential(
            nn.Linear(latent_dim + classes + code_dim,
                      int(np.prod(self.img_init_shape)))
        )
        self.model = nn.Sequential(
            nn.BatchNorm2d(128),
            *self._create_deconv_layer(128, 128, upsample=True),
            *self._create_deconv_layer(128, 64, upsample=True),
            *self._create_deconv_layer(64, self.channels, upsample=
                                       False, normalize=False), nn.Tanh()
        )

    def _create_deconv_layer(self, size_in, size_out, upsample=True,
                             normalize=True):
        layers = []
        if upsample:
            layers.append(Upsample(scale_factor=2))
        layers.append(nn.Conv2d(size_in, size_out, 3, stride=1, padding=1))
        if normalize:
            layers.append(nn.BatchNorm2d(size_out, 0.8))
        layers.append(nn.LeakyReLU(0.2, inplace=True))
        return layers
```

```
def forward(self, noise, labels, code):
    z = torch.cat((noise, labels, code), -1)
    z_vec = self.stem_linear(z)
    z_img = z_vec.view(z_vec.shape[0], *self.img_init_shape)
    x = self.model(z_img)
    return x
```

이 클래스에서는 createdeconv_layer 도우미 함수를 사용하여 합성곱 은닉층을 만듭니다. 사용자 정의 Upsamle 층을 사용하여 자질 맵의 크기를 늘리므로 마지막 장의 DCGAN에서와 같이 입력 크기가 nn.ConvTranspose2d가 아닌 nn.ConvTranspose2d와 동일한 nn.Conv2d만 사용하면 됩니다.

> InfoGAN 구성에서 nn.Conv2d와 결합된 torch.nn.functional.interpolate는 보폭을 사용하는 nn.ConvTranspose2d보다 우수합니다. 다른 구성을 사용해보고 더 나은 결과를 낼 수 있는지 확인하십시오.

InfoGAN의 판별기 네트워크 구조는 다음과 같습니다. 다시, 우리는 원래 논문과 다른 구조를 사용합니다.

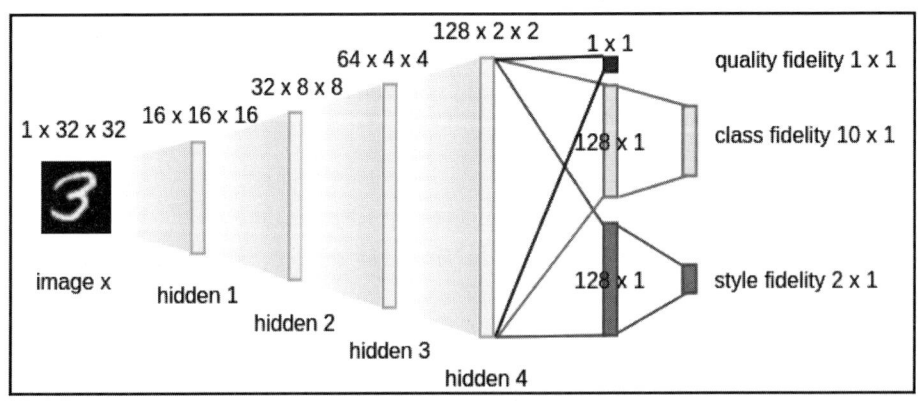

InfoGAN의 판별기 구조

판별기 네트워크는 4개의 은닉층으로 구성됩니다. 앞에서 설명한 것처럼 InfoGAN은 추가 분류기 네트워크를 사용하여 보조 벡터의 유효성을 측정합니다. 실제로, 이 추가 분류기는 가중치의 대부분(처음 4개의 은닉층)을 판별기와 공유합니다. 따라서 이미지의 품질 측정값은 1×1 텐서로 표시되며, 이는 4개의 은닉층 끝에 있는 선형층의 결과입니다. 클래스 충실도 및 스타일 충실도를 포함하는 보조 정보의 측정은 두 개의 서로 다른 선형 층 그룹에서 얻어지며, 여기서 128 * 2 * 2 자질 맵은 먼저 128-길이 벡터에 매핑된 다음 길이가 각각 10, 2인 출력 벡터에 매핑됩니다. 10과 2입니다.

PyTorch 코드에서 판별자의 정의는 다음과 같습니다.

```python
class Discriminator(nn.Module):
    def __init__(self, classes, channels, img_size, latent_dim, code_dim):
        super(Discriminator, self).__init__()
        self.classes = classes
        self.channels = channels
        self.img_size = img_size
        self.latent_dim = latent_dim
        self.code_dim = code_dim
        self.img_shape = (self.channels, self.img_size, self.img_size)
                    self.model = nn.Sequential(
            *self._create_conv_layer(self.channels, 16, True, False),
            *self._create_conv_layer(16, 32, True, True),
            *self._create_conv_layer(32, 64, True, True),
            *self._create_conv_layer(64, 128, True, True),
        )
        out_linear_dim = 128 * (self.img_size // 16) * (self.img_size // 16)
        self.adv_linear = nn.Linear(out_linear_dim, 1)
        self.class_linear = nn.Sequential( nn.Linear(out_linear_dim, 128),
            nn.BatchNorm1d(128),
            nn.LeakyReLU(0.2, inplace=True),
            nn.Linear(128, self.classes)
```

```
            )
        self.code_linear = nn.Sequential( nn.Linear(out_linear_dim, 128),
                nn.BatchNorm1d(128), nn.LeakyReLU(0.2, inplace=True),
                nn.Linear(128, self.code_dim)
                )
        self.adv_loss = torch.nn.MSELoss()
        self.class_loss = torch.nn.CrossEntropyLoss()
        self.style_loss = torch.nn.MSELoss()

    def _create_conv_layer(self, size_in, size_out, drop_out=True,
                        normalize=True):
        layers = [nn.Conv2d(size_in, size_out, 3, 2, 1)]
        if drop_out:
            layers.append(nn.LeakyReLU(0.2, inplace=True))
            layers.append(nn.Dropout(0.4))
        if normalize:
            layers.append(nn.BatchNorm2d(size_out, 0.8))
        return layers

    def forward(self, image):
        y_img = self.model(image)
        y_vec = y_img.view(y_img.shape[0], -1)
        y = self.adv_linear(y_vec)
        label = F.softmax(self.class_linear(y_vec), dim=1)
        code = self.code_linear(y_vec)
        return y, label, code
```

여기서 우리는 일반 GAN 모델에서와 같이 품질 충실도(self.advloss)를 다루고, 분류 문제(레이블 값이 하드 코드화되어 있기 때문에 종종 one-hot 코드로 표시됨)로 클래스 충실도(self.classloss)를 다루며, 기대 최대화 문제(스타일 벡터가 특정 랜덤 분포에 따르기를 원하기 때문에)로 스타일 충실도(self.style_loss)를 다룹니다. 따라서 교차 엔트로피(torch.nn.CrossEntropyLoss) 및 평균 제곱(torch.nn.MSELoss) 손실 함수가 사용됩니다.

 평균 제곱 오차가 기대 최대화에 사용되는 이유를 설명하고 싶습니다. 우리는 스타일 벡터가 평균이 0이고 표준 편차가 1인 정규 분포를 따르는 것으로 가정합니다. 엔트로피를 계산할 때 임의 변수 확률의 로그가 사용됩니다. 정규 분포 $\log((1/\sqrt{2\pi\sigma^2})\exp(-(x-\mu)^{2/2}\sigma^2))$의 **확률 밀도 함수(pdf: probability density function)**의 로그는 $-x^2/2 - \log\sqrt{2\pi}$로 추론됩니다. 따라서 평균 제곱 오차는 이러한 목적에 적합합니다.

InfoGAN 학습 및 평가

자질 추출 및 이미지 생성을 위해 클래스 및 스타일 벡터를 사용할 수 있도록 학습 API를 약간 조정해야 합니다.

먼저 build_gan.py 파일에 가져온 모듈 몇 개를 추가합니다.

```
import itertools

from infogan import Generator as infoganG
from infogan import Discriminator as infoganD
```

PyTorch가 제공하는 기본 가중치 초기화는 쉽게 만족 상태로 이어지므로 사용자 정의 가중치 초기화 프로그램이 필요합니다.

```
def _weights_init(m):
    classname = m.__class__.__name__
    if classname.find('Conv') != -1:
        torch.nn.init.normal_(m.weight.data, 0.0, 0.02)
```

```
elif classname.find('BatchNorm') != -1:
    torch.nn.init.normal_(m.weight.data, 1.0, 0.02)
    torch.nn.init.constant_(m.bias.data, 0.0)
```

Model 클래스의 정의에 다음 줄을 추가해 보겠습니다.

```
self.style_dim = 2
self.infogan = self.name == 'infogan'
self.optim_info = None
```

self.netG 및 self.nerD의 정의를 변경해야 합니다.

```
if self.name == 'cgan':
    self.netG = cganG(self.classes, self.channels, self.img_size,
            self.latent_dim)
elif self.name == 'infogan':
    self.netG = infoganG(self.classes, self.channels, self.img_size,
            self.latent_dim, self.style_dim)
    self.netG.apply(_weights_init)
self.netG.to(self.device)
if self.name == 'cgan':
    self.netD = cganD(self.classes, self.channels, self.img_size,
            self.latent_dim)
elif self.name == 'infogan':
    self.netD = infoganD(self.classes, self.channels, self.img_size,
            self.latent_dim, self.style_dim)
    self.netD.apply(_weights_init)
self.netD.to(self.device)
```

그런 다음 create_optim 메소드의 끝에 상호 정보를 위한 최적화 프로그램을 추가합니다.

```
if self.infogan:
    self.optim_info = torch.optim.Adam(itertools.chain(self.netG.
                    parameters(), self.netD.parameters()), lr=lr,
                    betas=(alpha, beta))
```

다음으로, 우리는 먼저 생성기와 판별기 네트워크를 학습시키고 보조 정보를 기반으로 두 네트워크를 다시 업데이트하는 학습 방법을 조정해야 합니다. 여기서는 모든 self.infogan 문을 생략하고 InfoGAN에 대한 학습 절차만 보여줍니다. 이 장의 코드 저장소에서 전체 소스 코드를 참조할 수 있습니다.

결과 시각화를 위해 고정 잠재 벡터를 초기화하십시오.

```
viz_noise = torch.randn(self.data_loader.batch_size, self.latent_dim,
        device=self.device)
nrows = self.data_loader.batch_size // 8
viz_label = torch.LongTensor(np.array([num for _ in range(nrows) for
        num in range(8)])).to(self.device)
viz_onehot = self._to_onehot(viz_label, dim=self.classes)
viz_style = torch.zeros((self.data_loader.batch_size, self.style_dim),
        device=self.device)
```

self.toonehot 메소드는 레이블 값을 one-hot coding으로 변환합니다.

```
def _to_onehot(self, var, dim):
    res = torch.zeros((var.shape[0], dim), device=self.device)
    res[range(var.shape[0]), var] = 1.
    return res
```

InfoGAN에 대한 학습 반복에는 다음이 포함됩니다.

- 가짜 데이터로 생성기를 학습시키고 판별기가 그것들을 실제 데이터로 보게

합니다.
- 실제 데이터와 가짜 데이터를 모두 사용하여 판별기를 학습시켜 구별하는 능력을 향상시킵니다.
- 생성기가 주어진 보조 정보를 기반으로 양질의 샘플을 생성할 수 있도록 생성기와 판별기를 모두 학습시키고, 판별기는 생성된 샘플이 주어진 보조 정보의 분포를 따르는지 여부를 알 수 있습니다.

```python
for epoch in range(epochs):
    for batch_idx, (data, target) in enumerate(self.data_loader):
        data, target = data.to(self.device), target.to(self.device)
        batch_size = data.size(0)
        real_label = torch.full((batch_size, 1), 1.,
                    device=self.device)
        fake_label = torch.full((batch_size, 1), 0.,
                    device=self.device)

        # Train G
        self.netG.zero_grad()
        z_noise = torch.randn(batch_size, self.latent_dim,
                device=self.device)
        x_fake_labels = torch.randint(0, self.classes,
                        (batch_size,), device=self.device)
        labels_onehot = self._to_onehot(x_fake_labels,
                        dim=self.classes)
        z_style = torch.zeros((batch_size, self.style_dim),
                device=self.device).normal_()
        x_fake = self.netG(z_noise, labels_onehot, z_style)
        y_fake_g, _, _ = self.netD(x_fake)
        g_loss = self.netD.adv_loss(y_fake_g, real_label)
        g_loss.backward()
        self.optim_G.step()
```

```python
# Train D
self.netD.zero_grad()
y_real, _, _ = self.netD(data)
d_real_loss = self.netD.adv_loss(y_real, real_label)
y_fake_d, _, _ = self.netD(x_fake.detach())
d_fake_loss = self.netD.adv_loss(y_fake_d, fake_label)
d_loss = (d_real_loss + d_fake_loss) / 2
d_loss.backward()
self.optim_D.step()

# Update mutual information
self.optim_info.zero_grad()
z_noise.normal_()
x_fake_labels = torch.randint(0, self.classes,
            (batch_size,), device=self.device)
labels_onehot = self._to_onehot(x_fake_labels,
            dim=self.classes)
z_style.normal_()
x_fake = self.netG(z_noise, labels_onehot, z_style) _,
    label_fake, style_fake = self.netD(x_fake)
info_loss = self.netD.class_loss(label_fake,
        x_fake_labels) +\
    self.netD.style_loss(style_fake, z_style)
info_loss.backward()
self.optim_info.step()
```

main.py 파일에서 아무것도 변경할 필요가 없으며 터미널에서 다음 스크립트를 실행하면 됩니다.

```
(torch)$ python main.py --model infogan --latent_dim 62 --img_size 32 --
batch_size 64 --data_dir DATA_DIRECTORY
```

GTX 1080Ti 그래픽 카드에서 200 세대의 학습을 마치고 약 833 MB GPU 메모리를 소비하는 데 약 2시간이 걸립니다. 학습 중 생성된 결과는 다음과 같습니다.

CGAN에 의해 MNIST에서 생성된 이미지(왼쪽 : 첫 번째 세대; 중간 : 25번째 세대; 오른쪽 : 200번째 세대)

학습이 완료되면 다음 스크립트를 실행하여 모델 평가를 수행하십시오.

```
(torch)$ python main.py --model infogan --latent_dim 62 --img_size 32 --batch_size 64 --train False
```

mode = 0 또는 mode = 1인 model.eval()을 호출하면 다음과 같이 스타일 벡터의 두 값이 담당하는 항목을 알려줍니다.

첫 번째 스타일 비트(mode = 0)는 숫자 각도를 제어하고, 두 번째 스타일 비트(mode = 1)는 획의 너비를 제어합니다.

스타일 벡터 값 중 하나는 자릿수를 담당하고 다른 하나는 원본 InfoGAN 논문이 언급하는 것처럼 획의 너비를 담당합니다. 이 기술이 복잡한 데이터 세트와 정교한 학습 구성에서 무엇을 할 수 있는지 상상해보십시오.

CGAN 및 이와 유사한 기능으로 더 많은 것을 할 수 있습니다. 예를 들어 레이블은 이미지보다 많을 수 있습니다. 이미지의 개별 픽셀은 확실히 자체 레이블을 가질 수 있습니다. 다음 장에서는 GAN이 픽셀 단위 레이블에서 어떻게 수행되는지 살펴보고 손으로 쓴 숫자와 사람의 얼굴 이상의 흥미로운 작업을 수행할 수 있습니다.

5.5
참고 문헌 및 유용한 독서 목록

1. Mirza M and Osindero S. (2014). *Conditional Generative Adversarial Nets*. arXiv preprint arXiv:1411.1784.

2. Hui J. (Jun 3, 2018). GAN — *CGAN & InfoGAN (using labels to improve GAN)*. Retrieved from https://medium.com/@jonathan_hui/gan-cgan-infogan-using-labels-to-improve-gan-8ba4de5f9c3d.

3. Zhang Z and Song Y and Qi H. (2017). *Age Progression/Regression by Conditional Adversarial Autoencoder*. CVPR.

4. Chen X, Duan Y, Houthooft R. (2016). *InfoGAN: Interpretable Representation Learning by Information Maximizing Generative Adversarial Nets*. arXiv preprint arXiv:1606.03657.

5.6 요약

이 장에서는 MNIST 및 Fashion-MNIST와 함께 작동하는 **CGAN(Conditional Generative Adversarial Networks)**을 살펴봤으며 MNIST와 함께 작동하는 InfoGAN 모델 사용에 대해 배웠습니다.

다음 장에서 우리는 이미지에서 이미지로의 변환에 대해 배울 것입니다. 저는 여러분이 오늘날 세상에서 흥미롭고 매우 의미있는 것을 발견할 수 있을 것이라고 생각합니다.

CHAPTER 6

이미지에서 이미지로의 변환 및 응용 프로그램

이 장에서는 레이블 기반 이미지 생성을 진행합니다. 픽셀 단위 레이블을 사용하여 이미지를 이미지로 변환하고 이미지 스타일을 전송합니다.

픽셀 별 레이블 정보를 사용하여 pix2pix로 이미지를 이미지로 변환하고 pix2pixHD로 고해상도 이미지를 변환하는 방법을 배우게 됩니다. 다음으로, CycleGAN을 사용하여 짝을 이루지 않는 이미지 모음 간에 스타일 전송을 수행하는 방법을 배웁니다.

이 장의 끝까지, 이전 장의 지식과 결합하여, 이미지 및 픽셀 단위 레이블 정보를 사용하여 생성된 이미지의 품질을 향상시키거나 속성을 조작하는 핵심 방법을 파악할 것입니다. 또한 더 큰 이미지를 생성하거나 서로 다른 스타일의 이미지 간에 텍스처를 전송하는 것을 포함하여 목표를 달성하기 위해 모델 구조를 유연하게 디자인하는 방법도 알게 될 것입니다.

이 장에서 다룰 내용은 다음과 같습니다.

- 픽셀 단위 레이블을 사용하여 pix2pix로 이미지 변환

- Pix2pixHD – 고해상도 이미지 변환
- CycleGAN – 짝을 이루지 않는 모음에서 이미지 간 변환

6.1
픽셀 단위 레이블을 사용하여 pix2pix로 이미지 변환

이전 장에서는 레이블 및 속성과 같은 보조 정보를 사용하여 GAN에서 생성된 이미지의 품질을 향상시키는 방법을 배웠습니다. 이전 장에서 사용한 레이블은 이미지별로 사용되었으므로 각 이미지에는 하나 또는 여러 개의 레이블만 있습니다. 레이블을 픽셀 단위 레이블이라고 하는 특정 픽셀에 할당할 수 있습니다. 픽셀 단위 레이블은 딥러닝 영역에서 점점 더 중요한 역할을 하고 있습니다. 예를 들어, 가장 유명한 온라인 이미지 분류 콘테스트 중 하나인 ImageNet Large Scale Visual Recognition Challenge (ILSVRC, http://www.image-net.org/challenges/LSVRC)는 2017년 마지막 이벤트 이후 호스팅이 중단된 반면 COCO(http://cocodataset.org)와 같은 객체 감지 및 세분화 문제는 더 많은 관심을 받고 있습니다.

픽셀 단위 레이블링의 상징적인 적용은 의미론적 분할입니다. **의미 세분화**(또는 이미지 / 오브젝트 세분화)는 이미지의 모든 픽셀이 하나의 오브젝트에 속해야 하는 작업입니다. 의미 세분화의 가장 유망한 응용은 자율주행 차입니다. 자율주행 차에 장착된 카메라로 캡처한 모든 픽셀이 올바르게 분류되면 이미지의 모든 오브젝트가 쉽게 인식되어 차량이 현재 환경을 올바르게 분석하고 예를 들어 다른 차량과 보행자를 피하기 위해 방향을 늦추어야 하는지 여부에 대한 올바른 결정을 내릴 수 있습니다. 의미 세분화에 대한 자세한 내용은 https://devblogs.nvidia.com/image-segmentation-using-digits--5 링크를 참조하십시오.

원본 컬러 이미지를 분할 맵으로 변환하는 것(다음 다이어그램 참조)은 이미지 간 변환 문제로 간주될 수 있으며, 이는 훨씬 더 큰 분야이며 스타일 전송, 이미지 채색 등을 포함합니다. **이미지 스타일 전송**은 사진을 Vincent van Gogh 그림과 결합하여 독특한 예술적 초상화를 만드는 것과 같이 상징적인 질감과 색상을 한 이미지에서 다른 이미지로 옮기는 것입니다. **이미지 채색**은 모델에 1채널 회색조 이미지를 공급하고 각 픽셀의 색상 정보를 예측하여 3채널 컬러 이미지로 만드는 작업입니다.

GAN은 이미지 간 변환에도 사용할 수 있습니다. 이 섹션에서는 고전적인 이미지 간 변환 모델인 pix2pix를 사용하여 한 도메인에서 다른 도메인으로 이미지를 변환합니다. Pix2pix는 Phillip Isola, Jun-Yan Zhu 및 Tinghui Zhou 등 그들의 논문인 *Image-to-Image Translation with Conditional Adversarial Networks*에서 제안했습니다. Pix2pix는 위성으로 촬영한 항공 사진을 일반지도로, 스케치 이미지를 컬러 이미지로 또는 그 반대로 변환하는 것과 같이 쌍을 이루는 이미지 모음 간의 연결을 학습하도록 설계되었습니다.

이 논문의 저자는 PyTorch 1.3에서 완벽하게 실행되는 작업에 대한 전체 소스 코드를 친절하게 제공했습니다. 소스 코드도 잘 구성되어 있습니다. 따라서 pix2pix 모델을 학습 및 평가하고 모델을 다른 방식으로 구성하는 방법을 배우기 위해 코드를 직접 사용합니다.

먼저 터미널을 열고 다음 명령을 사용하여이 섹션의 코드를 다운로드하십시오. 이 장의 코드 저장소에 있는 `pix2pix` 디렉토리에서도 사용할 수 있습니다.

```
$ git clone https://github.com/junyanz/pytorch-CycleGAN-and-pix2pix.git
```

그런 다음 학습 과정에서 결과를 시각화할 수 있도록 전제 조건을 설치하십시오.

```
$ pip install dominate visdom
```

생성기 구조

pix2pix의 생성기 네트워크 구조는 다음과 같습니다.

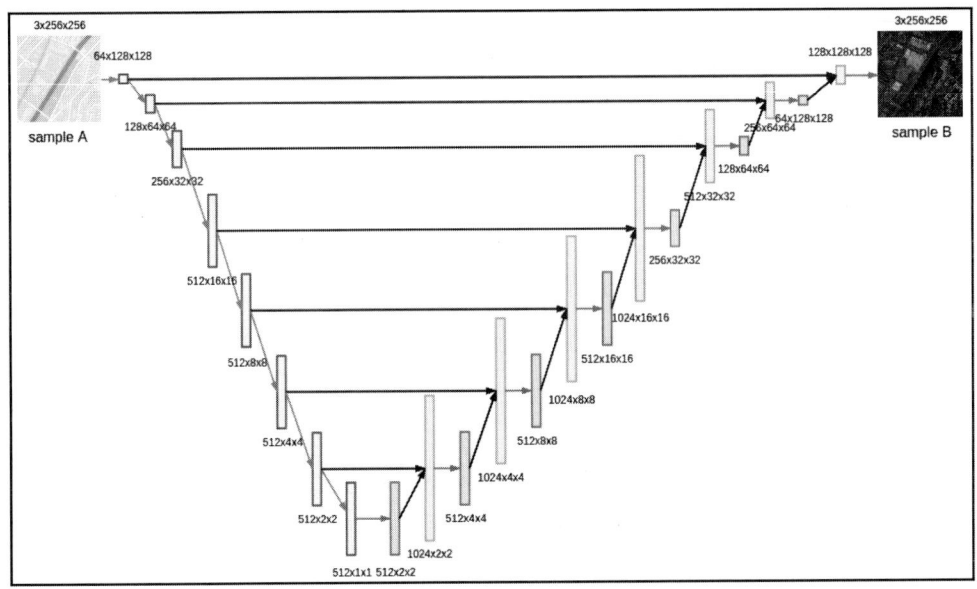

pix2pix의 생성기 구조

여기서는 입력 및 출력 데이터가 모두 3채널 256×256 이미지라고 가정합니다. pix2pix의 생성기 구조를 설명하기 위해 자질 맵은 컬러 블록으로 표시되고 합성곱 작업은 회색 및 파란색 화살표로 표시됩니다. 회색 화살표는 자질 맵 크기를 줄이기 위한 합성곱 층이고 파란색 화살표는 자질 맵 크기를 두 배로 늘립니다. 아이디 매핑(건너뛰기 연결 포함)은 검은색 화살표로 표시됩니다.

이 네트워크의 첫 번째 절반 층은 입력 이미지를 점차 1×1 자질 맵(더 넓은 채널)으로 변환하고 마지막 절반 층은 이 매우 작은 자질 맵을 입력 이미지와 동일한 크기의 출력 이미지로 변환합니다. 입력 데이터를 훨씬 낮은 차원으로 압축하고 다시 원래 차원으로 변경합니다. 따라서 이 U자형 네트워크 구조는 종종 U-Net으로 알려져 있습니다. U-Net에는 미러링된 층을 연결하는 많은 건너뛰기 연결이 있어 정보(순방향 패스의 이전 층에서 오는 세부 정보 및 역방향 패스의 후자의 층에서 오는 기울기 포함)가 네트워크를 통과하는 데 도움이 됩니다. 이 건너뛰기 연결이 없으면 네트워크는 인코더 디코더 모델이라고도 하며 인코더 끝에 디코더를 쌓는 것을 의미합니다.

pix2pix 모델은 models.pix2pixmodel.Pix2PixModel 클래스에 정의되어 있으며 models.basemodel.BaseModel로 알려진 **추상 기본 클래스**(ABC: abstract base class)에서 파생됩니다.

Python의 **추상 기본 클래스**는 선언되고 구현되지 않은 **추상 메소드**를 하나 이상 포함하는 클래스입니다. 인스턴스화할 수 없습니다. 모든 추상 메소드에 대한 구현을 제공한 후에만 서브 클래스로 오브젝트를 작성할 수 있습니다.

생성기 네트워크 netG는 models.networks.defineG 메소드로 작성됩니다. 기본적으로 'unet256'을 netG 인수 값으로 사용합니다(그 변수는 models/pix2pixmodel.py의 32행에서 지정되어 있고 options/baseoptions.py의 34행에 있는 "resnet_9blocks"을 재정의합니다. 따라서 models.networks.UnetGenerator를 사용하여 U-Net을 만듭니다. 재귀 방식으로 U-Net을 만드는 방법을 보여주기 위해 다음 코드와 같이 인수를 실제 값으로 바꿉니다.

```
import torch.nn as nn
class UnetGenerator(nn.Module):
    def __init__(self):
        super(UnetGenerator, self).__init__()
        unet_block = UnetSkipConnectionBlock(64 * 8, 64 * 8, submodule=
                    None, innermost=True)
        for i in range(8 - 5):
```

```
            unet_block = UnetSkipConnectionBlock(64 * 8, 64 * 8,
                    submodule=unet_block, use_dropout=True)
        unet_block = UnetSkipConnectionBlock(64 * 4, 64 * 8, submodule=
                unet_block)
        unet_block = UnetSkipConnectionBlock(64 * 2, 64 * 4, submodule=
                unet_block)
        unet_block = UnetSkipConnectionBlock(64, 64 * 2, submodule=
                unet_block)
        self.model = UnetSkipConnectionBlock(3, 64, input_nc=3,
                submodule=unet_block, outermost=True)

    def forward(self, input):
        return self.model(input)
```

위 코드 스니펫의 다섯 번째 줄에는 가장 안쪽 블록이 정의되어 U-Net의 중간에 층을 만듭니다. 가장 안쪽 블록은 다음과 같이 정의됩니다. 다음 코드는 서로 다른 블록이 어떻게 설계되는지를 보여주기 위해 의사 코드로 취급되어야 합니다.

```
class UnetSkipConnectionBlock(nn.Module):
    # Innermost block */
    def __init__(self):
        down = [nn.LeakyReLU(0.2, inplace=True), nn.Conv2d(64 * 8, 64 * 8,
                kernel_size=4, stride=2, padding=1, bias=False)]
        up = [nn.ReLU(inplace=True), nn.ConvTranspose2d(64 * 8, 64 * 8,
                kernel_size=4, stride=2,padding=1, bias=False),
                nn.BatchNorm2d(64 * 8)]
        model = down + up
        self.model = nn.Sequential(*model)

    def forward(self, x):
        return torch.cat([x, self.model(x)], 1)
```

down의 nn.Conv2d 층은 2×2 입력 자질 맵을 1×1 것들로 변환하고(kernel_size = 4 및 padding = 1이기 때문에) nn.ConvTranspose2d 층은 2×2 크기로 다시 변환합니다.

nn.Conv2d 및 nn.ConvTranspose2d의 출력 크기 계산 공식을 기억하십니까? 합성곱의 출력 크기는 size_out = 1 + (size_in + 2 * padding − dilation * (kernel_size − 1))/stride인 반면, 전치된 합성곱의 출력 크기는 size_out = (size_in − 1) * stride − 2 * padding + kernel_size + out_padding입니다.

순방향 패스에서는 깊이 채널을 따라 출력을 건너뛰기 연결(즉, 입력 자체)과 연결하여 채널 수를 두 배로 늘립니다(이전 다이어그램의 첫 1,024 채널 자질 맵으로 이어짐).

복잡한 네트워크를 설계할 때 연결(concatenation)에 더 많은 정보가 저장되므로 두 분기의 자질 맵 연결이 합보다 낫다는 것이 관찰되었습니다. 물론 이 연결에는 약간의 메모리가 더 필요합니다.

그런 다음 나머지 층은 다음과 같이 재귀적으로 빌드됩니다.

```python
class UnetSkipConnectionBlock(nn.Module):
    # Other blocks */
    def __init__(self, out_channels, in_channels, submodule, use_dropout):
        down = [nn.LeakyReLU(0.2, inplace=True), nn.Conv2d
            (out_channels, in_channels, kernel_size=4, stride=2,
                padding=1, bias=False), nn.BatchNorm2d(in_channels)]
        up = [nn.ReLU(inplace=True), nn.ConvTranspose2d(in_channels *
            2, out_channels, kernel_size=4, stride=2, padding=1,
                bias=False), nn.BatchNorm2d(out_channels)]
        if use_dropout:
            model = down + [submodule] + up + [nn.Dropout(0.5)]
```

```
        else:
            model = down + [submodule] + up
        self.model = nn.Sequential(*model)

    def forward(self, x):
        return torch.cat([x, self.model(x)], 1)
```

models.networks.UnetGenerator에서 unet_block 객체는 텐서 구현을 위한 컴팩트한 디자인으로 인해 새로운 unet_block에 submodule로 재귀적으로 전달되지만 실제 모듈은 메모리에 올바르게 작성되고 저장됩니다.

마지막으로 첫 번째 층과 마지막 층(가장 바깥쪽 블록에서 볼 수 있음)은 다음과 같이 정의됩니다.

```
class UnetSkipConnectionBlock(nn.Module):
    # Outermost block */
    def __init__(self):
        down = [nn.Conv2d(3, 64, kernel_size=4, stride=2, padding=1,
                bias=False)]
        up = [nn.ReLU(inplace=True), nn.ConvTranspose2d(64 * 2, 3,
              kernel_size=4, stride=2, padding=1), nn.Tanh()]
        model = down + [submodule] + up
        self.model = nn.Sequential(*model)

    def forward(self, x):
        return self.model(x)
```

생성기 네트워크의 모든 합성곱 커널은 평균이 0이고, 표준 편차가 0.02인 정규 분포를 기반으로 초기화됩니다. 모든 배치 정규화 층의 스케일 팩터는 평균 1과 표준 편차 0.02의 정규 분포를 기반으로 초기화됩니다.

판별기 구조

pix2pix의 판별기 네트워크의 구조는 다음과 같습니다 :

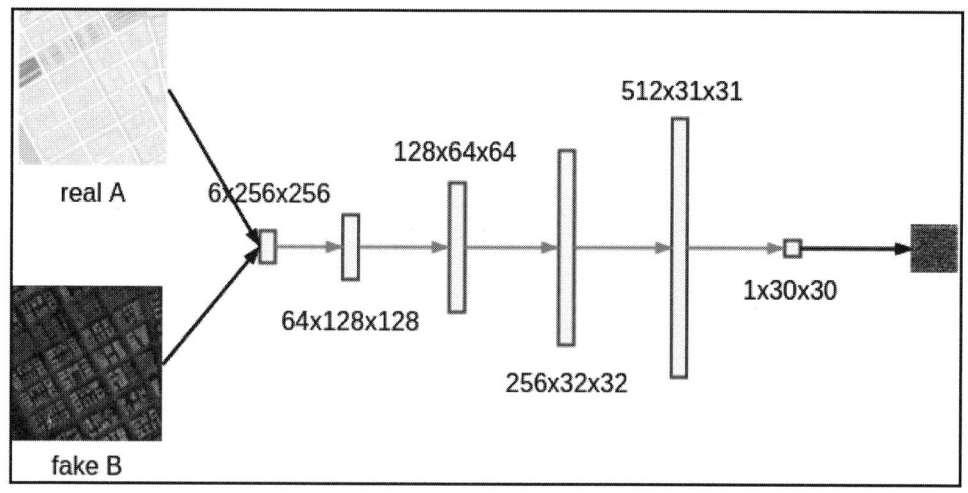

pix2pix의 판별기 구조

한 쌍의 샘플(각 모음에서 하나씩)이 깊이 채널을 따라 연결되며, 이 6채널 이미지는 판별기 네트워크의 실제 입력으로 처리됩니다. 판별기 네트워크는 6채널 256×256 이미지를 1채널 30×30 이미지에 매핑하여 판별기 손실을 계산하는 데 사용됩니다.

판별기 네트워크 netD는 models.networks.defineG 메소드로 작성됩니다. 기본적으로 "기본"은 netD의 인수 값으로 사용되며 options/baseoptions.py의 33행에 정의되어 있습니다. n_layer = 3인 models.networks.NLayerDiscriminator 모듈은 판별기 네트워크로 사용할 수 있도록 초기화됩니다. 다시, 우리는 쉽게 읽을 수 있도록 코드를 단순화했습니다. models/networks.py 파일에서 전체 코드를 참조할 수 있습니다.

```
class NLayerDiscriminator(nn.Module):
    def __init__(self, n_layers=3):
        super(NLayerDiscriminator, self).__init__()
        sequence = [nn.Conv2d(3 + 3, 64, kernel_size=4, stride=2,
                    padding=1), nn.LeakyReLU(0.2, True)]
        channel_scale = 1
        channel_scale_prev = 1
        for n in range(1, n_layers):
            channel_scale_prev = channel_scale
            channel_scale = 2**n
            sequence += [nn.Conv2d(64 * channel_scale_prev, 64 *
                        channel_scale, kernel_size=4, stride=2,
                        padding=1, bias=False), nn.BatchNorm2d(64 *
                        channel_scale), nn.LeakyReLU(0.2, True) ]
        channel_scale_prev = channel_scale
        sequence += [nn.Conv2d(64 * channel_scale_prev, 64 * 8,
                    kernel_size=4, stride=1, padding=1, bias=False),
                    nn.BatchNorm2d(64 * 8), nn.LeakyReLU(0.2, True) ]
        sequence += [nn.Conv2d(64 * 8, 1, kernel_size=4, stride=1,
                    padding=1)]
        self.model = nn.Sequential(*sequence)

    def forward(self, input):
        return self.model(input)
```

여기서는 짧은 소스 스니펫을 제공하여 다음과 같이 모델이 작성되는 경우 모든 자질 맵의 크기를 인쇄할 수 있습니다.

```
class SomeModel(nn.Module):
    def __init__(self):
        super(SomeModel, self).__init__()
        sequence = [layer1, layer2, ...]
```

```
        self.model = nn.Sequential(*sequence)

    def forward(self, input):
        return self.model(input)
```

`return self.model(input)`을 다음 코드로 바꾸어 모든 층(정규화 및 활성화 함수 층 포함)의 자질 맵 크기를 확인할 수 있습니다.

```
def forward(self, input):
    x = input
    for i in range(len(self.model)):
        print(x.shape)
        x = self.model[i](x)
    print(x.shape)
    return x
```

또는 이 책의 마지막 장에서 소개할 TensorBoard 또는 기타 도구를 항상 사용할 수 있으므로 모델의 구조를 쉽게 검사할 수 있습니다.

판별기 네트워크는 손실을 나타내는 30×30 자질 맵을 작성합니다. 이러한 종류의 구조를 PatchGAN이라고 합니다. 즉, 원본 이미지의 모든 작은 이미지 패치가 최종 손실 맵의 픽셀에 매핑됩니다. PatchGAN의 가장 큰 장점은 레이블이 손실 맵과 동일한 크기가 되도록 레이블이 변환되는 한 입력 이미지의 임의 크기를 처리할 수 있다는 것입니다. 또한 전역 속성이 아닌 로컬 패치의 품질에 따라 입력 이미지의 품질을 평가합니다. 여기에서는 이미지 패치(즉, 70)의 크기를 계산하는 방법을 보여줍니다.

먼저 커널 크기가 k이고 보폭이 s인 단일 합성곱 층을 생각해 봅시다. 출력 자질 맵의 각 픽셀에 대한 값은 입력 이미지의 작은 픽셀 패치에 의해 결정되며 크기는 합성곱 커널과 동일합니다.

합성곱 층이 두 개 이상인 경우 입력 패치의 크기는 다음 공식으로 계산됩니다.

$$\text{input\_patch\_size} = k + s \cdot (\text{output\_patch\_size} - 1)$$

따라서 판별기 네트워크의 각 층에서 출력 자질 맵에서 단일 픽셀에 대응하는 입력 패치의 크기가 얻어질 수 있습니다 :

- 5번째 층(k = 4, s = 1) : 입력 패치 크기는 4(커널 크기)
- 4번째 층(k = 4, s = 1) : 입력 패치 크기는 4 + 1 * (4-1) = 7입니다.
- 3번째 층(k = 4, s = 2) : 입력 패치 크기는 4 + 2 * (7-1) = 16입니다.
- 두 번째 층(k = 4, s = 2) : 입력 패치 크기는 4 + 2 * (16-1) = 34입니다.
- 첫 번째 층(k = 4, s = 2) : 입력 패치 크기는 4 + 2 * (34-1) = 70입니다.

이는 이러한 70×70 겹치는 이미지 패치가 합성곱 층에 의해 30×30 손실 맵에서 개별 픽셀로 변환됨을 의미합니다. 이 70×70 이미지 패치 이외의 모든 픽셀은 손실 맵의 해당 픽셀에 영향을 미치지 않습니다.

pix2pix의 학습 및 평가

pix2pix의 학습은 이전 장에서 소개한 조건부 GAN과 매우 유사합니다. 판별기 네트워크를 학습할 때 실제 데이터와 레이블 쌍을 1로 맵핑해야 하는 반면, 생성된 데이터와 (가짜 데이터가 생성된) 레이블 쌍을 0으로 맵핑해야 합니다. 생성기 네트워크를 학습할 때 기울기는 생성기 네트워크의 매개변수가 업데이트될 때 판별기 및 생성기 네트워크 모두를 통과합니다. 이 생성된 데이터와 레이블은 판별기 네트워크에 의해 1에 맵핑되어야 합니다. 주요 차이점은 레이블이 CGAN에서 이미지 방식이고 pix2pix에서 픽셀 단위라는 점입니다. 이 공정은 다음 다이어그램에 설명되어 있습니다.

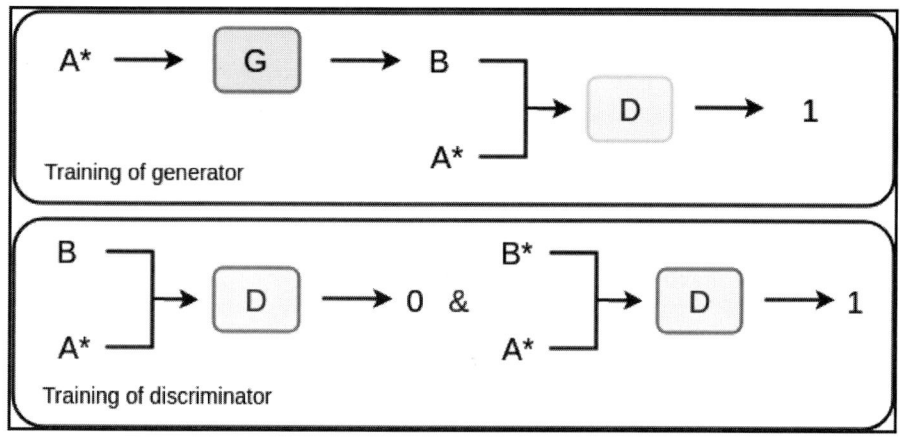

이미지와 픽셀로 레이블이 지정된 GAN의 기본 학습 과정. A* 및 B*는 실제 샘플을 나타냅니다. 빨간색 상자의 네트워크는 실제로 업데이트됩니다.

pix2pix를 학습할 때, 생성된 샘플이 가능한 실제 샘플과 유사하도록 생성기 네트워크를 학습할 때 다음과 같은 용어가 손실 함수에 추가됩니다.

$$V_{pix2pix} = \min_G \max_D V(D, G) + \lambda \mathcal{L}_{L1}(G)$$

여기서 $\mathcal{L}_{L1}(G)$은 생성된 샘플과 짝으로 된 모음의 실제 샘플 간의 $L1$-손실을 나타냅니다. $L1$-손실의 목적은 이미지의 저주파 정보를 보존하여 이미지 품질을 향상시키는 것입니다.

$L1$-norm 또는 $L2$-norm만 사용하면 흐릿하거나 고르지 않은 이미지가 생성됩니다. 이에 대한 간단한 설명을 다음에서 찾을 수 있습니다: `https://wisewise.github.io/techblog/2017/02/09/why-l2-blurry`. 복원된 이미지의 기울기가 선명도를 제어하는 전통적인 이미지 복원 방법에서 정규화 용어로 사용하는 것도 일반적입니다. 이미지 처리 분야에서 $L1$-손실 및 $L2$-손실의 역할에 관심이 있으시면 Tony F. Chan과 C.K Wong이 1998년에 작성한 유명한 논문인 *Total variation blind deconvolution*을 확인하십시오.

이제 pix2pix의 학습 과정을 다음과 같이 정의할 수 있습니다(의사 코드).

```python
class Pix2PixModel(BaseModel):
    def __init__(self):
        BaseModel.__init__(self)
        self.netG = networks.define_G()
        self.netD = networks.define_D()

        self.criterionGAN = torch.nn.BCEWithLogitsLoss()
        self.criterionL1 = torch.nn.L1Loss()
        self.optimizer_G = torch.optim.Adam(self.netG.parameters(),
                            lr=0.0002, betas=(0.5, 0.999))
        self.optimizer_D = torch.optim.Adam(self.netD.parameters(),
                            lr=0.0002, betas=(0.5, 0.999))
        self.optimizers.append(self.optimizer_G)
        self.optimizers.append(self.optimizer_D)

    def forward(self):
        self.fake_B = self.netG(self.real_A)

    def backward_D(self):
        fake_AB = torch.cat((self.real_A, self.fake_B), 1)
        pred_fake = self.netD(fake_AB.detach())
        self.loss_D_fake = self.criterionGAN(pred_fake, False)

        real_AB = torch.cat((self.real_A, self.real_B), 1)
        pred_real = self.netD(real_AB)
        self.loss_D_real = self.criterionGAN(pred_real, True)

        self.loss_D = (self.loss_D_fake + self.loss_D_real) * 0.5
        self.loss_D.backward()
```

```python
def backward_G(self):
    fake_AB = torch.cat((self.real_A, self.fake_B), 1)
    pred_fake = self.netD(fake_AB)
    self.loss_G_GAN = self.criterionGAN(pred_fake, True)
    self.loss_G_L1 = self.criterionL1(self.fake_B, self.real_B)

    self.loss_G = self.loss_G_GAN + self.loss_G_L1 * 100.0
    self.loss_G.backward()

def optimize_parameters(self):
    self.forward()
    # update D
    self.set_requires_grad(self.netD, True)
    self.optimizer_D.zero_grad()
    self.backward_D()
    self.optimizer_D.step()
    # update G
    self.set_requires_grad(self.netD, False)
    self.optimizer_G.zero_grad()
    self.backward_G()
    self.optimizer_G.step()
```

Pix2PixModel 클래스는 이전 장의 build_gan.py에 있는 Model 클래스와 비슷한 용도로 사용되며 생성기 및 판별기 네트워크를 작성하고 최적화 프로그램을 정의하며 네트워크의 학습 과정을 제어합니다.

이제 이미지를 다운로드하고 pix2pix 모델을 훈련시켜 이미지에서 이미지로 변환해 봅시다.

datasets/downloadpix2pixdataset.sh 스크립트를 실행하여 다음과 같이 데이터 세트 파일을 다운로드하십시오.

```
$ ./datasets/download_pix2pix_dataset.sh maps
```

또는 http://efrosgans.eecs.berkeley.edu/pix2pix/datasets/로 이동하여 수동으로 데이터 세트 파일을 다운로드하여 원하는 위치(예 : /media/john/HouseOfData/image_transfer/maps와 같은 외부 하드 드라이브)로 추출할 수 있습니다. 맵 데이터 세트 파일의 크기는 약 239 MB이며 학습, 검증 및 평가 세트 모음에 1,000개가 넘는 이미지가 포함되어 있습니다.

 지도 데이터 세트의 모음 A에는 위성 사진이 포함되어 있고 모음 B에는 지도 이미지가 포함되어 있으며 이는 이전 하위 섹션의 다이어그램에 표시된 것과 반대입니다.

그런 다음 터미널을 열고 다음 스크립트를 실행하여 학습을 시작하십시오. 자신의 위치를 지정하도록 dataroot 인수를 수정하십시오. 다른 데이터 세트를 시도하고 방향을 BtoA에서 AtoB로 변경하여 두 이미지 모음 간 변환 방향을 변경할 수도 있습니다.

```
$ python train.py --dataroot /media/john/HouseOfData/image_transfer/
maps -- name maps_pix2pix --model pix2pix --direction BtoA
```

처음 학습할 때 Visdom 서버에 연결할 수 없다는 오류가 발생할 수 있습니다. 이는 학습 스크립트가 Visdom 모듈을 호출하여 생성된 결과를 동적으로 업데이트하여 웹 브라우저를 통해 학습 과정을 모니터링할 수 있기 때문입니다. 모델이 학습될 때 생성된 이미지를 주시하기 위해 즐겨 찾는 브라우저로 checkpoints/maps_pix2pix/web/index.html 파일을 수동으로 열 수 있습니다. 웹 브라우저에서 index.html 페이지를 닫으면 학습 과정이 중단될 수 있습니다.

GTX 1080Ti 그래픽 카드에서 200 세대의 학습을 마치고 약 1,519 MB의 GPU 메모리를 사용하는 데 약 6.7시간이 걸립니다.

결과는 또한 checkpoints/maps_pix2pix/web/images 디렉토리에 저장됩니다. 이를 통해 생성된 이미지는 다음과 같습니다.

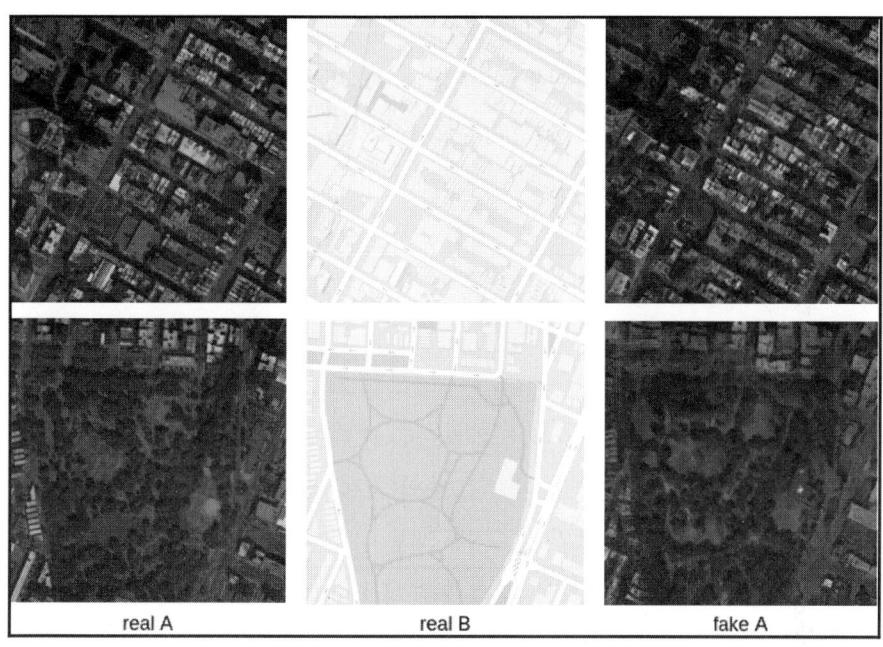

pix2pix로 생성된 이미지

보시다시피, 생성된 위성 사진은 그 자체로 꽤 설득력이 있습니다. 실제 위성 사진에 비해 공원의 산책로를 따라 나무를 구성하는데 효과적입니다.

이 섹션에서는 256×256 이미지를 변환하고 생성했습니다. 다음 섹션에서는 업그레이드된 버전의 pix2pix : pix2pixHD로 고해상도 이미지를 생성하는 방법에 대해 알아봅니다.

6.2
Pix2pixHD – 고해상도 이미지 변환

Pix2pixHD는 Ting-Chun Wang, Ming-Yu Liu 및 Jun-Yan Zhu 등이 pix2pix 모델의 업그레이드 버전인 조건부 GAN을 이용해 *High-Resolution Image Synthesis and Semantic Manipulation with Conditional GANs* 논문에서 제안했습니다. pix2pix보다 pix2pixHD의 가장 큰 개선점은 2,048×1,024 해상도의 이미지 간 변환을 고품질로 지원한다는 것입니다.

모델 구조

이를 위해 다음 다이어그램과 같이 점차적으로 네트워크를 학습하고 개선하는 2단계 접근 방식을 설계했습니다. 먼저, 1,024×512의 저해상도 이미지는 **글로벌 생성기**(빨간색 상자)라고 하는 생성기 네트워크 G_1에 의해 생성됩니다. 둘째, 이미지는 약 2,048×1,024 크기(블랙 박스)가 되도록 **로컬 인핸서 네트워크**라고 하는 생성기 네트워크 G_2에 의해 확대됩니다. 4,096×2,048개의 이미지를 생성하기 위해 다른 로컬 인핸서 네트워크를 마지막에 배치하는 것도 가능합니다. G_1의 마지막 자질 맵은 요소별 합계를 통해 G_2(잔차 블록(residual block) 이전)에 삽입되어 더 많은 글로벌 정보를 고해상도 이미지에 도입합니다.

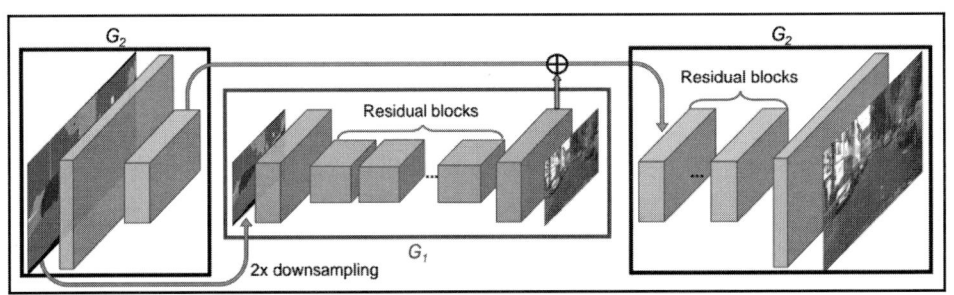

pix2pixHD의 생성기 모델 구조(T.C. Wang 등의 논문에서 검색한 이미지, 2018)

pix2pixHD의 판별기 네트워크는 다중 스케일 방식으로 설계되었습니다. 세 개의 동일한 판별기 네트워크가 서로 다른 이미지 스케일(원본 크기, 1/2 크기 및 1/4 크기)에서 작동하며 손실값이 함께 추가됩니다. 저자들은 판별기에 다중 스케일 디자인이 없으면 생성된 이미지에서 반복된 패턴이 종종 관찰된다고 보고합니다. 또한 다음 공식에 표시된 대로 **특징 일치 손실**이라고 하는 추가 항이 최종 판별기 손실에 추가됩니다.

$$V_{pix2pixHD} = \min_{G} \max_{D_1, D_2} \sum_{k=1,2} V(D_k, G) + \lambda \mathcal{L}_{FM}(D_k, G)$$

여기서 $\lambda \mathcal{L}_{FM}(D_k, G)$는 판별기 네트워크의 다중 층에서 생성된 이미지와 실제 이미지의 자질 맵 사이의 $L1$-손실을 측정합니다. 생성기를 강제로 실제 데이터를 다른 스케일로 근사화하여 보다 사실적인 이미지를 생성합니다.

경우에 따라 레이블이 같은 여러 개체가 함께 길을 찾을 수 있기 때문에 생성기가 이러한 개체를 올바르게 구별하기 어렵습니다. 생성기가 어떤 픽셀이 어떤 클래스에 속하는지 어떤 객체에 속하는지 알면 도움이 됩니다. 따라서 pix2pixHD에서 **인스턴스 경계 맵**(모든 객체의 경계를 나타내는 이진 맵)은 생성기로 공급되기 전에 의미 레이블 맵에 채널 단위로 연결됩니다. 유사하게, 인스턴스 경계 맵은 또한 의미 레이블 맵 및 이미지(생성된 것 또는 실제 것)에 연결되어 판별기에 공급됩니다.

또한, 생성된 이미지의 속성을 보다 쉽게 조작할 수 있도록 pix2pixHD는 추가 **인코더**를 사용하여 실제 이미지에서 기능을 추출하고 인스턴스별 평균 풀링을 수행합니다(한 객체의 모든 픽셀을 평균한 다음 다시 브로드 캐스트). 이러한 기능은 또한 생성기 입력의 일부입니다. K-평균 군집화는 각 클래스의 모든 객체의 기능에 대해 수행되며 추론 중에 객체에 대해 사용 가능한 여러 텍스처 또는 색상을 선택할 수 있습니다.

소스 코드의 주요 구조가 pix2pix와 유사하기 때문에 pix2pixHD의 특정 구조 디자인에 대해 깊이 들어가지 않을 것입니다. 관심이 있다면 소스 코드를 확인할 수 있습니다.

모델 학습

pix2pixHD의 학습은 시간과 메모리를 모두 많이 소비합니다. 2,048×1,024 이미지를 학습하려면 약 24 GB GPU 메모리가 필요합니다. 따라서 단일 그래픽 카드에 맞추기 위해 1,024×512 해상도로만 학습합니다.

NVIDIA는 이미 PyTorch용 pix2pixHD의 전체 소스 코드를 오픈 소스로 제공했습니다. 고해상도 합성 이미지를 생성하기 위해 소스 코드와 데이터 세트를 다운로드하기만 하면 됩니다. 지금 해보시죠.

1. 전제 조건(dominate와 apex)을 설치하십시오. 이전에 dominate 라이브러리는 설치했습니다. **apex**는 NVIDIA에서 개발한 혼합 정밀도(Mixed Precision) 및 분산 학습 라이브러리입니다.

2. **AMP(Automatic Mixed Precision)**를 사용하면 표준 부동 소수점 값을 낮은 비트 부동 소수점으로 대체하여 학습 중 GPU 메모리 소비(또는 학습 시간)를 줄일 수 있습니다.

3. Ubuntu에서 터미널을 열고 다음 스크립트를 입력하여 apex를 설치하십시오.

   ```
   $ git clone https://github.com/NVIDIA/apex
   $ cd apex
   $ pip install -v --no-cache-dir --global-option="--cpp_ext" --global-option="--cuda_ext" .
   ```

4. pix2pixHD의 소스 코드를 다운로드하십시오(이 장의 코드 저장소에서 사용 가능).

   ```
   $ git clone https://github.com/NVIDIA/pix2pixHD
   ```

5. **Cityscapes** 데이터 세트를 사용하여 pix2pixHD 모델을 학습하십시오. https://

www.cityscapes-dataset.com에서 이용 가능합니다. 다운로드 링크에 대한 액세스 권한을 부여받기 전에 먼저 등록해야 합니다. 여기 실험을 위해서 gtFinetrainvaltest.zip(241 MB)과 leftImg8bittrainvaltest.zip(11 GB) 파일의 다운로드가 필요합니다.

6. 다운로드가 완료되면 학습 스크립트가 이미지를 올바르게 선택할 수 있도록 이미지를 재구성해야 합니다.
   - gtFine/train/* 폴더에 있는 gtFineinstanceIds.png로 끝나는 모든 이미지 파일을 datasets/cityscapes/train_inst 디렉토리에 넣으십시오.
   - gtFine/train/* 폴더에 있는 gtFinelabelIds.png로 끝나는 모든 이미지 파일을 datasets/cityscapes/train_label 디렉토리에 넣으십시오.
   - leftImg8bit.png로 끝나는 leftImg8bit/train/* 폴더의 모든 이미지 파일을 datasets/cityscapes/trainimg 디렉토리에 넣습니다.

7. 학습 이미지만 필요하므로 평가 및 검증 세트는 무시할 수 있습니다. 각 학습 폴더에는 2,975개의 이미지가 있어야 합니다.

8. scripts/train_512p.sh를 실행하여 학습 과정을 시작하거나 터미널에 다음을 입력하십시오.

```
$ python train.py --name label2city_512p
```

모든 중간 결과(인수, 생성된 이미지, 로깅 정보 및 모델 파일)가 checkpoints/ label2city512p 폴더에 저장됩니다. 즐겨찾는 브라우저에서 언제든지 checkpoints/ label2city512p/web/index.html 파일을 확인하거나 학습 과정을 모니터하기 위해 checkpoints/label2city_512p/web/images 폴더에서 이미지를 직접 확인할 수 있습니다.

35 세대 학습 후의 결과는 다음과 같습니다(약 20시간).

pix2pixHD에서 35 세대 학습 후 생성된 이미지

여기서 객체가 외관상 여전히 개선해야 할 점이 많지만 모델이 인스턴스 맵의 레이블 정보를 기반으로 차량, 나무, 건물 및 보행자를 배치할 위치를 이미 파악했음을 알 수 있습니다. 모델이 도로 라인을 올바른 위치에 배치하려고 하고 이미지가 캡처된 자동차의 배지가 전면 후드에 거의 완벽하게 반사된다는 것은 흥미롭습니다(배지 및 후드는 모든 이미지에 나타납니다).

충분히 오래 기다릴 경우(약 110시간) 결과는 매우 인상적입니다.

pix2pixHD로 생성된 이미지(https://github.com/NVIDIA/pix2pixHD에서 검색된 이미지)

1,024×512 해상도로 학습하는데 약 8,077 MB GPU 메모리가 필요합니다. AMP가 활성화되면(--fp16으로 학습됨) GPU 메모리 소비는 처음에 7,379 MB로 시작하고 몇

번의 세대 후에 점차적으로 7,829 MB로 증가하며, 이는 실제로 이전보다 낮습니다. 그러나 학습 시간은 AMP가 없는 것보다 거의 절반입니다. 따라서 향후 성능이 향상될 때까지 AMP 없이 진행해야 합니다.

6.3 CycleGAN – 짝을 이루지 않는 모음에서 이미지 간 변환

pix2pix를 학습할 때 이미지가 변환되는 방향(AtoB 또는 BtoA)을 결정해야 합니다. 즉, 이미지 세트 A에서 이미지 세트 B로 또는 그 반대로 자유롭게 변환하려면 두 모델을 별도로 학습해야 하느냐는 질문에 CycleGAN은 아니라고 말합니다.

CycleGAN은 Jun-Yan Zhu, Park Taesung, Phillip Isola 등이 그들의 논문인 *Unpaired Image-to-Image Translation using Cycle-Consistent Adversarial Networks*에서 제안했습니다. 짝을 이루지 않는 이미지 모음을 기반으로 하는 양방향 생성 모델입니다. CycleGAN의 핵심 아이디어는 주기 일관성을 전제로 합니다. 즉, 두 개의 생성 모델 G와 F가 있는 경우 두 세트의 이미지 X와 Y 사이에서 변환되는 $Y = G(X)$와 $X = F(Y)$입니다. 우리는 자연스럽게 $F(G(X))$가 X와 매우 유사해야 하고 $G(F(Y))$가 Y와 매우 유사해야 한다고 가정할 수 있습니다. 이는 두 세트의 생성 모델을 학습시킬 수 있음을 의미합니다. 동시에 두 세트의 이미지 사이를 자유롭게 변환할 수 있습니다.

CycleGAN은 짝을 이루지 않은 이미지 수집을 위해 특별히 설계되었습니다. 즉, pix2pix 및 pix2pixHD(예 : 의미 세분화 맵과 동일한 관점에서의 스트리트 뷰 혹은 일반지도와 같은 위치의 위성 사진)를 살펴 보았을 때 학습 샘플이 이전 섹션에서와 같이 반드시 엄격하게 짝이 되지는 않습니다. 이를 통해 CycleGAN은 단순한 이미지 간 변환 도구가 아닙니다. 예를 들어 사과를 오렌지로, 말을 얼룩말로, 사진을 유화로 또는 그 반대로 변환하는 등 모든 종류의 이미지에서 자신의 이미지로 스타일을 전송할 수 있는 가능성을 열어줍니다. 여기에서는 풍경 사진과 Vincent van Gogh의 그림에 대한 이미지 간 이미지 변환을 수행하여 CycleGAN의 설계 및 학습 방법을 보여줍니다.

이 섹션에서 코드 레이아웃은 이전 장의 CGAN과 유사합니다. 전체 소스 코드는 이 장의 코드 저장소에서 사용 가능합니다. 모델은 cyclegan.py에 정의되고 학습 공정은 build_gan.py에 정의되며 기본 항목은 main.py에 있습니다. 소스 코드는 https://github.com/eriklindernoren/PyTorch-GAN에서 제공하는 구현을 기반으로 합니다. 우리의 구현은 그 구현에 비해 1.2배 더 빠르게 학습하고 GPU 메모리는 28% 더 적습니다. 또한 이 장의 첫 번째 섹션에서 찾을 수 있는 pix2pix의 소스 코드에서 CycleGAN의 구현이 제공되었습니다. 둘 사이에 큰 차이가 없기 때문에 원하는 구현을 선택할 수 있습니다.

주기(Cycle) 일관성 기반 모델 설계

두 쌍의 생성기 및 판별기 네트워크가 사용되며 각각은 변환 방향을 담당합니다. CycleGAN이 이와 같이 설계된 이유를 이해하려면 주기 일관성 구성 방법을 이해해야 합니다.

다음 다이어그램에서 G_{AB} 생성기는 샘플 A를 샘플 B에 매핑하고 그 성능은 판별기 D_B에 의해 측정됩니다. 동시에 다른 생성기 G_{BA}는 샘플 B를 다시 샘플 A에 매핑하도록 학습되며, 그 성능은 판별기 D_A에 의해 측정됩니다. 이 과정에서 생성된 샘플 $A = G_{BA}(B) = G_{BA}(G_{AB}(A^*))$ 사이의 거리에 해당하는 원래 실제 샘플인 A^*는 다음 그림의 점선 상자에 표시된 것처럼 모델에 주기(Cycle) 일관성이 있는지 여부를 알려줍니다. $G_{BA}(G_{AB}(A^*))$와 A^* 사이의 거리는 L1-norm 형식의 **주기 일관성 손실**에 의해 측정됩니다.

기존의 **적대적 손실**(1과 1 사이의 거리) 외에도 이미지의 색상 스타일을 유지하는 데 도움이 되도록 ID 손실(자체에 매우 근접해야 함)이 추가됩니다.

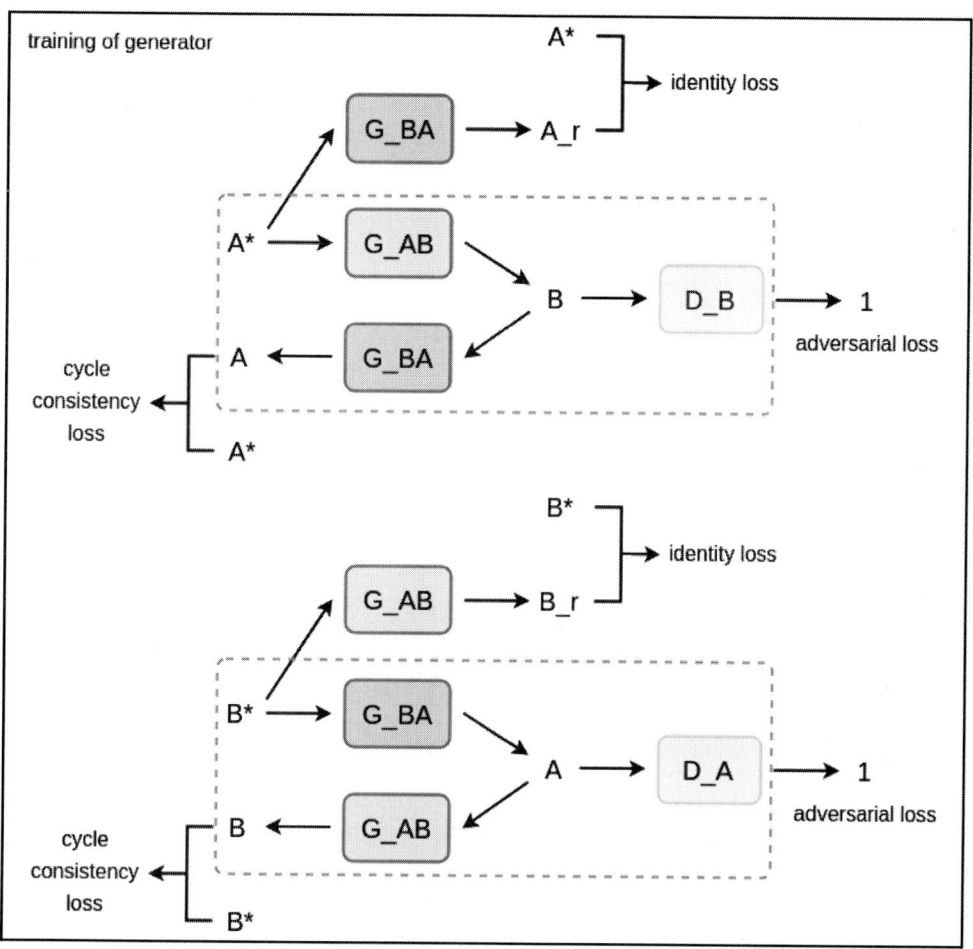

CycleGAN의 손실 계산. A^* 및 B^*는 실제 샘플을 나타냅니다. 빨간색 상자로 표시된 네트워크는 생성기를 학습시키는 동안 업데이트됩니다.

두 생성기 네트워크는 동일합니다. 생성기 네트워크의 구조는 다음 다이어그램에서 볼 수 있습니다. 256×256 입력 이미지는 여러 합성곱 층에서 64×64로 다운 샘플링되고 9개의 연속 잔차 블록으로 처리되며 마지막으로 256×256으로 다시 합성곱으로 업 샘플링됩니다.

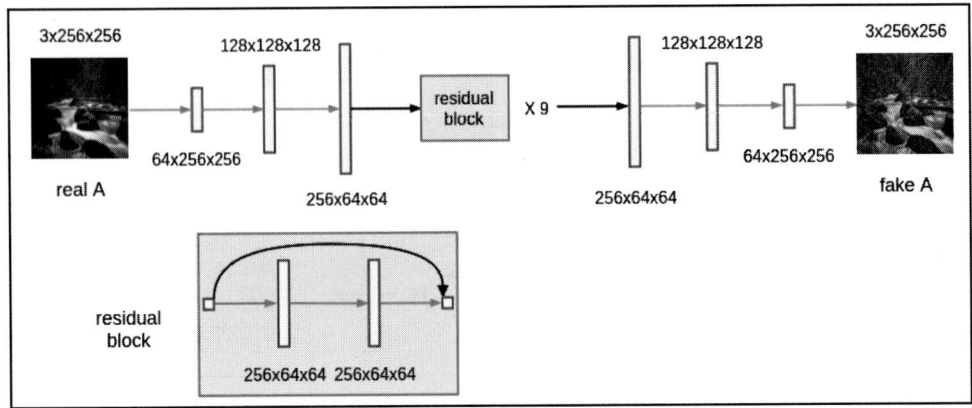

CycleGAN의 생성기 구조

앞에서 언급했듯이 cyclegan.py라는 빈 파일로 코드를 시작합니다. import부터 시작합시다.

```
import torch
import torch.nn as nn
import torch.nn.functional as F
import numpy as np
```

다음으로 잔차 블록 정의를 위한 코드를 다음과 같이 생성합니다.

```
class ResidualBlock(nn.Module):
    def __init__(self, channels):
        super(ResidualBlock, self).__init__()

        block = [nn.ReflectionPad2d(1),
            nn.Conv2d(channels, channels, 3),
            nn.InstanceNorm2d(channels),
            nn.ReLU(inplace=True),
            nn.ReflectionPad2d(1),
```

```
        nn.Conv2d(channels, channels, 3),
        nn.InstanceNorm2d(channels)]
    self.block = nn.Sequential(*block)

def forward(self, x):
    return x + self.block(x)
```

이제 다음과 같이 생성기 네트워크를 정의할 수 있습니다.

```
class Generator(nn.Module):
    def __init__(self, channels, num_blocks=9):
        super(Generator, self).__init__()
        self.channels = channels

        model = [nn.ReflectionPad2d(3)]
        model += self._create_layer(self.channels, 64, 7, stride=1,
                padding=0, transposed=False)
        # downsampling
        model += self._create_layer(64, 128, 3, stride=2, padding=1,
                transposed=False)
        model += self._create_layer(128, 256, 3, stride=2, padding=1,
                transposed=False)
        # residual blocks
        model += [ResidualBlock(256) for _ in range(num_blocks)]
        # upsampling
        model += self._create_layer(256, 128, 3, stride=2, padding=1,
                transposed=True)
        model += self._create_layer(128, 64, 3, stride=2, padding=1,
                transposed=True)
        # output
        model += [nn.ReflectionPad2d(3), nn.Conv2d(64, self.channels,
                7), nn.Tanh()]
        self.model = nn.Sequential(*model)
```

```python
    def _create_layer(self, size_in, size_out, kernel_size, stride=2,
                      padding=1, transposed=False):
        layers = []
        if transposed:
            layers.append(nn.ConvTranspose2d(size_in, size_out,
                          kernel_size, stride=stride, padding=padding,
                          output_padding=1))
        else:
            layers.append(nn.Conv2d(size_in, size_out, kernel_size,
                          stride=stride, padding=padding))
        layers.append(nn.InstanceNorm2d(size_out))
        layers.append(nn.ReLU(inplace=True))
        return layers

    def forward(self, x):
        return self.model(x)
```

여기에서 알 수 있듯이 torch.nn.BatchNorm2d 대신 torch.nn.InstanceNorm2d를 사용했습니다. 전자의 정규화 층은 스타일 전송에 더 적합합니다.

마찬가지로 CycleGAN에는 두 개의 동일한 판별기 네트워크가 사용되며 다음 다이어 그램에서 그 관계를 볼 수 있습니다.

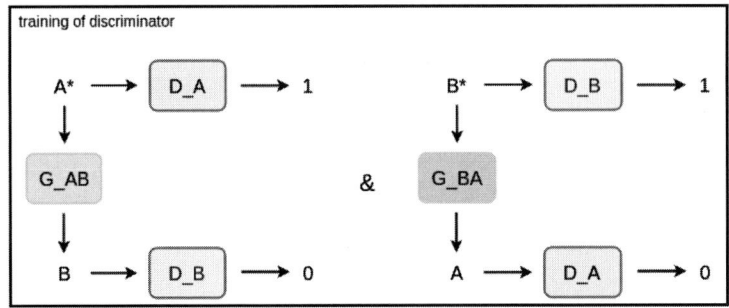

CycleGAN에서 두 차별 네트워크 간의 관계. 빨간색 상자로 표시된 네트워크는 학습 중에 업데이트됩니다.

판별기 네트워크의 구조는 입력 이미지의 깊이 채널이 6이 아니라 깊이 채널이 3이라는 것, 또한 torch.nn.BatchNorm2d가 torch.nn.InstanceNorm2d로 바뀐 것을 제외하고는 pix2pix(PatchGAN이라고 함)과 거의 동일합니다.

판별기 네트워크의 정의 코드는 다음과 같습니다.

```
class Discriminator(nn.Module):
    def __init__(self, channels):
        super(Discriminator, self).__init__()
        self.channels = channels

        self.model = nn.Sequential(
            *self._create_layer(self.channels, 64, 2, normalize=False),
            *self._create_layer(64, 128, 2),
            *self._create_layer(128, 256, 2),
            *self._create_layer(256, 512, 1),
            nn.Conv2d(512, 1, 4, stride=1, padding=1)
        )

    def _create_layer(self, size_in, size_out, stride, normalize=True):
        layers = [nn.Conv2d(size_in, size_out, 4, stride=stride,
                  padding=1)]
        if normalize:
            layers.append(nn.InstanceNorm2d(size_out))
        layers.append(nn.LeakyReLU(0.2, inplace=True))
        return layers

    def forward(self, x):
        return self.model(x)
```

이제 모델을 학습하고 평가하는 방법을 알아보겠습니다.

모델 학습 및 평가

이제 build_gan.py 파일을 만듭니다. 평소와 같이 import로 시작합니다.

```python
import itertools
import os
import time

from datetime import datetime

import numpy as np
import torch
import torchvision.utils as vutils
import utils

from cyclegan import Generator as cycG
from cyclegan import Discriminator as cycD
```

가중치를 초기화하는 함수가 필요합니다.

```python
def _weights_init(m):
    classname = m.__class__.__name__
    if classname.find('Conv') != -1:
        torch.nn.init.normal_(m.weight.data, 0.0, 0.02)
    elif classname.find('BatchNorm') != -1:
        torch.nn.init.normal_(m.weight.data, 1.0, 0.02)
        torch.nn.init.constant_(m.bias.data, 0.0)
```

이제 Model 클래스를 만듭니다.

```python
class Model(object):
    def __init__(self,
```

```python
            name,
            device,
            data_loader,
            test_data_loader,
            channels,
            img_size,
            num_blocks):
    self.name = name
    self.device = device
    self.data_loader = data_loader
    self.test_data_loader = test_data_loader
    self.channels = channels
    self.img_size = img_size
    self.num_blocks = num_blocks
    assert self.name == 'cyclegan'
    self.netG_AB = cycG(self.channels, self.num_blocks)
    self.netG_AB.apply(_weights_init)
    self.netG_AB.to(self.device)
    self.netG_BA = cycG(self.channels, self.num_blocks)
    self.netG_BA.apply(_weights_init)
    self.netG_BA.to(self.device)
    self.netD_A = cycD(self.channels)
    self.netD_A.apply(_weights_init)
    self.netD_A.to(self.device)
    self.netD_B = cycD(self.channels)
    self.netD_B.apply(_weights_init)
    self.netD_B.to(self.device)
    self.optim_G = None
    self.optim_D_A = None
    self.optim_D_B = None
    self.loss_adv = torch.nn.MSELoss()
    self.loss_cyc = torch.nn.L1Loss()
```

```
        self.loss_iden = torch.nn.L1Loss()

    @property
    def generator_AB(self):
        return self.netG_AB

    @property
    def generator_BA(self):
        return self.netG_BA

    @property
    def discriminator_A(self):
        return self.netD_A

    @property
    def discriminator_B(self):
        return self.netD_B

    def create_optim(self, lr, alpha=0.5, beta=0.999):
        self.optim_G = torch.optim.Adam (itertools.chain (self.netG_AB.
                    parameters(), self.netG_BA.parameters()), lr=lr,
                    betas=(alpha, beta))
        self.optim_D_A = torch.optim.Adam(self.netD_A.parameters(),
                    lr=lr, betas=(alpha, beta))
        self.optim_D_B = torch.optim.Adam(self.netD_B.parameters(),
                    lr=lr, betas=(alpha, beta))
```

생성기 및 판별기 네트워크에 대한 학습 공정은 이전에 설명하였습니다. 여기서는 `build_gan.train()`의 구현에 대해 알아 보겠습니다.

먼저 생성기 네트워크를 학습시켜야 합니다.

```python
def train(self,
          epochs,
          log_interval=100,
          out_dir='',
          verbose=True):
    self.netG_AB.train()
    self.netG_BA.train()
    self.netD_A.train()
    self.netD_B.train()
    lambda_cyc = 10
    lambda_iden = 5
    real_label = torch.ones((self.data_loader.batch_size, 1,
                self.img_size//2**4, self.img_size//2**4),
                device=self.device)
    fake_label = torch.zeros((self.data_loader.batch_size, 1,
                self.img_size//2**4, self.img_size//2**4),
                device=self.device)
    image_buffer_A = utils.ImageBuffer()
    image_buffer_B = utils.ImageBuffer()
    total_time = time.time()
    for epoch in range(epochs):
        batch_time = time.time()
        for batch_idx, data in enumerate(self.data_loader):
            real_A = data['trainA'].to(self.device)
            real_B = data['trainB'].to(self.device)

            # Train G
            self.optim_G.zero_grad()

            # adversarial loss
            fake_B = self.netG_AB(real_A)
            _loss_adv_AB = self.loss_adv(self.netD_B(fake_B), real_label)
```

```python
fake_A = self.netG_BA(real_B)
_loss_adv_BA = self.loss_adv(self.netD_A(fake_A), real_label)
adv_loss = (_loss_adv_AB + _loss_adv_BA) / 2

# cycle loss
recov_A = self.netG_BA(fake_B)
_loss_cyc_A = self.loss_cyc(recov_A, real_A)
recov_B = self.netG_AB(fake_A)
_loss_cyc_B = self.loss_cyc(recov_B, real_B)
cycle_loss = (_loss_cyc_A + _loss_cyc_B) / 2

# identity loss
_loss_iden_A = self.loss_iden(self.netG_BA(real_A), real_A)
_loss_iden_B = self.loss_iden(self.netG_AB(real_B), real_B)
iden_loss = (_loss_iden_A + _loss_iden_B) / 2

g_loss = adv_loss + lambda_cyc * cycle_loss + lambda_iden *
        iden_loss
g_loss.backward()
self.optim_G.step()
```

그런 다음 판별기 네트워크를 학습시켜야 합니다.

```python
# Train D_A
self.optim_D_A.zero_grad()

_loss_real = self.loss_adv(self.netD_A(real_A), real_label)
fake_A = image_buffer_A.update(fake_A)
_loss_fake = self.loss_adv(self.netD_A(fake_A.detach()),
            fake_label)
d_loss_A = (_loss_real + _loss_fake) / 2
```

```
        d_loss_A.backward()
        self.optim_D_A.step()

        # Train D_B
        self.optim_D_B.zero_grad()

        _loss_real = self.loss_adv(self.netD_B(real_B), real_label)
        fake_B = image_buffer_B.update(fake_B)
        _loss_fake = self.loss_adv(self.netD_B(fake_B.detach()),
                    fake_label)
        d_loss_B = (_loss_real + _loss_fake) / 2

        d_loss_B.backward()
        self.optim_D_B.step()

        d_loss = (d_loss_A + d_loss_B) / 2
```

마지막 변수 d_loss는 단순히 로깅을 위한 것이며 여기서는 생략되었습니다. 로깅 인쇄 및 이미지 내보내기에 대한 자세한 내용을 보려면 이 장의 소스 코드 파일을 참조하십시오.

```
        if verbose and batch_idx % log_interval == 0 and batch_idx > 0:
            print('Epoch {} [{}/{}] loss_D: {:.4f} loss_G: {:.4f}
                time: {:.2f}'.format(epoch, batch_idx,
                len(self.data_loader), d_loss.mean().item(),
                g_loss.mean().item(), time.time() - batch_time))
            with torch.no_grad():
                imgs = next(iter(self.test_data_loader))
                _real_A = imgs['testA'].to(self.device)
                _fake_B = self.netG_AB(_real_A)
                _real_B = imgs['testB'].to(self.device)
```

```python
                _fake_A = self.netG_BA(_real_B)
                viz_sample = torch.cat((_real_A, _fake_B, _real_B,
                            _fake_A), 0)
                vutils.save_image(viz_sample, os.path.join(out_dir,
                        'samples_{}_{}.png'.format(epoch,
                        batch_idx)),
                        nrow=self.test_data_loader.batch_size,
                        normalize=True)
                batch_time = time.time()

        self.save_to(path=out_dir, name=self.name, verbose=False)
    if verbose:
        print('Total train time: {:.2f}'.format(time.time() -
            total_time))
def eval(self, batch_size=None):
    self.netG_AB.eval()
    self.netG_BA.eval()
    self.netD_A.eval()
    self.netD_B.eval()
    if batch_size is None:
        batch_size = self.test_data_loader.batch_size

    with torch.no_grad():
        for batch_idx, data in enumerate(self.test_data_loader):

            _real_A = data['testA'].to(self.device)
            _fake_B = self.netG_AB(_real_A)
            _real_B = data['testB'].to(self.device)
            _fake_A = self.netG_BA(_real_B)
            viz_sample = torch.cat((_real_A, _fake_B, _real_B,
                        _fake_A), 0)
```

```python
            vutils.save_image(viz_sample, 'img_{}.png'. format
                (batch_idx), nrow=batch_size,
                normalize=True)


def save_to(self, path='', name=None, verbose=True):
    if name is None:
        name = self.name
    if verbose:
        print('\nSaving models to {}_G_AB.pt and such ...'.
            format(name))
    torch.save(self.netG_AB.state_dict(), os.path.join(path,
        '{}_G_AB.pt'.format(name)))
    torch.save(self.netG_BA.state_dict(), os.path.join(path,
        '{}_G_BA.pt'.format(name)))
    torch.save(self.netD_A.state_dict(), os.path.join(path,
        '{}_D_A.pt'.format(name)))
    torch.save(self.netD_B.state_dict(), os.path.join(path,
        '{}_D_B.pt'.format(name)))

def load_from(self, path='', name=None, verbose=True):
    if name is None:
        name = self.name
    if verbose:
        print('\nLoading models from {}_G_AB.pt and such ...'.
            format(name))
    ckpt_G_AB = torch.load(os.path.join(path, '{}_G_AB.pt'.
        format(name)))
    if isinstance(ckpt_G_AB, dict) and 'state_dict' in ckpt_G_AB:
        self.netG_AB.load_state_dict(ckpt_G_AB['state_dict'],
                        strict=True)
    else:
        self.netG_AB.load_state_dict(ckpt_G_AB, strict=True)
```

```
        ckpt_G_BA = torch.load(os.path.join(path, '{}_G_BA.pt'.
                    format(name)))
        if isinstance(ckpt_G_BA, dict) and 'state_dict' in ckpt_G_BA:
            self.netG_BA.load_state_dict(ckpt_G_BA['state_dict'],
                                    strict=True)
        else:
            self.netG_BA.load_state_dict(ckpt_G_BA, strict=True)
        ckpt_D_A = torch.load(os.path.join(path, '{}_D_A.pt'.
                    format(name)))
        if isinstance(ckpt_D_A, dict) and 'state_dict' in ckpt_D_A:
            self.netD_A.load_state_dict(ckpt_D_A['state_dict'],
                                    strict=True)
        else:
            self.netD_A.load_state_dict(ckpt_D_A, strict=True)
        ckpt_D_B = torch.load(os.path.join(path, '{}_D_B.pt'.
                    format(name)))
        if isinstance(ckpt_D_B, dict) and 'state_dict' in ckpt_D_B:
            self.netD_B.load_state_dict(ckpt_D_B['state_dict'],
                                    strict=True)
        else:
            self.netD_B.load_state_dict(ckpt_D_B, strict=True)
```

여기서는 논문에서 제안한 대로 실시간으로 가짜 샘플이 아닌 생성된 이미지 기록에서 이미지를 무작위로 선택하여 판별자를 업데이트합니다. 생성된 이미지의 히스토리는 다음과 같이 정의된 ImageBuffer 클래스에 의해 유지 보수됩니다. 이전 장의 utils.py 파일을 복사하고 여기에 ImageBuffer 클래스를 추가하십시오.

```
class ImageBuffer(object):
    def __init__(self, depth=50):
        self.depth = depth
        self.buffer = []
```

```python
    def update(self, image):
        if len(self.buffer) == self.depth:
            i = random.randint(0, self.depth-1)
            self.buffer[i] = image
        else:
            self.buffer.append(image)
        if random.uniform(0,1) > 0.5:
            i = random.randint(0, len(self.buffer)-1)
            return self.buffer[i]
        else:
            return image
```

또한 별도의 폴더에서 짝을 이루지 않은 이미지를 선택하는 사용자 지정 데이터 집합 판별기를 작성해야 합니다. 다음 컨텐츠를 `datasets.py`라는 새 파일에 배치하십시오.

```
import glob
import random
import os
import torchvision

from torch.utils.data import Dataset
from PIL import Image

class ImageDataset(Dataset):
    def __init__(self, root_dir, transform=None, unaligned=False,
                mode='train'):
        self.transform = torchvision.transforms.Compose(transform)
        self.unaligned = unaligned
        self.train = (mode == 'train')

        self.files_A = sorted(glob.glob(os.path.join(root_dir, '%sA' %
                    '/*.*'))
```

```
            self.files_B = sorted(glob.glob(os.path.join(root_dir, '%sB' %
                    '/*.*'))

    def __getitem__(self, index):
        item_A = self.transform(Image.open(self.files_A[index %
                len(self.files_A)]))

        if self.unaligned:
            item_B = self.transform(Image.open(self.files_B[random.
                    randint(0, len(self.files_B) - 1)]))
        else:
            item_B = self.transform(Image.open(self.files_B[index %
                    len(self.files_B)]))

        if self.train:
            return {'trainA': item_A, 'trainB': item_B}
        else:
            return {'testA': item_A, 'testB': item_B}

    def __len__(self):
        return max(len(self.files_A), len(self.files_B))
```

그림과 사진의 모양이 항상 정사각형은 아닙니다. 따라서 원본 이미지에서 256×256 패치를 잘라내야 합니다. main.py에서 데이터(데이터 기능 보강)를 전처리합니다. 여기서는 코드의 일부만 보여줍니다. main.py 파일에서 나머지 코드를 찾을 수 있습니다.

```
def main():
    device = torch.device("cuda:0" if FLAGS.cuda else "cpu")

    if FLAGS.train:
```

```python
print('Loading data...\n')
transform = [transforms.Resize(int(FLAGS.img_size*1.12),
            Image.BICUBIC), transforms.RandomCrop
            ((FLAGS.img_size, FLAGS.img_size)),
            transforms.RandomHorizontalFlip(),
            transforms.ToTensor(),
            transforms.Normalize((0.5,0.5,0.5), (0.5,0.5,0.5))]
dataloader = DataLoader(ImageDataset(os.path.join (FLAGS.
            data_dir, FLAGS.dataset), transform=transform,
            unaligned=True, mode='train'), batch_size=
            FLAGS.batch_size, shuffle=True, num_workers=2)
test_dataloader = DataLoader(ImageDataset(os.path.join
                (FLAGS.data_dir, FLAGS.dataset), transform=
                transform, unaligned=True, mode='test'),
                batch_size=FLAGS.test_batch_size,
                shuffle=True, num_workers=2)

print('Creating model...\n')
model = Model(FLAGS.model, device, dataloader, test_dataloader,
        FLAGS.channels, FLAGS.img_size, FLAGS.num_blocks)
model.create_optim(FLAGS.lr)

# Train
model.train(FLAGS.epochs, FLAGS.log_interval, FLAGS.out_dir, True)
```

CycleGAN에 대한 인수 파싱 조정을 잊지 마십시오. 자신의 설정과 일치하도록 --data_dir 기본값을 변경해야 하므로 명령 줄에 다음을 포함해야 합니다.

```
parser.add_argument('--data_dir', type=str, default='/media/john/
                HouseOfData/image_transfer', help='Directory for
                dataset.')
```

```
parser.add_argument('--dataset', type=str, default='vangogh2photo',
                    help='Dataset name.')
...
parser.add_argument('--num_blocks', type=int, default=9, help='number
                    of residual blocks')
```

이제 데이터 세트를 다운로드하고 재미있게 시작할 차례입니다! 수동으로 데이터 셋 파일을 다운로드하기 위해 https://people.eecsberkeley.edu/~taesungpark/CycleGAN/datasets로 이동하십시오. 또는 pix2pix의 소스 코드에 있는 datasets/downloadcyclegandataset.sh 스크립트를 사용하여 크기가 약 292 MB이고 400개의 반 고흐 그림과 7,038개의 사진(학습용 6,287, 평가용 751)을 포함하는 vangogh2-photo.zip 파일을 다운로드할 수 있습니다. 다운로드가 완료되면 이미지를 폴더(예: /media/john/HouseOfData/imagetransfer와 같은 외장 하드 드라이브)로 추출하십시오.

터미널을 열고 다음 스크립트를 입력하여 학습을 시작하십시오.

```
$ python main.py --dataset vangogh2photo
```

GTX 1080Ti 그래픽 카드에서 CycleGAN을 학습하는 데 약 10시간이 걸리고 약 4,031 MB GPU 메모리를 사용합니다. 다음 이미지에서 일부 결과를 볼 수 있습니다. 여기에서 CycleGAN의 스타일 전송 기능이 매우 훌륭하다는 것을 알 수 있습니다. CycleGAN의 더 많은 응용 프로그램에 대한 자세한 내용은 https://junjunz.github.io/CycleGAN을 참조하십시오.

CycleGAN에 의해 생성된 이미지. 상단 두 행 : 그림에서 사진으로; 하단 두 행 : 사진에서 그림으로.

6.4 요약

우리는 현재 여러 장의 이미지 생성에 익숙해졌습니다. GAN을 성공적으로 학습시켜 놀라운 이미지를 생성하는 것은 항상 어려운 일이지만, GAN을 사용하여 사물을 수정하고 이미지를 복원할 수도 있습니다.

다음 장에서는 GAN의 생성 능력을 살펴보고 이미지 복원의 어려운 문제를 해결합니다.

6.5 추가 읽기

1. Le J. (May 3, 2018) *How to do Semantic Segmentation using Deep learning*. Retrieved from https://medium.com/nanonets/how-to-do-image-segmentation-using- deep-learning-c673cc5862ef.
2. Rainy J. (Feb 12, 2018) *Stabilizing neural style-transfer for video*. Retrieved from https://medium.com/element-ai-research-lab/stabilizing-neural-style-transfer-for-video-62675e203e42.
3. Isola P, Zhu JY, Zhou T, Efros A. (2017) *Image-to-Image Translation with Conditional Adversarial Networks*. CVPR.
4. Agustinus K. (Feb 9, 2017) *Why does L2 reconstruction loss yield blurry images?* Retrieved from https://wiseodd.github.io/techblog/2017/02/09/why-l2-blurry.
5. Chan T F, Wong C K. (1998) *Total Variation Blind Deconvolution. IEEE Transactions on Image Processing*. 7(3): 370-375.
6. Wang T C, Liu M Y, Zhu J Y, et. al. (2018) *High-Resolution Image Synthesis and*

Semantic Manipulation with Conditional GANs. CVPR.

7. Zhu J Y, Park T, Isola P, et. al. (2017) *Unpaired Image-to-Image Translation using Cycle-Consistent Adversarial Networks*. ICCV.

CHAPTER

7

GAN을 이용한 이미지 복원

인터넷에서 정말 좋아하지만 품질이 좋지 않고 흐릿한 이미지(또는 밈)를 우연히 본 적이 있습니까? 심지어 Google에서도 고해상도 버전을 찾는 데 도움을 받을 수 없었습니까? 수학과 코딩을 배우는 데 몇 년을 보낸 몇 사람이 아니거나, 목적 방정식에서 어떤 소수 자릿수 정규화 항을 어떤 수치 방법으로 해결할 수 있는지를 아는 사람이 아니라면, GAN에게 기회를 줄 수도 있습니다!

이 장에서는 SRGAN을 사용하여 이미지 초 고해상도(super-resolution)를 수행하여 저해상도 이미지에서 고해상도 이미지를 생성하고 데이터 프리 페처를 사용하여 데이터 로드 속도를 높이고 학습 중 GPU의 효율성을 높일 수 있습니다. 직접 접근 방법, FFT 기반 방법 및 im2col 방법을 포함하여 여러 가지 방법으로 자신의 합성곱을 구현하는 방법도 배웁니다. 나중에 바닐라 GAN 손실 함수의 단점과 Wasserstein 손실(Waserstein GAN)을 사용하여 기능을 개선하는 방법을 알아봅니다. 이 장의 끝에서 GAN 모델을 학습시켜 이미지 인페인팅을 수행하고 이미지의 누락된 부분을 채우는 방법을 배울 것입니다.

이 장에서 다룰 내용은 다음과 같습니다.

- SRGAN을 사용한 이미지 초 해상도
- 생성 이미지 인페인팅

7.1
SRGAN을 사용한 이미지 초 해상도

이미지 복원은 광대한 분야입니다. 이미지 복원에는 세 가지 주요 과정이 있습니다.

- 이미지 초 고해상도 : 이미지를 더 높은 해상도로 확장
- 이미지 디 블러 : 흐릿한 이미지를 선명한 이미지로 변환
- 이미지 인페인팅 : 이미지에서 구멍 채우기 또는 워터 마크 제거

이러한 모든 프로세스에는 기존 픽셀에서 픽셀 정보를 추정하는 작업이 포함됩니다. 픽셀의 **복원**이라는 용어는 실제로 그들이 보였던 방식을 추정하는 것을 의미합니다. 예를 들어 이미지 크기를 2배로 늘리려면 현재 픽셀과 함께 2×2 영역을 형성하기 위해 3개의 추가 픽셀을 추정해야 합니다. 이미지 복원은 수십 년 동안 연구원과 기관에 의해 연구되었습니다. 많은 수학적 방법은 비 수학자들이 재미있게 사용할 수 없었습니다. 그러던 중에 흥미롭게도 GAN이 인기를 얻기 시작했습니다.

이 섹션에서는 GAN 제품군의 다른 멤버인 SRGAN을 소개하여 이미지를 더 높은 해상도로 업스케일합니다.

SRGAN(Super-Resolution Generative Adversarial Network)은 Christian Ledig, Lucas Theis, Ferenc Huszar 등이 그들의 논문인, *Photo-Realistic Single Image Super-Resolution using a Generative Adversarial Network*에서 제안했습니다. 이미지를 4배까지 성공적으로 업스케일하는 첫 번째 방법으로 간주됩니다. 그 구조는 매우

간단합니다. 다른 GAN과 마찬가지로 하나의 생성기 네트워크와 하나의 판별기 네트워크로 구성됩니다. 구조는 다음 섹션에 표시되어 있습니다.

생성기 작성

생성기 네트워크의 구성 요소를 살펴 보겠습니다.

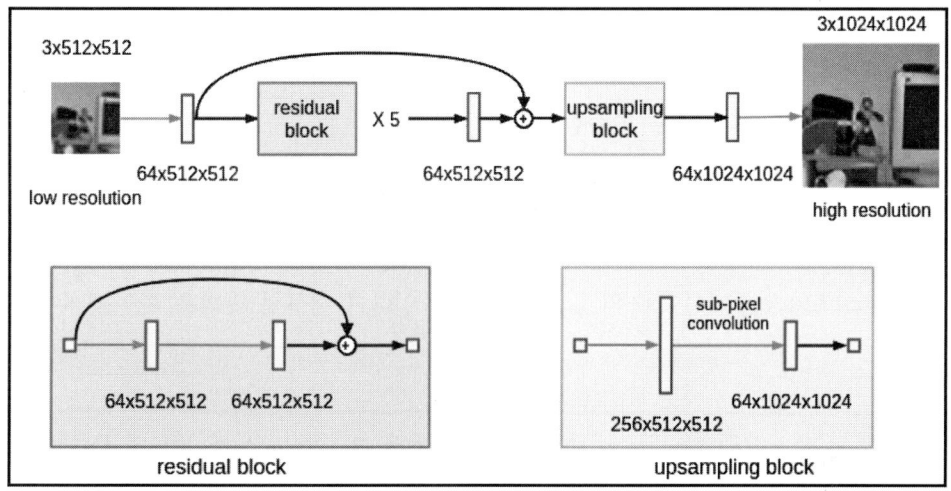

SRGAN (2X)의 생성기 구조

위의 다이어그램에서 512 * 512 이미지를 2배(1,024 * 1,024)로 업스케일합니다. 입력 이미지의 크기는 생성기 네트워크의 각 구성 요소 디자인이 자질 맵의 크기와 무관하므로 임의적입니다. **업샘플링 블록**은 이미지 크기를 2만큼 확장합니다. 4배로 업스케일하려면 기존 업스트림의 끝에 다른 업샘플링 블록을 추가하기만 하면 됩니다. 물론 3개의 업샘플링 블록을 사용하면 이미지 크기가 8배 늘어납니다.

생성기 네트워크에서 상위 레벨 자질은 5개의 잔차(residual) 블록에 의해 추출되며, 잔차 블록을 가로지르는 긴 건너뛰기 연결을 통해 원시 이미지에서 처리되지 않은 세부 정보와 결합됩니다. 결합된 자질 맵은 $W \times H$ 크기의 r^2C 채널(r는 스케일 팩터, C는 잔차 블록의 채널 수)로 확장됩니다. 업샘플링 블록은 이 $[B, r^2C, H, W]$ Tensor(B는 배치 크기를 나타냄)를 $[B, C, rH, rW]$로 변환합니다. 이것은 **하위 픽셀 합성곱**에 의해 이루어지며, 이는 Wenzhe Shi, Jose Caballero, Ferenc Huszár 등이 그들의 논문인 *Real-Time Single Image and Video Super-Resolution Using an Efficient Sub- Pixel Convolutional Neural Network*에서 제안했습니다.

서브 픽셀 합성곱의 예는 다음과 같습니다. 저해상도 자질 맵의 모든 r^2 채널에 대해 각 채널은 고해상도 출력에서 $r \times r$ 블록 내부의 한 픽셀에 대해서만 책임이 있습니다. 이 접근 방식의 가장 큰 장점은 바닐라 합성곱 층과 비교하여 합성곱 작업의 $1/r^2$만 수행하므로 더 쉽고 빠르게 학습할 수 있다는 것입니다.

PyTorch에서 서브 픽셀 합성곱의 업스케일링 단계는 입력 텐서를 재구성하는 nn.PixelShuffle 층으로 수행할 수 있습니다. pytorch/aten/src/ATen/native/PixelShuffle.cpp에서 C++의 소스 코드를 확인하여 재구성 방법을 확인할 수 있습니다.

PyTorch 작업의 소스 코드를 어떻게 확인합니까? VS 코드를 사용하면 쉽습니다. 클래스 이름을 반복해서 두 번 클릭하고 파이썬 환경에서 Torch 모듈의 소스 트리에 있는 클래스 정의에 도달할 때까지 F12를 누릅니다. 그런 다음 이 클래스 내에서 다른 메소드가 무엇인지(보통 self.forward에서 찾을 수 있음) 찾으면 C++ 구현으로 이어질 것입니다.

nn.PixelShuffle을 구현하기 위해 C++ 소스 코드에 도달하는 단계는 다음과 같습니다.

1. 이름 PixelShuffle을 두 번 클릭하고 F12를 누릅니다. 그것은 우리를 site-packages/torch/nn/modules/__init__.py에 있는 다음 줄로 인도합니다.

```
from .pixelshuffle import PixelShuffle
```

2. 이 줄에서 PixelShuffle을 더블 클릭하고 F12를 누르면 site-packages/
   torch/nn/modules/pixelshuffle.py에서 PixelShuffle의 클래스 정의
   가 나타납니다. forward 메소드 안에서 F.pixel_shuffle이 호출되었음을
   알 수 있습니다.

3. 다시 한 번 더블 클릭하고 pixel_shuffle에서 F12를 누르십시오. site-
   packages/torch/nn/functional.py에서 다음과 같은 스니펫에 도달합니다.

   ```
   pixel_shuffle = _add_docstr(torch.pixel_shuffle, r"""
   ...
   """)
   ```

   여기에서 코드의 C++ 부분이 PyTorch에 Python 객체로 등록됩니다. PyTorch
   작업의 C++ 대응 항목은 때때로 torch._C._nn 모듈이라고 불립니다. torch.
   pixelshuffle 위로 마우스를 가져가면 VS 코드에서 사용되는 확장에 따라
   pixelshuffle(self : Tensor, upscale_factor : int) -> Tensor가 표
   시됩니다. 불행히도 F12 키를 눌러도 유용한 것을 찾을 수 없습니다.

4. 이 pixelshuffle 함수의 C++ 구현을 찾으려면 GitHub의 PyTorch 저장소
   에서 pixelshuffle 키워드를 검색하면 됩니다. PyTorch의 소스 코드를 로
   컬로 복제한 경우 터미널에 다음 명령을 입력하여 *.cpp 파일에서 키워드를
   검색할 수 있습니다.

   ```
   $ grep -r --include \*.cpp pixel_shuffle .
   ```

   따라서, pytorch/aten/src/ATen/native/PixelShuffle.cpp 내부에 있
   는 함수 Tensor pixelshuffle(const Tensor & self, int64t upscale_
   factor) 정의를 찾을 수 있습니다.

 PyTorch가 어떻게 만들어 졌는지, C++과 Python이(CPU와 GPU에서) 유연하고 사용하기 쉬운 인터페이스를 제공하기 위해 협력하는 방법에 관심이 있다면 개발자 중 한 사람이 작성한 이 에세이에서 확인할 수 있습니다. PyTorch, Edward Z. Yang : http://blog.ezyang.com/2019/05/pytorch-internals.

이제 생성기 네트워크를 정의하기 위한 코드를 살펴 보겠습니다. SRGAN의 구현은 주로 https://github.com/leftthomas/SRGAN의 저장소를 기반으로 합니다. PyTorch 1.3의 전체 작업 소스 코드는 이 장의 코드 저장소에서도 사용할 수 있습니다. 새로운 파이썬 파일을 만드는 것으로 시작하겠습니다. 우리는 그것을 srgan.py라고 부릅니다.

1. 잔차(residual) 블록을 정의하십시오(물론 필요한 모듈을 가져온 후).

```python
import math
import torch
import torch.nn.functional as F
from torch import nn
import torchvision.models as models

class ResidualBlock(nn.Module):
    def __init__(self, channels):
        super(ResidualBlock, self).__init__()
        self.conv1 = nn.Conv2d(channels, channels,
                    kernel_size=3, padding=1)
        self.bn1 = nn.BatchNorm2d(channels)
        self.prelu = nn.PReLU()
        self.conv2 = nn.Conv2d(channels, channels,
                    kernel_size=3, padding=1)
        self.bn2 = nn.BatchNorm2d(channels)

    def forward(self, x):
```

```
        residual = self.conv1(x)
        residual = self.bn1(residual)
        residual = self.prelu(residual)
        residual = self.conv2(residual)
        residual = self.bn2(residual)
        return x + residual
```

여기서, 12라인의 **파라메트릭 레루(PReLU)**는 활성화 함수로 사용됩니다. PReLU는 LeakyReLU와 매우 유사하지만 음수 값의 기울기 계수는 학습 가능한 매개변수입니다.

2. 업샘플링 블록을 정의하십시오.

```
class UpsampleBLock(nn.Module):
    def __init__(self, in_channels, up_scale):
        super(UpsampleBLock, self).__init__()
        self.conv = nn.Conv2d(in_channels, in_channels *
                    up_scale ** 2, kernel_size=3, padding=1)
        self.pixel_shuffle = nn.PixelShuffle(up_scale)
        self.prelu = nn.PReLU()
    def forward(self, x):
        x = self.conv(x)
        x = self.pixel_shuffle(x)
        x = self.prelu(x)
        return x
```

여기에서는 저해상도 자질 맵을 고해상도로 재구성하기 위해 하나의 nn.Conv2d 층과 하나의 nn.PixelShuffle 층을 사용하여 하위 픽셀 합성곱을 수행합니다. PyTorch 공식 예에서 권장하는 방법은 https://github.com/pytorch/examples/blob/master/super_resolution/model.py입니다.

3. 잔차(residual) 및 업샘플링 블록으로 생성기 네트워크를 정의하십시오.

```python
class Generator(nn.Module):
    def __init__(self, scale_factor):
        upsample_block_num = int(math.log(scale_factor, 2))

        super(Generator, self).__init__()
        self.block1 = nn.Sequential(nn.Conv2d(3, 64,
                    kernel_size=9, padding=4), nn.PReLU() )
        self.block2 = ResidualBlock(64)
        self.block3 = ResidualBlock(64)
        self.block4 = ResidualBlock(64)
        self.block5 = ResidualBlock(64)
        self.block6 = ResidualBlock(64)
        self.block7 = nn.Sequential(nn.Conv2d(64, 64, kernel_
                    size=3, padding=1), nn.BatchNorm2d(64) )
        block8 = [UpsampleBLock(64, 2) for _ in
                    range(upsample_block_num)]
        block8.append(nn.Conv2d(64, 3, kernel_size=9,
                    padding=4))
        self.block8 = nn.Sequential(*block8)

    def forward(self, x):
        block1 = self.block1(x)
        block2 = self.block2(block1)
        block3 = self.block3(block2)
        block4 = self.block4(block3)
        block5 = self.block5(block4)
        block6 = self.block6(block5)
        block7 = self.block7(block6)
        block8 = self.block8(block1 + block7)

        return (torch.tanh(block8) + 1) / 2
```

마지막에 긴 건너뛰기 연결을 잊지 마십시오(self.block8(block1 + block7)). 마지막으로 생성기 네트워크의 출력은 tanh 활성화 기능에 의해 [-1,1] 범위에서 [0,1]로 조정됩니다. 학습 이미지의 픽셀값이 [0,1] 범위 내에 있기 때문에 판별기 네트워크가 값을 동일한 범위에 넣을 때 실제 이미지와 가짜 이미지의 차이를 쉽게 구별할 수 있어야 합니다.

우리는 GAN을 학습할 때 가치 범위의 함정을 조심해야 하는 방법에 대해서는 이야기하지 않았습니다. 이전 장에서 우리는 학습 데이터를 사전 처리하는 동안 입력 이미지를 항상 transforms.Normalize((0.5,), (0.5,))로 [-1,1]로 스케일링합니다. torch.tanh의 출력도 [-1,1]이므로, 판별기 네트워크 또는 손실 함수에 공급하기 전에 생성된 샘플의 크기를 조정할 필요가 없습니다.

판별기 작성

판별기 네트워크의 구조는 다음과 같습니다.

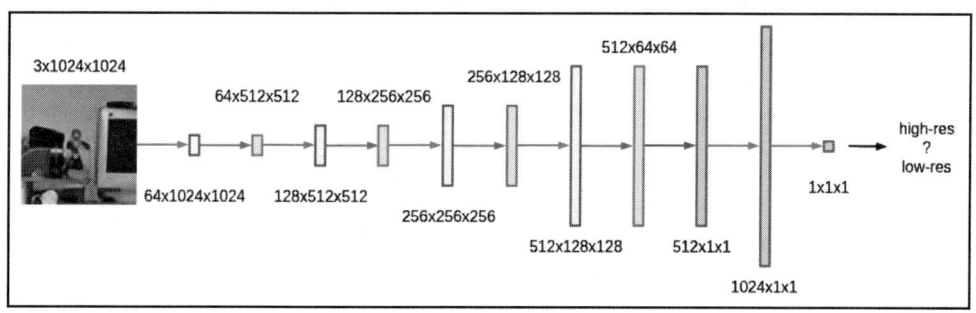

SRGAN의 판별기 구조

SRGAN의 판별기는 각 층에 비슷한 양의 정보가 포함되도록 VGG와 유사한 구조를 취하여 자질 맵의 크기를 점차적으로 줄이고 깊이 채널을 확장합니다. 바닐라 VGG 네트워크와 달리 판별기는 풀링 층을 사용하여 마지막 VGG의 자질 맵을 1×1로 변환합니다. 판별기 네트워크의 최종 출력은 단일 값으로, 입력 이미지가 고해상도인지 또는 저해상도인지를 나타냅니다.

여기, 우리는 SRGAN의 판별기 네트워크의 정의 코드를 제공합니다 :

```python
class Discriminator(nn.Module):
    def __init__(self):
        super(Discriminator, self).__init__()
        self.net = nn.Sequential(
            nn.Conv2d(3, 64, kernel_size=3, padding=1),
            nn.LeakyReLU(0.2),

            nn.Conv2d(64, 64, kernel_size=3, stride=2, padding=1),
            nn.BatchNorm2d(64),
            nn.LeakyReLU(0.2),

            nn.Conv2d(64, 128, kernel_size=3, padding=1),
            nn.BatchNorm2d(128),
            nn.LeakyReLU(0.2),

            nn.Conv2d(128, 128, kernel_size=3, stride=2, padding=1),
            nn.BatchNorm2d(128),
            nn.LeakyReLU(0.2),

            nn.Conv2d(128, 256, kernel_size=3, padding=1),
            nn.BatchNorm2d(256),
            nn.LeakyReLU(0.2),

            nn.Conv2d(256, 256, kernel_size=3, stride=2, padding=1),
            nn.BatchNorm2d(256),
            nn.LeakyReLU(0.2),
            nn.Conv2d(256, 512, kernel_size=3, padding=1),
            nn.BatchNorm2d(512),
```

```
            nn.LeakyReLU(0.2),

            nn.Conv2d(512, 512, kernel_size=3, stride=2, padding=1),
            nn.BatchNorm2d(512),
            nn.LeakyReLU(0.2),

            nn.AdaptiveAvgPool2d(1),
            nn.Conv2d(512, 1024, kernel_size=1), nn.LeakyReLU(0.2),
            nn.Conv2d(1024, 1, kernel_size=1)
        )

    def forward(self, x):
        batch_size = x.size(0)
        return torch.sigmoid(self.net(x).view(batch_size))
```

학습 손실 정의

SRGAN의 손실은 4가지 부분으로 구성됩니다. 여기서 Z는 저해상도(**LR**) 이미지를, $x = G(z)$는 생성기가 제공한 초 해상도(**SR**) 이미지를, y는 실제 고해상도(**HR**) 이미지 나타냅니다:

- 이전 GAN 모델과 유사한 적대적 손실 l_{adv}
- SR과 HR 이미지 간의 MSE 손실인 픽셀 단위 콘텐츠 손실 l_{pixel}
- SR 및 HR 이미지에서 사전 학습된 VGG 네트워크의 마지막 자질 맵 간 MSE 손실인 VGG 손실 l_{vgg}
- 정규화 손실 l_{reg} (가로 및 세로 방향의 픽셀 기울기의 평균 $L2$-노름의 합)

최종 학습 손실은 다음과 같습니다.

$$l_{\text{pixel}} + 10^{-3} \cdot l_{\text{adv}} + 6 \cdot 10^{-3} \cdot l_{\text{vgg}} + 2 \cdot 10^{-8} \cdot l_{\text{reg}}$$

이를 **지각 손실**이라고 하며, 이는 SR 이미지의 품질을 판단할 때 픽셀 단위의 유사성과 높은 수준의 기능을 모두 고려한다는 것을 의미합니다.

지각 손실에서의 $L2$-노름 정규화 항은 픽셀 기울기에 강한 구속을 추가하기 때문에 실제로 이미지를 흐리게 만듭니다. 이 주장에 당황한 느낌이 든다면 x축이 픽셀 기울기를 나타내고 y축이 이미지에 픽셀 기울기 값이 나타날 가능성을 알려주는 일반적인 분포를 상상해보십시오. 정규 분포 $N(0,1)$에서 대부분의 요소는 y축에 매우 가깝기 때문에 대부분의 픽셀이 매우 작은 기울기를 갖습니다. 주변 픽셀 사이의 변화가 대부분 매끄럽다는 것을 나타냅니다. 그러므로 우리는 정규화 항이 최종 손실을 지배하는 것을 원하지 않습니다. 실제로, 정규화 항은 업데이트된 버전의 SRGAN 논문에서 삭제됩니다. 안전하게 제거할 수도 있습니다.

지각 손실 함수의 정의 코드는 다음과 같습니다.

```
class GeneratorLoss(nn.Module):
    def __init__(self):
        super(GeneratorLoss, self).__init__()
        vgg = models.vgg16(pretrained=True)
        loss_network = nn.Sequential(*list(vgg.features)[:31]).eval()
        for param in loss_network.parameters():
            param.requires_grad = False
        self.loss_network = loss_network
        self.mse_loss = nn.MSELoss()
        self.l2_loss = L2Loss()
    def forward(self, out_labels, out_images, target_images):
        # adversarial Loss
        adversarial_loss = torch.mean(1 - out_labels)
        # vgg Loss
        vgg_loss = self.mse_loss(self.loss_network(out_images),
                                 self.loss_network(target_images))
        # pixel-wise Loss
```

```
        pixel_loss = self.mse_loss(out_images, target_images)
        # regularization Loss
        reg_loss = self.l2_loss(out_images)
        return pixel_loss + 0.001 * adversarial_loss + 0.006
                        * vgg_loss + 2e-8 * reg_loss
```

정규화 항은 다음과 같이 계산됩니다.

```
class L2Loss(nn.Module):
    def __init__(self, l2_loss_weight=1):
        super(L2Loss, self).__init__()
        self.l2_loss_weight = l2_loss_weight

    def forward(self, x):
        batch_size = x.size()[0]
        h_x = x.size()[2]
        w_x = x.size()[3]
        count_h = self.tensor_size(x[:, :, 1:, :])
        count_w = self.tensor_size(x[:, :, :, 1:])
        h_l2 = torch.pow((x[:, :, 1:, :] - x[:, :, :h_x - 1, :]), 2).sum()
        w_l2 = torch.pow((x[:, :, :, 1:] - x[:, :, :, :w_x - 1]), 2).sum()
        return self.l2_loss_weight * 2 * (h_l2 / count_h + w_l2 /
                    count_w) / batch_size

    @staticmethod
    def tensor_size(t):
        return t.size()[1] * t.size()[2] * t.size()[3]
```

이제 새로운 기능을 지원하기 위해 기존 train.py 파일을 수정해야 합니다.

```
# from loss import GeneratorLoss
# from model import Generator, Discriminator
from srgan1 import GeneratorLoss, Discriminator, Generator
```

`https://github.com/leftthomas/SRGAN`에서 제공하는 학습 스크립트는 모든 `.data[0]` 인스턴스를 `.item()`으로 바꾸는 몇 가지 사소한 수정을 하면 잘 작동합니다.

고해상도 이미지 생성을 위한 SRGAN 학습

물론 작업할 데이터가 필요합니다. README.md 파일의 링크에서 학습 이미지를 다운로드하기만 하면 됩니다. SRGAN 학습에는 원본 이미지 외에 저해상도 이미지(작은 크기로 쉽게 크기를 조정할 수 있음)만 필요하므로 언제든지 원하는 이미지 모음을 사용할 수 있습니다.

data라는 폴더를 만들고 학습 이미지를 DIV2KtrainHR이라는 폴더에 배치하고 검증용 이미지를 DIV2KvalidHR에 배치하십시오. 다음으로, 세대(epoch)라는 폴더를 생성하여 세대 데이터를 저장합니다. 마지막으로 training_results라는 폴더를 만듭니다.

SRGAN을 학습 시키려면 터미널에서 다음 명령을 실행하십시오.

```
$ pip install tqdm, pandas
$ python train.py
```

leftthomas가 제공한 이미지 모음은 VOC2012 데이터 세트에서 샘플링되었으며 16,700개의 이미지를 포함합니다. 배치 크기가 64인 경우 GTX 1080Ti 그래픽 카드에서 100세대를 학습하는 데 약 6.6시간이 걸립니다. 배치 크기가 96인 경우 GPU 메모리 사용량은 배치 크기가 88 및 7509 MB인 약 6433 MB입니다.

그러나 SRGAN을 학습하는 동안 GPU 사용량은 대부분 10% 미만(nvtop을 통해 관찰됨)으로, 데이터로드 및 사전 처리에 너무 많은 시간이 걸린다는 것을 나타냅니다. 이 문제는 두 가지 솔루션으로 해결할 수 있습니다.

- SSD에 데이터 세트 넣기(바람직하게는 NVMe 인터페이스를 통해)

- 다음 반복이 시작되기 전에 데이터 프리 페처를 사용하여 데이터를 GPU 메모리에 사전 로드

여기에서 두 번째 해결책을 수행하는 방법에 대해 이야기하겠습니다. 데이터 프리 페처 코드는 NVIDIA apex 프로젝트의 ImageNet 예제인 https://github.com/NVIDIA/apex/blob/master/examples/imagenet/main_amp.py에서 차용하였습니다. 다음과 같이 하세요.

1. 소스 트리 어딘가에 데이터 프리 페처를 정의하십시오(예 : SRGAN의 data_utils.py 파일).

```python
class data_prefetcher():
    def __init__(self, loader):
        self.loader = iter(loader)
        self.stream = torch.cuda.Stream() self.preload()

    def preload(self):
        try:
            self.next_input, self.next_target = next(self.loader)
        except StopIteration:
            self.next_input = None
            self.next_target = None
            return
        with torch.cuda.stream(self.stream):
            self.next_input = self.next_input.cuda
                        (non_blocking=True)
            self.next_target = self.next_target.cuda
                        (non_blocking=True)
            self.next_input = self.next_input.float()

    def next(self):
        torch.cuda.current_stream().wait_stream(self.stream)
        input = self.next_input
```

```
        target = self.next_target
        self.preload()
        return input, target
```

2. 학습 중에 샘플을 로드하려면 데이터 프리 페처를 사용하십시오.

```
for epoch in range(1, NUM_EPOCHS + 1):
    train_bar = tqdm(train_loader)
    prefetcher = data_prefetcher(train_bar)
    data, target = prefetcher.next()
    ...
    while data is not None:
    // train D
    ...
    // train G
    ...
    data, target = prefetcher.next()
```

여기서, tqdm 모듈은 학습 중 터미널에서 진행률 표시줄을 인쇄하기 위한 것이며 원래의 반복 가능한 객체로 취급될 수 있습니다. SRGAN 학습에서 데이터 프리 페처는 다음과 같이 GPU 효율성에 큰 차이를 만듭니다.

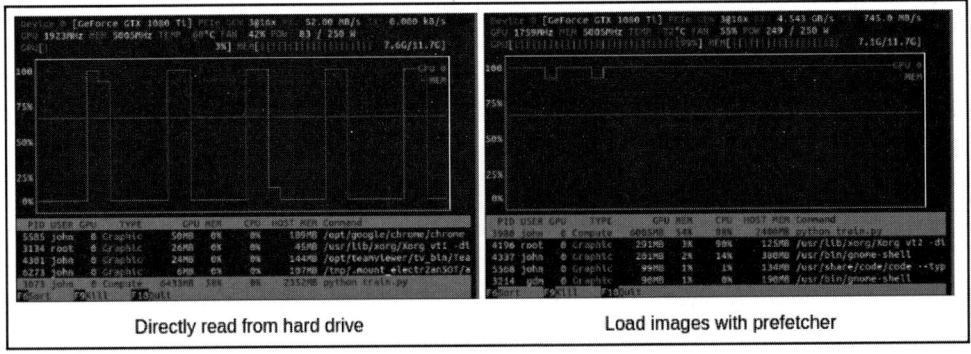

프리 페처를 사용하여 이미지를 GPU 메모리에 로드하기 전후의 GPU 사용

데이터 프리 페처는 다른 형식의 데이터로 조정할 수 있으며 이 장의 리포지토리 아래 소스 코드에도 포함되어 있습니다.

일부 초 해상도 결과는 다음과 같습니다. 우리는 SRGAN이 저해상도 이미지를 선명하게 하는 좋은 일을 하고 있음을 알 수 있습니다. 그러나 큰 색 얼룩(예 : 첫 번째 이미지의 바위와 세 번째 이미지의 나무) 사이의 날카로운 가장자리를 처리할 때 한계가 있음을 알 수 있습니다.

SRGAN의 초 고해상도 결과

7.2
생성 이미지 인페인팅

우리는 제대로 학습된 GAN이 잠재적인 데이터 분포를 학습하고 그 정보를 사용하여 새로운 샘플을 생성할 수 있음을 알고 있습니다. 이 특별한 GAN 기능은 이미지의 누락된 부분을 그럴듯한 픽셀로 채우는 이미지 인페인팅과 같은 응용 분야에 적합합니다.

이 섹션에서는 Jiahui Yu, Zhe Lin, Jimei Yang 등의 논문인 Generative Image Inpainting with Contextual Attention 작업을 기반으로 이미지 인페인팅을 수행하기 위해 GAN 모델을 학습하는 방법을 학습합니다. 업데이트된 버전의 프로젝트(http://jiahuiyu.com/deepfill2)가 게시되었지만 소스 코드는 책 작성 시점에 아직 공개되지 않았습니다. 따라서 TensorFlow로 구현된 이전 버전의 소스 코드(https://github.com/JiahuiYu/generative_inpainting)를 기반으로 PyTorch에서 모델을 구현해야 합니다.

GAN으로 이미지 인페인팅에 대한 작업을 시작하기 전에 분석법을 이해하는 것이 중요하므로 이해해야 할 몇 가지 기본 개념이 있습니다.

im2col에서 nn.Unfold까지의 효율적인 합성곱

파이썬이나 C/C++로 합성곱 뉴럴 네트워크를 직접 구현하고 싶다면 가장 고통스러운 작업은 기울기의 역전파이며 가장 시간이 많이 걸리는 부분은 합성곱(LeNet과 같은 일반 CNN을 구현한다고 가정)입니다.

코드에서 합성곱을 수행하는 방법에는 여러 가지가 있습니다(PyTorch와 같은 딥러닝 도구를 직접 사용하는 것 제외):

1. 일반적으로 가장 느린 방법인 정의에 따라 합성곱을 직접 계산하십시오.

2. 커널 크기가 이미지에 비해 너무 작기 때문에 CNN에 적합하지 않은 FFT (Fast Fourier Transform)를 사용하십시오.
3. im2col을 사용하여 합성곱을 행렬 곱셈(즉, General Matrix Multiply 또는 GeMM)으로 처리하십시오. 이것은 수많은 소프트웨어 및 도구에서 사용되는 가장 일반적인 방법이며 훨씬 빠릅니다.
4. 특정 상황에서 GeMM보다 빠른 Winograd 방법을 사용하십시오.

이 섹션에서는 처음 세 가지 방법에 대해서만 이야기합니다. Winograd 방법에 대해 더 자세히 알고 싶다면 이 프로젝트 https://github.com/andravin/wincnn과 Andrew Lavin과 Scott Gray의 *Fast Algorithms for Convolutional Neural Networks*를 확인하십시오. 여기서는 다른 방법으로 2D 합성곱을 위한 Python 코드를 제공합니다.

계속하기 전에 터미널에 다음 명령을 입력하여 필수 구성 요소를 설치했는지 확인하십시오.

```
$ pip install numpy, scipy
```

이제 다음 단계를 따르십시오.

1. 합성곱을 직접 계산하십시오. 다음 합성곱 모두 구현의 보폭은 1이고, 패딩 크기는 0입니다. 이는 출력 크기가 imagesize - kernelsize + 1임을 의미합니다.

```
import numpy as np

def conv2d_direct(x, w):
    w = np.flip(np.flip(w, 0), 1)
    rows = x.shape[0]
    cols = x.shape[1]
```

```
        kh = w.shape[0]
        kw = w.shape[1]
        rst = np.zeros((rows-kh+1, cols-kw+1))
        for i in range(rst.shape[0]):
            for j in range(rst.shape[1]):
                tmp = 0.
                for ki in range(kh):
                    for kj in range(kw):
                        tmp += x[i+ki][j+kj] * w[ki][kj]
                rst[i][j] = tmp
        return rst
```

앞에서 언급했듯이 정의에 따라 합성곱을 직접 계산하는 것은 매우 느립니다. 다음은 512×512 이미지를 5×5 커널로 변환할 때의 경과 시간입니다.

```
x = np.random.randn(512, 512)
w = np.random.randn(5, 5)

from timeit import default_timer as timer
start = timer()
rst1 = conv2d_direct(x, w)
end = timer()
print('Elapsed time (direct): {}'.format(end - start))
# 3.868343267000455 seconds on an Intel Core i5-4590 CPU
```

또한 계산이 올바른지 알 수 있도록 결과를 (예를 들어 scipy.signal.convolve2d) 기준과 비교해야 합니다.

```
from scipy import signal

start = timer()
rst0 = signal.convolve2d(x, w, mode='valid')
```

```
end = timer()
print('Elapsed time (reference): {}'.format(end - start))
# 0.017827395000495017

error1 = np.max(np.abs(rst1 - rst0))
print('Error: {}'.format(error1))
# 1.0658141036401503e-14
```

이제 우리는 계산이 정확하다는 것을 알고 있습니다. 다음 문제는 더 빨리 계산하는 방법입니다.

2. FFT로 합성곱을 계산하십시오. 이 공식에 따르면, 두 개의 푸리에 변환과 하나의 역 푸리에 변환을 수행하여 합성곱 결과를 얻을 수 있습니다.

$$\mathcal{F}\{f * g\} = \mathcal{F}\{f\} \cdot \mathcal{F}\{g\}$$

디지털 이미지를 다루기 때문에 NumPy가 제공하는 FFT(Fast Fourier Transform) 방법으로 매우 빠르게 계산할 수 있는 DFT(Discrete Fourier Transform)를 수행해야 합니다.

```python
def conv2d_fft(x, w):
    # return signal.fftconvolve(x, w, mode='valid')
    size = np.array(x.shape) + np.array(w.shape) - 1
    fsize = 2 ** np.ceil(np.log2(size)).astype(int)
    fslice = tuple([slice(kn-1, int(sz)-kn+1) for sz, kn in
            zip(size, w.shape)])
    x_fft = np.fft.fft2(x , fsize)
    w_fft = np.fft.fft2(w , fsize)
    rst = np.fft.ifft2(x_fft * w_fft) rst = rst[fslice].real
    return rst
```

FFT 기반 합성곱의 경과 시간 및 계산 오류는 다음과 같습니다.

```
Elapsed time (FFT): 0.17074442000011913
Error: 1.0658141036401503e-14
```

FFT에 의한 합성곱이 직접 접근법보다 훨씬 빠르며 `scipy.signal.convolve2d`와 거의 같은 시간이 소요됨을 알 수 있습니다. 더 빨리 할 수 있습니까?

3. im2col로 합성곱을 계산하십시오.

잠시 멈추고 처음 두 가지 방법에 대해 생각해 봅시다. 직접 접근 방식에는 4개의 for 루프와 행렬 요소에 대한 많은 임의 접근이 포함됩니다. FFT 방식은 합성곱을 행렬 곱셈으로 바꾸지만 2개의 FFT와 1개의 역 FFT가 필요합니다. 우리는 BLAS와 같은 저수준 계산 도구가 행렬 곱셈에 매우 능숙하다는 것을 알고 있습니다. 원래 합성곱을 행렬 곱셈으로 취급하는 것은 어떨까요?

예를 들어 3×3 이미지와 2×2 커널 사이의 합성곱을 살펴보십시오(보폭 1, 패딩 크기 0).

이미지와 2×2 커널의 합성곱

입력 이미지를 매우 긴 벡터 (1×9)로 늘이고 합성곱 커널을 매우 큰 행렬 (9×4)로 변환하여 출력의 크기가 예상대로 1×4가 되도록 합니다. 물론 여기에 표시된 것처럼 합성곱 내 계산 프로세스(예 : $y_1 = x_1w_1 + x_2w_2 + x_4w_3 + x_5w_4$)에 따라 큰 행렬의 요소를 정렬해야 합니다.

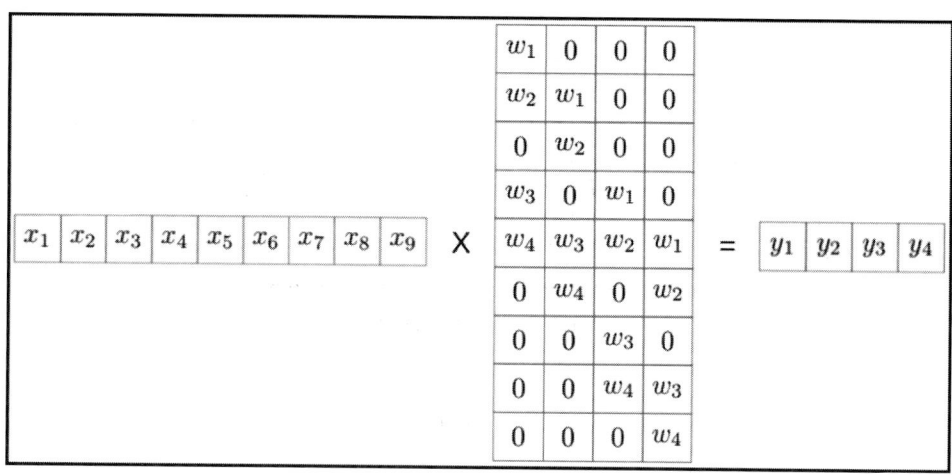

희소 행렬 곱셈을 통한 합성곱

이런 식으로, 우리는 매우 긴 벡터와 큰 희소 행렬 (많은 요소가 0인) 사이의 행렬 곱셈을 계산해야 합니다. 직접 곱셈은 시간과 메모리 측면에서 매우 비효율적일 수 있습니다. 일부 수치 알고리즘을 사용하여 희소 행렬 곱셈의 속도를 높일 수 있지만 합성곱을 행렬 곱셈으로 변환하는 더 효율적인 방법이 있으므로 이 방법에 대한 자세한 내용은 다루지 않습니다.

 희소 행렬 곱셈을 동일한 입력 및 출력 크기(동일한 크기 가중치 행렬)를 사용하여 완전히 연결된 층(nn.linear)과 비교하면 합성곱이 완전히 연결된 층보다 훨씬 적은 수의 매개변수가 필요하다는 것을 알 수 있습니다(가중치 행렬에서 많은 영(0)이며 요소는 대부분 재사용 가능합니다. 이로 인해 CNN이 MLP보다 학습하기 쉽고 과적합에 보다 강력해졌습니다. 이는 CNN이 최근 몇 년간 인기를 얻은 이유 중 하나이기도 합니다.

커널의 크기가 이미지보다 훨씬 작은 경우를 고려하여 다음과 같이 커널을 벡터로 확장하고 입력 이미지의 요소를 커널 벡터의 크기에 맞게 다시 정렬해 봅니다.

$$\begin{array}{|cccc|c|c|} \hline x_1 & x_2 & x_4 & x_5 & w_1 & y_1 \\ x_2 & x_3 & x_5 & x_6 & w_2 & y_2 \\ x_4 & x_5 & x_7 & x_8 & w_3 & y_3 \\ x_5 & x_6 & x_8 & x_9 & w_4 & y_4 \\ \hline \end{array}$$

im2col을 통한 합성곱

이제 우리는 훨씬 더 작은 차원으로 밀도가 높은 행렬 곱셈을 수행해야 한다는 것을 알 수 있습니다. 입력 이미지에서 수행하는 변환을 im2col이라고 합니다. im2col의 결과는 이해하기 쉽습니다. 한 행의 요소는 주어진 위치에서 합성곱을 수행하는 데 필요한 입력 이미지의 요소를 나타내고(이는 **슬라이딩 윈도우**라고 함) i번째 행은 i번째 출력 요소(y_i)에 해당합니다.

다음은 im2col의 Python 구현입니다.

```python
def im2col(x, stride=1):
    # https://stackoverflow.com/a/30110497/3829845
    rows = x.shape[0]
    cols = x.shape[1]
    kh = w.shape[0]
    kw = w.shape[1]
    s0, s1 = x.strides
    nrows = rows-kh+1
    ncols = cols-kw+1
    shape = kh, kw, nrows, ncols
    slides = s0, s1, s0, s1
    L = kh*kw
```

```
        x_unfold = np.lib.stride_tricks.as_strided(x, shape=shape,
            strides=slides)
        return x_unfold.reshape(L, -1)[:,::stride]

def conv2d_gemm(x, w, stride=1):
    w = np.flip(np.flip(w, 0), 1)
    rows = x.shape[0]
    cols = x.shape[1]
    kh = w.shape[0]
    kw = w.shape[1]
    L = kh*kw

    x_unfold = im2col(x)
    y_unfold = np.matmul(x_unfold.transpose(), w.reshape((L, 1)))
    return y_unfold.reshape(rows-kh+1, cols-kw+1)
```

경과 시간과 계산 오류는 다음과 같습니다.

```
Elapsed time (im2col): 0.014781345998926554
Error: 1.0658141036401503e-14
```

합성곱을 행렬 곱셈으로 취급하면 세 가지 방법 중 가장 빠른 계산 속도를 얻을 수 있습니다. 직접 접근 방식에 비해 계산 시간이 260배 이상 빨라졌습니다. im2col의 또 다른 장점은 CNN과 완전히 호환된다는 것입니다. CNN에서 합성곱은 종종 채널에서 수행되므로 개별 합성곱 그룹의 합계를 계산해야 합니다. 예를 들어 입력 자질 맵의 크기가 $[B, C_{in}, H, W]$이고, 가중치 텐서가 $[C_{out}, C_{in}, h_k, w_k]$라고 가정합시다. C_{out} 채널의 각 뉴런에 대해 이미지 $[H, W]$와 커널 $[h_k, w_k]$ 간의 C_{in}번의 합성곱 연산의 합입니다. im2col을 사용하면 주어진 위치에서 슬라이딩 윈도우의 합성곱 결과는 두 벡터의 곱셈으로 나타납니다(합성곱 자체는 요소별 곱셈의 합이기 때문). C_{out} 채널 중 하나의 출력 픽셀 값을 단일 벡터 곱셈을 통해 얻을 수 있도록 모든 C_{in} 채널에서 동일한 슬라이딩 윈도우 내의 모든 요소를 하나의 긴 벡터로 채워 이 패턴을 적용할 수 있습니다. 파이썬에서 채널 별 합성곱을 수행하는 방법에 대해 자세히 알아보려면 스택 오버플로 게시물(https://stackoverflow.com/q/30109068/3829845)을 확인하십시오.

4D 텐서 합성곱을 3D 텐서 곱셈으로 바꾸는 것은 nn.Unfold가 편리합니다. 다음은 PyTorch를 사용하여 합성곱을 행렬 곱셈으로 명시적으로 전환하는 방법을 보여주는 코드 스니펫입니다(https://pytorch.org/docs/stable/nn.html?highlight=unfold#torch.nn.Unfold의 공식 문서를 기반으로).

```
import torch

inp = torch.randn(1, 1, 512, 512)
w = torch.randn(1, 1, 5, 5)
start = timer()
inp_unf = torch.nn.functional.unfold(inp, (5, 5))
out_unf = inp_unf.transpose(1, 2).matmul(w.view(w.size(0), -1).t()).
        transpose(1, 2)
out = out_unf.view(1, 1, 508, 508)
# Or using
# out = torch.nn.functional.fold(out_unf, (508, 508), (1, 1))
end = timer()
print('Elapsed time (nn.Unfold): {}'.format(end - start))
error4 = (torch.nn.functional.conv2d(inp, w) - out).abs().max()
print('Error: {}'.format(error4))
```

출력 메시지는 다음과 같습니다.

```
Elapsed time (nn.Unfold): 0.021252065999760816
Error: 6.67572021484375e-06
```

Python im2col 구현이 PyTorch보다 훨씬 빠릅니다. 딥러닝 툴박스를 직접 만들 수 있기를 바랍니다.

WGAN – Wasserstein 거리 이해

GAN은 학습하기 어려운 것으로 알려져 있습니다. 특히 처음부터 새로 만들려고 한다면 더욱 그렇습니다(물론 이 책을 읽은 후 GAN 학습이 훨씬 쉬워질 수 있기를 바랍니다). 지난 장에서 우리는 많은 훌륭한 연구자들의 경험에서 나온 여러 가지 다른 모델 설계 및 학습 기술을 배웠습니다. 이 섹션에서는 GAN의 학습을 개선하기 위해 더 나은 거리 측정법을 사용하는 방법에 대해 설명합니다. 다시 말해, Wasserstein GAN에 대해서 배우게 됩니다.

Wasserstein GAN(WGAN)은 Martin Arjovsky, Soumith Chintala 및 Léon Bottou가 논문 *Wasserstein GAN*에서 제안했습니다. Martin Arjovsky와 Léon Bottou는 또한 이전의 논문인 *Towards Principled Methods for Training Generative Adversarial Networks*에서 토대를 마련했습니다. 이 논문을 완전히 이해하려면 확률 이론, 측정 이론 및 기능 분석에 대한 기본적인 수학 지식이 있어야 합니다. 우리는 수학 공식을 최소한으로 유지하고 WGAN의 개념을 이해하도록 돕기 위해 최선을 다할 것입니다.

원 GAN 손실 문제 분석

GAN에 대해 일반적으로 사용되는 손실 함수를 살펴 보겠습니다(이전 장에 이미 나와 있음).

- $\mathbb{E}_{real}[\log D(x)] + \mathbb{E}_{fake}[\log(1 - D(x))]$, GAN 손실의 원래 형태
- $\mathbb{E}_{fake}[\log(1 - D(x))]$
- $\mathbb{E}_{fake}[-\log D(x)]$

이전 장의 실험 결과는 이러한 손실 기능이 여러 응용 분야에서 잘 동작함을 이미 보여주었습니다. 그러나 이러한 기능을 자세히 살펴보고 제대로 동작하지 않을 때 무엇이 잘못될 수 있는지 살펴 보겠습니다.

1단계 : 첫 번째 손실 함수 문제 :

생성기 네트워크가 학습되었고 최적의 판별기 네트워크 D를 찾아야 한다고 가정합니다. 다음 식을 봅시다.

$$P_r(x) \log D(x) + P_f(x) \log(1 - D(x))$$

이 공식에서 P_r는 실제 데이터의 분포를 나타내고 P_f는 가짜(생성된) 데이터의 분포를 나타냅니다. x는 $\mathbb{E}_{real}$을 계산할 때 실제 데이터이고, $\mathbb{E}_{fake}$를 계산할 때 가짜 데이터입니다.

우리는 여기서 x의 표기법이 약간 혼란스럽다는 것을 인정합니다. 그러나 모든 종류의 데이터가 동일한 데이터 공간(예 : 3개의 8비트 채널이 있는 모든 이미지)에 존재하고 공간의 일부는 실제 데이터에 속하고 일부는 생성된 데이터라고 간주한다면, GAN의 학습은 본질적으로 가짜 부분이 실제 부분과 겹치도록 만들어 실제 부분과 동일하게 되기를 바랍니다.

공식의 최솟값을 찾기 위해 D에 대한 미분값을 0으로 만들고 다음을 얻습니다.

$$D^*(x) = \frac{P_r(x)}{P_r(x) + P_f(x)}$$

따라서 첫 번째 손실 함수는 다음과 같이 됩니다(D가 최적일 때).

$$\mathbb{E}_{real}\left[\frac{P_r}{\frac{1}{2}(P_r + P_f)}\right] + \mathbb{E}_{fake}\left[\frac{P_f}{\frac{1}{2}(P_r + P_f)}\right] - 2\log 2$$
$$= 2\text{JS}(P_r \| P_f) - 2\log 2$$

$JS(P_r \| P_f)$는 Jensen-Shannon 차이(JS 차이)이며, 이는 Kullback-Leibler 차이(KL 차이)의 대칭 버전입니다.

$$KL(P_1 \| P_2) = \mathop{\mathbb{E}}_{P_1}[\log \frac{P_1}{P_2}]$$
$$JS(P_1 \| P_2) = \frac{1}{2}KL(P_1 \| \frac{P_1 + P_2}{2}) + \frac{1}{2}KL(P_2 \| \frac{P_1 + P_2}{2})$$

Kullback-Leibler 차이는 일반적으로 두 분포 사이의 거리를 설명하는 데 사용됩니다. 이것은 P_1와 P_2의 **교차 엔트로피**에서 P_1의 **엔트로피**를 뺀 것과 같기 때문에 KL 차이를 **상대 엔트로피**라고도 합니다. $P_1 = 0$과 $P_2 = 1$은 $KL(P_1 \| P_2) = 0$을 만들지만 $P_1 = 1$과 $P_2 = 0$은 $KL(P_1 \| P_2) = \infty$를 만들기 때문에 KL 차이는 대칭이 아닙니다. 따라서 KL 차이는 거리 측정법이 아닙니다. 그러나 Jensen-Shannon 차이는 대칭이며 거리 측정으로 사용할 수 있습니다.

신경망에서 배운 임베딩 공간을 시각화하기 위해 TensorBoard를 사용했다면, 2차원 또는 3차원 그래프로 고차원 데이터를 멋지게 설명할 수 있는 t-SNE라는 유용한 기술을 발견했을 것입니다. t-SNE에서는 수정된 버전의 KL 차이를 사용하여 고차원 데이터를 저차원으로 매핑합니다. t-SNE에 대한 자세한 내용은 https://distill.pub/2016/misread-tsne을 참조하십시오. 또한 이 Google Techtalk 비디오는 KL 차이 및 t-SNE를 이해하는 데 도움이 될 수 있습니다(https://www.youtube.com/watch?v=RJVL80Gg31A).

JS 차이의 문제점은 P_r와 P_f가 서로 떨어져 있을 경우(겹치지 않거나 약간 겹치는 경우) P_r와 P_f가 얼마나 멀리 떨어져 있든 그것의 값이 log2로 남아 있다는 것입니다. 학습이 시작될 때 P_r와 P_f가 서로 가까이 있지 않다고 가정하는 것이 합리적입니다(생성기가 무작위로 초기화되고 P_f가 데이터 공간의 어느 곳에나 있을 수 있기 때문에). 거의 일정한 손실은 판별자가 최적일 때, 파생 정보에 유용한 정보를 제공하지 않습니다. 따라서 GAN에서 첫 번째 형태의 손실을 사용하는 경우, 잘 학습된 판별기가 생성기의 자체 개선을 막습니다(**기울기 소실**).

 GAN의 기울기 소실 문제는 때때로 학습 중 판별기의 입력에 어닐링 노이즈를 추가하여 해결할 수 있습니다. 그러나 우리는 나중에 더 원칙적인 방법에 대해 이야기할 것입니다.

2단계 : 다른 두 손실 함수의 문제점 :

예를 들어 세 번째 손실을 봅시다. 다음과 같이 쓸 수 있습니다.

$$\mathrm{KL}(P_f||P_r) - \mathbb{E}_{P_f}[\log(1 - D^*)]$$
$$=\mathrm{KL}(P_f||P_r) - 2\mathrm{JS}(P_r||P_f) + 2\log 2 + \mathbb{E}_{P_r}[\log D^*]$$

이 공식에서 마지막 두 항은 생성기와 관련이 없습니다. 그러나 처음 두 항은 완전히 반대의 목표를 지향합니다(JS 차이를 최대화하면서 KL 차이를 최소화 함). 이로 인해 학습이 매우 불안정해집니다. 반면 KL 차이의 고용은 **모드 붕괴**(mode collapse)로 이어질 수 있습니다. 실제 샘플 생성 실패는 심각하게 불이익을 받지만($P_f > 0$ 및 $P_r = 0$인 경우 $\mathrm{KL}(P_f \| P_r) = \infty$) 몇 가지 실제 샘플 생성만 불이익을 받지 않습니다($P_f = 0$ 및 $P_r > 0$일 때 $\mathrm{KL}(P_f \| P_r) = 0$). 이로 인해 생성기는 다양성이 적은 샘플을 생성하는 경향이 있습니다.

Wasserstein 거리의 장점

Wasserstein 거리(Earth Mover's Distance 또는 EMD라고도 함)는 다음과 같이 정의됩니다.

$$W(P_r, P_f) = \inf_{\gamma \sim \pi} \mathbb{E}_{(x,y) \sim \gamma} [||x - y||]$$

$$= \frac{1}{K} \sup_{||f||_L \leq K} \mathbb{E}_{P_r}[f] - \mathbb{E}_{P_f}[f]$$

이해하기 어렵다고 하더라도 앞의 방정식에 대해 걱정하지 마십시오. 본질적으로 가능한 모든 공동 분포(joint distribution)에서 샘플링된 두 변수 사이의 최소 거리를 설명합니다. 간단히 말해서, 다음 스크린 샷과 같이 먼지 더미 하나를 (특성 분포 모양에서) 이동하여 다른 더미(또 다른 분포)를 만드는 데 드는 최소 비용입니다.

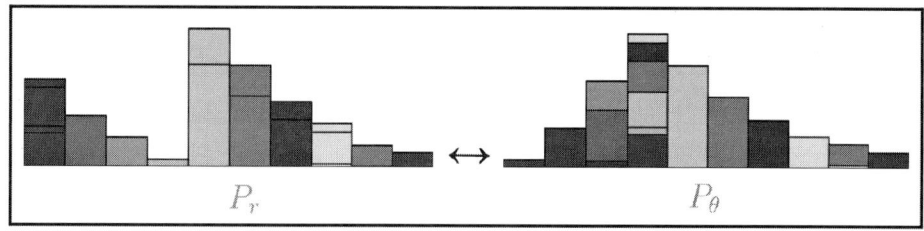

Wasserstein 거리 : 두 더미 사이의 최적 운송(https://vincentherrmann.github.io/blog/wasserstein에서 검색된 이미지)

JS 차이와 비교하여 Wasserstein 거리는 실제 데이터와 가짜 데이터 사이의 거리가 서로 멀리 떨어져 있어도 올바르게 설명할 수 있습니다. 따라서 판별기가 양호할 때 생성기 네트워크를 업데이트하기 위해 미분값을 정확하게 계산할 수 있습니다.

가장 적합한 함수 f를 찾기 위해 신경망을 간단히 학습시켜서 추정할 수 있습니다(운이 좋게 우리는 이미 판별기 네트워크를 학습하고 있습니다). 방정식의 두 번째 줄에 중요한 조건은 모든 함수 f가 Lipschitz 연속이라는 것입니다.

$$|f(x_1) - f(x_2)| \leq K|x_1 - x_2|, \quad K \geq 0, \quad \text{for any} \quad x_1, x_2$$

Lipschitz 연속성은 K보다 큰 기울기 값을 K(**기울기 클리핑**)로 클리핑하거나 가중치 값을 일정한 값으로 클리핑(**가중 클리핑**)함으로써 신경망에서 쉽게 달성할 수 있습니다.

1장, '적대적 생성 네트워크의 기본사항'에서 Python으로 작성된 간단한 GAN을 기억하십니까? 안정적인 트레이닝을 위해 기울기 클리핑과 웨이트 클리핑을 모두 적용했습니다. 누군가가 왜 GAN에서 텐서를 클리핑(클램핑) 하고 있는지 묻는다면 기울기 폭발보다 더 나은 대답을 할 수 있습니다.

마지막으로 Wasserstein 손실은 다음과 같이 작성됩니다.

$$\text{G-loss:} \quad -\mathop{\mathbb{E}}_{fake}[D(x)]$$
$$\text{D-loss:} \quad \mathop{\mathbb{E}}_{fake}[D(x)] - \mathop{\mathbb{E}}_{real}[D(x)]$$

그러나 매우 깊은 신경망을 학습할 때 기울기 클리핑에 문제가 있습니다. 첫째, 기울기/가중값이 [-c, c]에 너무 자주 고정되면 학습이 끝날 때 -c 또는 c로 고정되는 반면 소수의 매개변수만 두 끝 사이에 값을 갖습니다. 둘째, 기울기를 더 크거나 작은 범위로 고정하면 "보이지 않는" 기울기 소멸 또는 폭발이 발생할 수 있습니다. 기울기 값이 매우 크더라도 결국 [-c, c]로 고정되기 때문에 이를 "보이지 않음"이라고 합니다. 그러나 계산 리소스가 완전히 낭비됩니다. 따라서 Ishaan Gulrajani, Faruk Ahmed, Martin Arjovsky 등이 *Improved Training of Wasserstein GANs* 논문에서 판별기 손실에 페널티 항, 즉 기울기 페널티 항을 추가하도록 제안했습니다.

$$\mathop{\mathbb{E}}_{fake}[D(x)] - \mathop{\mathbb{E}}_{real}[D(x)] + \lambda \cdot \mathop{\mathbb{E}}_{\hat{x}}[|| \frac{\partial D(x)}{\partial \hat{x}} ||_2 - 1]^2$$
$$\hat{x} = \alpha \cdot x_{real} + (1-\alpha) \cdot x_{fake}, \quad \alpha \sim U(0,1)$$

페널티 기울기는 한 쌍의 실제 데이터와 가짜 데이터 사이의 무작위 보간과 관련하여 계산됩니다.

간단히 말해서 Wasserstein loss를 사용하려면 다음을 수행해야 합니다.

- 판별기 네트워크의 마지막 계층에서 Sigmoid 기능을 제거하십시오.
- 손실을 계산할 때 결과에 로그 기능을 적용하지 마십시오.
- 기울기 페널티를 사용하십시오(또는 얕은 신경망에서 가중치를 간단히 클리핑하십시오).
- Momentum 또는 Adam 대신 RMSprop을 사용하여 네트워크를 학습하십시오.

이미지 인페인팅을 위한 GAN 학습

이제 이미지 인페인팅을 위한 새로운 GAN 모델을 학습할 차례입니다. https://github.com/DAA233/generateative-inpainting-pytorch에서 제공되는 원본 PyTorch 구현에 대한 코드를 얻을 수 있습니다. 고유 코드를 구현하기 위해 원래 코드를 수정하는 것은 어려운 일입니다. CelebA 데이터 세트가 이미 있으므로 이 섹션의 실험을 위한 학습 데이터 세트로 사용하십시오.

이미지 인페인팅을 위한 모델 디자인

이미지 인페인팅을 위한 GAN 모델은 다음과 같이 두 개의 생성기 네트워크(거친 생성기 및 섬세한 생성기)와 두 개의 판별기 네트워크(로컬 판별기 및 글로벌 판별기)로 구성됩니다.

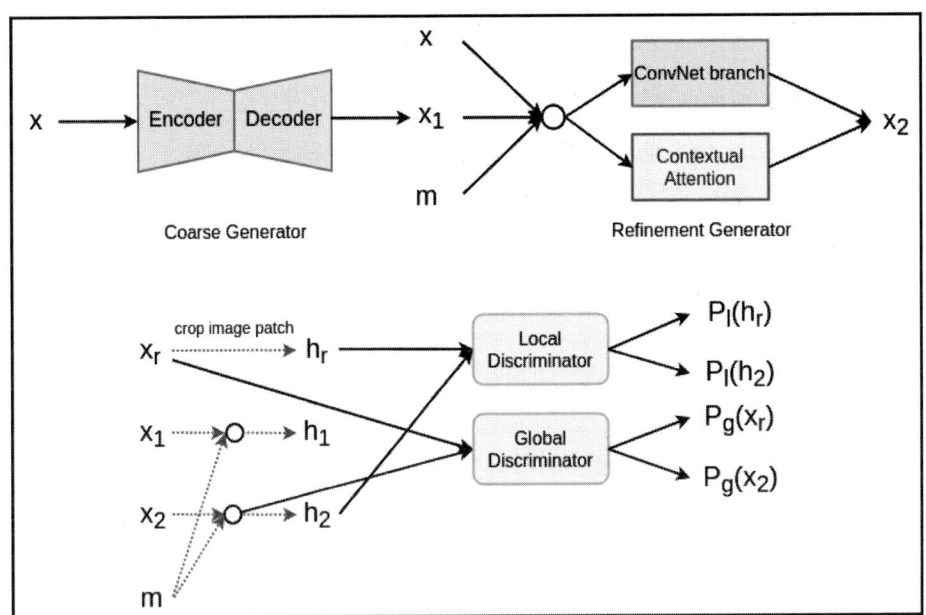

이미지 인페인팅을 위한 GAN 모델 : 이미지 x는 입력 이미지를 나타냅니다. x_1 및 x_2는 각각 거친 생성기 및 섬세한 생성기에 의해 생성된 이미지를 나타내고; x_1은 원래 완전한 이미지를 나타내고; m은 이미지에서 누락된 부분에 대한 마스크를 나타냅니다.

생성기 모델은 2단계의 거친 구조에서 섬세한 구조를 사용합니다. 거친 생성기는 17-층 인코더-디코더 CNN이며 확장된 합성곱이 중간에 사용되어 수용 장을 확장시킵니다. 입력 이미지 (x)의 크기가 3×256×256이라고 가정하고, 거친 생성기의 출력 (x_1)도 3×256×256입니다.

섬세한 생성기에는 두 개의 분기가 있습니다. 하나는 10계층 CNN이고 다른 하나는 **문맥 주의집중 분기**(Contextual Attention Branch)라고 하며, 이미지의 다른 부분에서 적절한 참조 위치를 찾아서 구멍을 채우기 위한 올바른 픽셀을 생성합니다. 초기 입력 이미지 x; 거친 출력 x_1; x에서 누락된 픽셀을 표시하는 이진 마스크는 섬세한 생성기에 함께 공급되어 문맥 집중 분기에 들어가기 전에 (6개의 합성곱 층을 통해) [128, 64, 64] 텐서에 매핑됩니다.

문맥 주의집중 분기 내의 계산 과정은 다음과 같습니다.

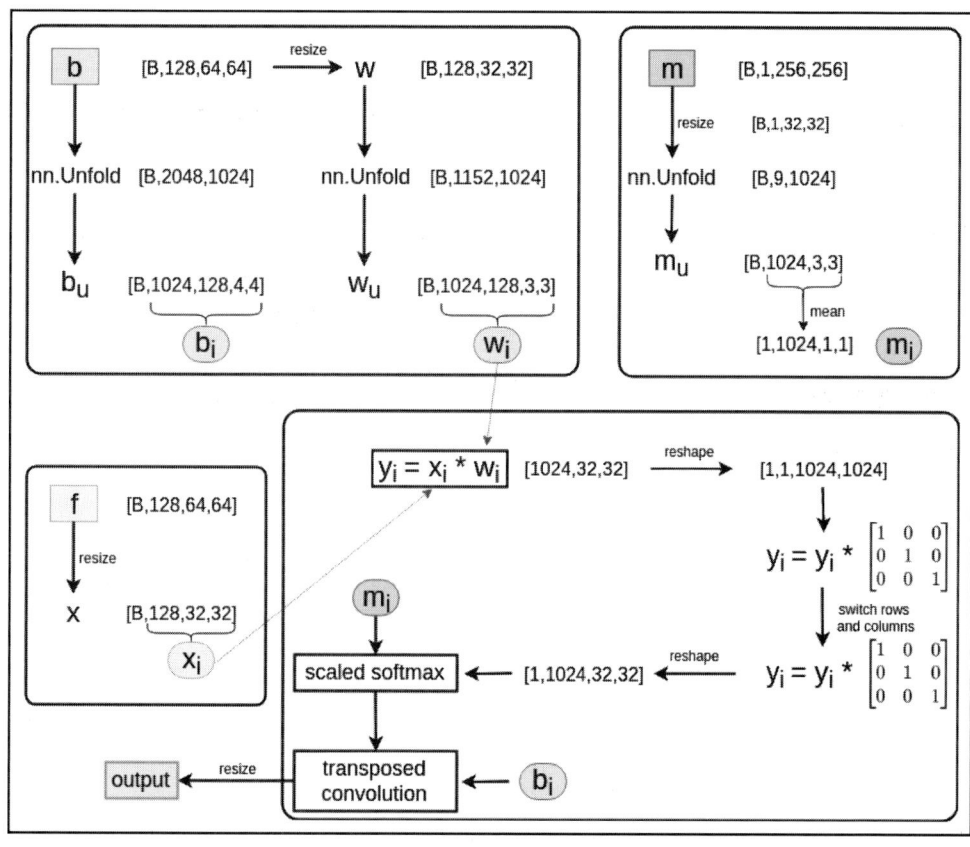

문맥 주의 집중 계산 : 이미지 b는 배경, f는 전경, m은 마스크입니다.

제한된 콘텐츠 길이로 인해 문맥 주의 집중에 대해서는 자세히 다루지 않습니다. 중요한 단계는 이전 다이어그램과 같습니다. 전경(채워질 픽셀)과 배경(마스크된 구멍 외부의 나머지 픽셀) 사이에서 가장 관련 있는 부분을 찾아야 하므로 전경과 배경 이미지의 모든 이미지 패치 쌍 간의 픽셀 별 유사성을 계산합니다. 가능한 모든 쌍을 하나씩 계산하는 것은 비효율적입니다. 따라서 nn.Unfold는 전경 및 배경 이미지(x_i 및 w_i)의 슬라이딩 창(창 크기 3×3) 버전을 만드는 데 사용됩니다. GPU 메모리 비용을 줄이기 위해 이미지 크기는 [128,32,32]로 조정됩니다. 따라서 두 이미지 모두에 32×32 = 1,024개의 슬라이딩 창이 있으며 x_i와 w_i 사이의 합성곱은 각 이미지 패치 쌍의 픽셀 유사성을 알려줍니다. 유사성이 가장 높은 위치 쌍은 전경 패치를 재구성할 때 주의집중되는 위치를 나타냅니다.

약간의 주의집중 이동에 대한 견고성을 보장하기 위해, 각 픽셀의 주의 집중 값은 수평 및 수직 축을 따라 평균화되므로, y_i는 동일 행렬과 두 번 관련됩니다. 주의 집중 점수는 스케일링된 softmax 함수를 통해 계산됩니다.

$$\text{attention score} = \text{softmax}(10 \cdot y_i \cdot m_i) \cdot m_i$$

마지막으로, 누락된 픽셀을 재구성하기 위해 커널로서 원래 배경의 펼친 형태로 y_i에서 전치된 합성곱이 수행됩니다.

CNN 브랜치 및 CA 브랜치의 출력은 [128,64,64]의 크기를 가지며, [256,64,64]의 하나의 넓은 텐서로 연결됩니다. 그리고 재구성된 자질 맵을 [3,256,256] 이미지에 점진적으로 매핑하기 위해 또 다른 7개의 합성곱 층이 사용됩니다.

거친 생성기 및 섬세한 생성기 둘 다로부터의 출력 이미지의 픽셀 값은 판별기 네트워크에 적합하도록 [-1,1]로 고정됩니다.

생성된 이미지의 품질을 평가하기 위해 유사한 구조를 가진 두 개의 판별기 네트워크(로컬 판별기 및 글로벌 판별기)가 사용됩니다. 둘 다 4개의 합성곱 층과 1개의 완전히 연결된 층이 있습니다. 유일한 차이점은 로컬 판별기가 자른 이미지 패치(즉, 원본 이미지에서 3×128×128 크기의 누락된 픽셀)를 평가하는 데 사용되고 글로벌 판별기가 전체 이미지를 평가하는 데 사용된다는 것입니다(3×256×256).

Wasserstein 손실의 구현

여기서, $p_r^{(l)}$ 및 $p_2^{(l)}$(로컬 판별기의 출력)가 각각 잘린 이미지 h_r 및 h_2의 충실 신뢰도를 나타내도록 합니다. $p_r^{(g)}$와 $p_2^{(g)}$(글로벌 판별기의 출력)는 각각 전체 이미지 x_r과 x_2의 충실 신뢰도를 나타내도록 합니다. 그런 다음 판별기의 Wasserstein 손실은 다음과 같이 정의됩니다.

$$\text{w\_loss\_d} = \mathbb{E}[p_r^{(l)} - p_2^{(l)}] + \mathbb{E}[p_r^{(g)} - p_2^{(g)}]$$

판별기의 기울기 페널티 항은 다음과 같습니다.

$$\text{gp\_d} = \left(\left\|\frac{\partial \text{LD}(\hat{x}^{(l)})}{\partial \hat{x}^{(l)}}\right\|_2 - 1\right)^2 + \left(\left\|\frac{\partial \text{GD}(\hat{x}^{(g)})}{\partial \hat{x}^{(g)}}\right\|_2 - 1\right)^2$$

$$\hat{x}^{(l)} = \alpha \cdot h_r + (1 - \alpha) \cdot h_2, \quad \alpha \sim U(0, 1)$$

$$\hat{x}^{(g)} = \beta \cdot x_r + (1 - \beta) \cdot x_2, \quad \beta \sim U(0, 1)$$

생성기의 Wasserstein 손실은 다음과 같이 정의됩니다.

$$\text{w\_loss\_g} = -\mathbb{E}[p_2^{(l)}] - \mathbb{E}[p_2^{(g)}]$$

누락된 픽셀의 L1 재구성 손실은 다음과 같습니다.

$$\text{L1} = 1.2 \cdot \|h_1 - h_r\|_1 + \|h_2 - h_r\|_1$$

나머지 픽셀의 L1 재구성 손실은 다음과 같습니다(분명히, 우리는 이 픽셀을 바꾸고 싶지 않습니다) :

$$\text{L1\_ae} = 1.2 \cdot \|x_1 \cdot (1 - m) - x_r \cdot (1 - m)\|_1 + \|x_2 \cdot (1 - m) - x_r \cdot (1 - m)\|_1$$

마지막으로, 판별기 손실은 다음과 같습니다.

$$\text{w\_loss\_d} + 10 \cdot \text{gp\_d}$$

생성기 손실은 다음과 같습니다.

$$0.001 \cdot w\_loss\_g + 1.2 \cdot L1 + 1.2 \cdot L1\_ae$$

배치 크기가 24인 인페인팅 GAN의 학습에는 약 10,097 MB의 GPU 메모리가 사용되며 약간의 결과를 생성하기 전에 약 64시간의 학습(180 k 반복)이 소요됩니다. 다음은 페인팅 결과 중 일부입니다.

GAN의 이미지 인페팅 결과

이제 GAN으로 이미지를 생성하는 데 필요한 대부분의 내용을 배웠습니다.

7.3 요약

이 장에서는 이미지 디 블러링 및 이미지 해상도 향상에 대한 학습, FFA 알고리즘에서 Wasserstein 손실 함수 구현에 이르기까지 실용적이면서 이론적인 지식을 많이 얻었습니다.

다음 장에서 우리는 다른 모델을 속이기 위해 GAN을 학습시키는 작업을 할 것입니다.

7.4 유용한 독서 목록 및 참고 문헌

1. Ledig C, Theis L, Huszar F, et. al. (2017). *Photo-Realistic Single Image Super-Resolution Using a Generative Adversarial Network.* CVPR.
2. Shi W, Caballero J, Huszár F, et. al. (2016). *Real-Time Single Image and Video Super-Resolution Using an Efficient Sub-Pixel Convolutional Neural Network.* CVPR.
3. Yang E. (May, 2019). *PyTorch internals.* Retrieved from http://blog.ezyang.com/2019/05/pytorch-internals.
4. Yu J, Lin Z, Yang J, et, al.. (2018). *Generative Image Inpainting with Contextual Attention.* CVPR.
5. Lavin A, Gray S. (2016). *Fast Algorithms for Convolutional Neural Networks.* CVPR.
6. Warden P. (April 20, 2015). *Why GEMM is at the heart of deep learning.* Retrieved from https://petewarden.com/2015/04/20/why-gemm-is-at-the-heart-of-deep-learning.
7. Arjovsky M, Bottou L. (2017). *Towards Principled Methods for Training Generative Adversarial Networks.* ICLR.
8. Arjovsky M, Chintala S, Bottou L. (2017). *Wasserstein GAN.* ICML.
9. Distill. (2016). *How to Use t-SNE Effectively.* Retrieved from https://distill.pub/2016/misread-tsne.
10. Hui J. (Jun 22, 2018). *GAN — Why it is so hard to train Generative Adversarial Networks!.* Retrieved from https://medium.com/@jonathan_hui/gan-why-it-is

-so-hard-to-train-generative-advisory-networks-819a86b3750b.

11. Weng L. (Aug 20, 2017). *From GAN to WGAN*. Retrieved from `https://lilianweng.github.io/lil-log/2017/08/20/from-GAN-to-WGAN.html`.

12. Herrmann V. (Feb 24, 2017). *Wasserstein GAN and the Kantorovich-Rubinstein Duality*. Retrieved from `https://vincentherrmann.github.io/blog/ wasserstein`.

13. Gulrajani I, Ahmed F, Arjovsky M, et. al. (2017). *Improved Training of Wasserstein GANs*. NIPS.

CHAPTER 8

다른 모델을 속이는 GAN 학습

사람들이 컴퓨터 비전 분야의 문제를 해결하기 위해 딥러닝 방법을 많이 사용하게 되었습니다. 급우 또는 동료 중 한 명이 최신 이미지 분류기를 보여준 적이 있습니까? 이제 GAN을 사용하면 실제로 이전 모델을 속이기 위해 적대적인 예제를 생성하는 방법을 보여 줄 수 있을 것입니다.

우리는 적대적인 예제의 기본 사항을 살펴보고 FGSM(Fast Gradient Sign Method)를 사용하는 CNN 모델을 속이는 방법을 살펴볼 것입니다. 또한 Kaggle's Cats vs. Dogs 데이터 세트에 대한 전이학습(transfer learning)을 통해 사전 학습된 여러 CNN 모델로 앙상블 분류기를 학습하는 방법을 배우고, 그 후 accimage 라이브러리를 사용하여 이미지 로딩 속도를 높이고 적대적 사례를 생성하고 이미지 분류기를 속이기 위한 GAN 모델 학습에 대해 배우게 될 것입니다.

이 장에서 다룰 내용은 다음과 같습니다.

- 적대적 사례 – 딥러닝 모델 공격
- 생성 적대적 사례

8.1
적대적 사례 – 딥러닝 모델 공격

많은 수의 매개변수, 때로는 수천만 개가 넘는 매개변수를 가지는 딥러닝 방법을 사용할 경우, CV 및 NLP 분야에서 예기치 않게 잘 수행된다는 사실을 제외하고는 인간은 딥러닝이 무엇을 배운 것인지 정확히 이해하기가 더 어려워집니다. 주변 사람들이 깊은 생각 없이 모든 실질적인 문제에 딥러닝을 적용한다면, 이 장에서 우리가 배우려는 내용은 그들이 모델이 노출될 수 있는 잠재적인 위험을 인식하는 데 도움이 될 것입니다.

적대적의 예는 무엇이며 어떻게 만들어 집니까?

적대적의 예는 기계학습 시스템에 의해 오류로 쉽게 분류되는 (종종 사람의 눈에는 정상으로 보이는) 일종의 샘플(종종 실제 데이터에 따라 수정 됨)입니다. 이미지 데이터의 수정은 소량의 추가 노이즈(https://openai.com/blog/adversarial-example-research) 또는 작은 이미지 패치(Tom B. Brown, et al, 2017)일 수 있습니다. 때로는 종이에 인쇄하고 적대적인 예를 찍는 것도 신경망을 속이는 경우가 있습니다. 거의 모든 관점에서 신경망을 속이는 물체를 3D 인쇄하는 것도 가능합니다(Anish Athalye, et al, 2018). 자연스럽지 않은 것처럼 보이고 신경망이 오류를 일으키는 무작위 샘플을 만들 수는 있지만 인간에게는 정상이지만 신경망에 의해 잘못 분류된 적대적 사례를 연구하는 것은 훨씬 더 흥미롭습니다.

우리는 여기서 적대적 사례를 논외 주제로 다루지 않을 것입니다. 우선 GAN의 아버지로 알려진 Ian Goodfellow는 적대적인 사례를 연구하는 데 상당한 시간을 보냈습니다. 적대적 사례와 GAN은 형제일 수 있습니다! 놀랍게도, GAN은 설득력 있고 사실적인 샘플을 생성하고 다른 분류기 모델을 속이는 샘플을 생성하는 데 좋습니다. 이 장에서는 먼저 적대적인 예제를 구성하고 PyTorch에서 작은 모델을 속이는 방법을 살펴

봅니다. 그런 다음 GAN을 사용하여 대규모 모델을 속이기 위한 적대적인 예를 생성하는 방법을 보여줍니다.

PyTorch로 적대적 공격

CleverHans(https://github.com/tensorflow/cleverhans)라는 TensorFlow에 대한 적대적 공격, 방어 및 벤치마크를 위한 훌륭한 도구 상자가 있습니다. 앞으로 개발자는 PyTorch(https://github.com/tensorflow/cleverhans/blob/master/tutorials/future/torch/cifar10_tutorial.py)를 지원할 계획입니다. 이 섹션에서는 PyTorch에서 적대적인 예제를 구현해야 합니다.

다음 코드 스니펫은 PyTorch의 공식 튜토리얼(https://pytorch.org/tutorials/beginner/fgsm_tutorial.html)을 기반으로 합니다. 우리는 모델을 약간 수정할 것이고 적대적 예제의 생성은 일괄적으로 수행됩니다. advAttackGAN.py라는 빈 파일로 시작하십시오.

1. 모듈을 가져옵니다.

```
import torch
import torch.nn as nn
import torch.nn.functional as F
import torch.optim as optim
import matplotlib.pyplot as plt

from torchvision import datasets, transforms

print("PyTorch version: {}".format(torch.__version__))
print("CUDA version: {}\n".format(torch.version.cuda))
```

2. 장치 및 섭동 요인(perturbation factors)을 정의하십시오.

```
use_cuda = True
device = torch.device("cuda:0" if use_cuda and
torch.cuda.is_available() else "cpu")

epsilons = [.05, .1, .15, .2, .25, .3]
```

3. LeNet-5 모델로 알려진 CNN 모델을 정의하십시오.

```
class Net(nn.Module):
    def __init__(self):
        super(Net, self).__init__()
        self.conv1 = nn.Conv2d(1, 20, kernel_size=5)
        self.conv2 = nn.Conv2d(20, 50, kernel_size=5)
        self.fc1 = nn.Linear(800, 500)
        self.fc2 = nn.Linear(500, 10)

    def forward(self, x):
        x = F.relu(F.max_pool2d(self.conv1(x), 2))
        x = F.relu(F.max_pool2d(self.conv2(x), 2))
        x = F.relu(self.fc1(x.view(-1, 800)))
        x = self.fc2(x)
        return x
```

4. 학습 및 평가를 위한 데이터 로더를 정의하십시오. 여기서는 MNIST 데이터셋을 사용합니다.

```
batch_size = 64
train_data = datasets.MNIST('/home/john/Data/mnist',
        train=True, download=True,
    transform=transforms.Compose([ transforms.ToTensor(),
    # transforms.Normalize((0.1307,),(0.3081,)),
    ]))
```

```
train_loader = torch.utils.data.DataLoader(train_data,
            batch_size=batch_size, shuffle=True,
            pin_memory=True)
test_data = datasets.MNIST('/home/john/Data/mnist',
        train=False, download=True,
    transform=transforms.Compose([ transforms.ToTensor(),
    # transforms.Normalize((0.1307,),(0.3081,)),
    ]))
test_loader = torch.utils.data.DataLoader(test_data,
            batch_size=1000, shuffle=False, pin_memory=True)
```

정의된 섭동 요인을 모델에 적용하기 위해 평균 값을 빼고 표준 편차 값으로 나누어 데이터를 정규화(미백)하지 않습니다.

5. 모델, 최적화 및 손실 함수를 작성하십시오.

```
model = Net().to(device)
optimizer = optim.Adam(model.parameters(), lr=0.001,
            betas=(0.9, 0.999), weight_decay=3e-5)
criterion = nn.CrossEntropyLoss()
```

6. 학습 및 평가 함수를 정의하십시오.

```
def train(model, device, train_loader, optimizer):
    model.train()
    for batch_idx, (data, target) in enumerate(train_loader):
        data, target = data.to(device), target.to(device)
        optimizer.zero_grad()
        output = model(data)
        loss = criterion(output, target)
        loss.backward() optimizer.step()
        if batch_idx % 250 == 0:
```

```
            print('[{}/{}]\tLoss: {:.6f}'.format( batch_idx *
                batch_size, len(train_data), loss.item()))

def test(model, device, test_loader):
    model.eval()
    test_loss = 0
    correct = 0
    with torch.no_grad():
        for data, target in test_loader:
            data, target = data.to(device), target.to(device)
            output = model(data)
            test_loss += criterion(output, target).item()
            pred = output.max(1, keepdim=True)[1]
            correct += pred.eq(target.view_as(pred)).
                    sum().item()
    test_loss /= len(test_loader)
    print('\nTest loss: {:.4f}, accuracy: {:.4f}%\n'.format
            (test_loss, 100. * correct / len(test_data)))
```

7. 모델을 학습시키고 이 작은 모델이 무엇을 할 수 있는지 알아봅시다.

```
model.train()
for epoch in range(5):
    print('Train Epoch: {}'.format(epoch))
    train(model, device, train_loader, optimizer)
    test(model, device, test_loader)
```

출력 메시지는 다음과 같습니다.

```
PyTorch version: 1.3.1
CUDA version: 10.0.130

Train Epoch: 0
```

```
[0/60000] Loss: 2.307504
[16000/60000] Loss: 0.148560
...
Test loss: 0.0229, accuracy: 99.3100%
```

우리는 작은 CNN 모델이 단 5번의 학습 후에 99.31%의 평가 정확도를 달성함을 알 수 있습니다.

8. 이제 FGSM을 구현하여 읽은 샘플과 그 파생물에서 적대적인 예를 만듭니다.

```
def fgsm_attack(image, epsilon, data_grad):
    sign_data_grad = data_grad.sign()
    perturbed_image = image + epsilon*sign_data_grad
    perturbed_image = torch.clamp(perturbed_image, 0, 1)
    return perturbed_image
```

9. fgsm_attack을 사용하여 평가 이미지를 교란시키고 결과를 확인하십시오.

```
def adv_test(model, device, test_loader, epsilon):
    model.eval()
    correct = 0
    adv_examples = []
    #* grads of params are needed
    for data, target in test_loader:
        data, target = data.to(device), target.to(device)

        # Set requires_grad attribute of tensor. Important for
          Attack
        data.requires_grad = True
        output = model(data)
        init_pred = output.max(1, keepdim=True)[1]
        init_pred = init_pred.view_as(target)
        loss = criterion(output, target)
```

```
        model.zero_grad()
        loss.backward()

    perturbed_data = fgsm_attack(data, epsilon, data.grad.data)
        output = model(perturbed_data)
        final_pred = output.max(1, keepdim=True)[1]
        # final_pred has shape [1000, 1], target has shape
          [1000]. Must reshape final_pred
        final_pred = final_pred.view_as(target)
        correct += final_pred.eq(target).sum().item()
        if len(adv_examples) < 5 and not (final_pred ==
                            target).all():
            indices = torch.arange(5)
            for i in range(indices.shape[0]):
                adv_ex = perturbed_data[indices[i]].squeeze().
                    detach().cpu().numpy()
                adv_examples.append((init_pred [indices[i]].
                        item(), final_pred[indices[i]].
                        item(), adv_ex))
                if (len(adv_examples) >= 5):
                    break
    final_acc = 100. * correct / len(test_data)
    print("Epsilon: {}\tTest Accuracy = {}/{} = {:.4f}".format(
            epsilon, correct, len(test_data), final_acc))
    return final_acc, adv_examples

accuracies = []
examples = []

# Run test for each epsilon
for eps in epsilons:
    acc, ex = adv_test(model, device, test_loader, eps)
    accuracies.append(acc)
    examples.append(ex)
```

여기에서 첫 5개의 평가 이미지를 adv_examples에 저장하여 섭동 전후의 예측된 레이블을 표시합니다. indices = torch.arange(5)줄을 다음 줄로 바꾸면 모델을 실패하게 하는 적대적인 예제만 표시할 수 있습니다.

```
indices = torch.ne(final_pred.ne(target),
init_pred.ne(target)).nonzero()
```

터미널의 출력 메시지는 다음과 같습니다.

```
Epsilon: 0.05 Test Accuracy = 9603/10000 = 96.0300
Epsilon: 0.1 Test Accuracy = 8646/10000 = 86.4600
Epsilon: 0.15 Test Accuracy = 6744/10000 = 67.4400
Epsilon: 0.2 Test Accuracy = 4573/10000 = 45.7300
Epsilon: 0.25 Test Accuracy = 2899/10000 = 28.9900
Epsilon: 0.3 Test Accuracy = 1670/10000 = 16.7000
```

엡실론(epsilon)이 증가함에 따라 더 많은 샘플이 오류로 모델에 의해 분류됨을 알 수 있습니다. 모델의 평가 정확도는 최악의 경우 16.7%로 떨어집니다.

10. 마지막으로 matplotlib을 사용하여 교란된 이미지를 표시해 보십시오.

```
cnt = 0
plt.figure(figsize=(8,10))
for i in range(len(epsilons)):
    for j in range(len(examples[i])):
        cnt += 1
        plt.subplot(len(epsilons),len(examples[0]),cnt)
        plt.xticks([], [])
        plt.yticks([], [])
        if j == 0:
            plt.ylabel("Eps: {}".format(epsilons[i]), fontsize=14)
        orig,adv,ex = examples[i][j]
```

```
        plt.title("{} -> {}".format(orig, adv))
        plt.imshow(ex, cmap="gray")
plt.tight_layout()
plt.show()
```

다음은 여러 요인 값으로 섭동 전후의 첫 5개의 평가 이미지와 예측된 레이블입니다.

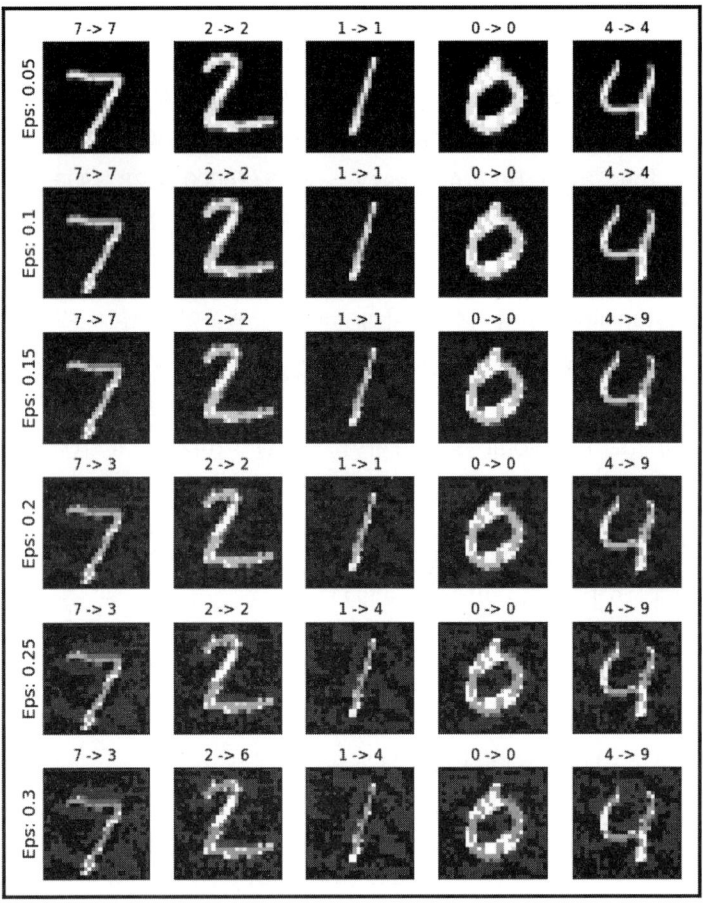

MNIST에서 만든 적대적 사례

8.2 생성 적대적 사례

이전 장에서 GAN을 사용하여 다양한 유형의 이미지를 생성했습니다. 이제 GAN을 사용하여 적대적인 예제를 생성하고 일부 모델을 속여야 합니다.

Kaggle의 고양이와 개를 위한 앙상블 분류기 준비

데모를 실제 시나리오와 더 유사하게 만들기 위해 Kaggle의 Cats vs. Dogs 데이터 세트(https://www.kaggle.com/c/dogs-vs-cats)를 이용해 적절한 모델을 학습합니다. 그런 다음 GAN에서 생성한 적대적인 예제를 사용하여 모델을 속여야 합니다. 이 데이터 세트에는 개 또는 고양이 중 하나를 포함하는 25,000개의 학습 이미지와 12,500개의 평가 이미지가 포함되어 있습니다. 여기서는 실험에 25,000개의 학습 이미지만 사용합니다.

편의를 위해 데이터 세트를 다운로드한 후 고양이와 강아지의 이미지를 별도의 폴더에 넣어 파일 구조가 다음과 같이 표시되도록 하십시오.

```
/cats-dogs-kaggle
    /cat
        /cat.0.jpg
        /cat.1.jpg
        ...
    /dog
        /dog.0.jpg
        /dog.1.jpg
        ...
```

우리가 이 데이터 세트에 대해 학습하고 있는 모델은 PyTorch Hub(https://

github.com/pytorch/hub)에서 제공하는 사전 학습된 여러 모델로 구성됩니다. 또한 데이터 세트에 맞게 사전 학습된 모델에 대한 전이학습(transfer training)을 수행해야 합니다.

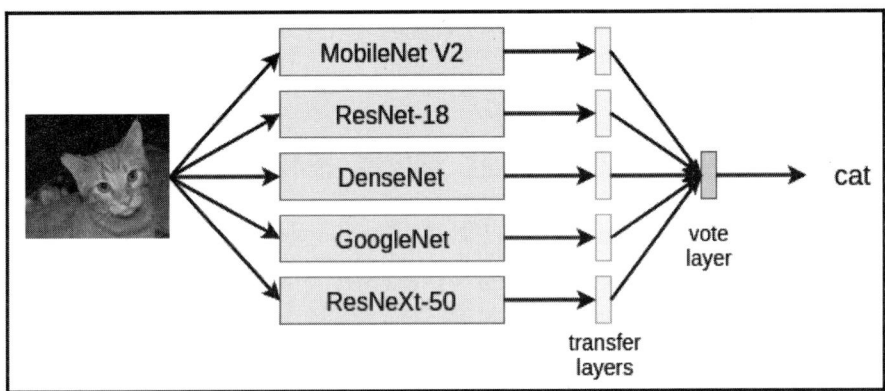

Kaggle's 고양이 vs. 개의 앙상블 모델

이제 데이터를 로드 및 전처리하고, 앙상블 분류기를 만들고, 이 모델을 학습시켜야 합니다. 자세한 단계는 다음과 같습니다.

1. cats_dogs.py라는 Python 파일을 작성하고, Python 모듈을 가져오십시오.

    ```
    import argparse
    import os
    import random
    import sys

    import matplotlib.pyplot as plt
    import numpy as np
    import torch
    import torch.nn as nn
    import torch.backends.cudnn as cudnn
    ```

```
import torch.utils.data
import torchvision
import torchvision.datasets as dset
import torchvision.utils as vutils

import utils
from advGAN import AdvGAN_Attack
from data_utils import data_prefetcher, _transforms_catsdogs
from model_ensemble import transfer_init, ModelEnsemble
```

여기서 사용자 정의 모듈 파일인 advGAN, datautils 및 modelensemble은 나중에 작성됩니다.

2. catsdogs.py에서 인수 값을 구문 분석하고 이미지 디코딩 백엔드가 정의되는 기본 진입점을 정의하십시오. 여기서는 길이로 인해 일부 라인만 표시됩니다. 전체 소스 코드는 cats_dogs 폴더의 이 장에 대한 코드 저장소 아래에 있습니다.

```
if __name__ == '__main__':
    from utils import boolean_string
    legal_models = ['resnet18', 'resnet34', 'mobilenet_v2',
                    'shufflenet_v2_x1_0', 'squeezenet1_1',
                    'densenet121', 'googlenet',
                    'resnext50_32x4d', 'vgg11']
    parser = argparse.ArgumentParser(description='Hands-On GANs
            - Chapter 8')
    parser.add_argument('--model', type=str, default=
            'resnet18', help='one of {}'.format(legal_models))
    parser.add_argument('--cuda', type=boolean_string,
            default=True, help='enable CUDA.')
    parser.add_argument('--train_single', type=boolean_string,
            default=True, help='train single model.')
```

```python
parser.add_argument('--train_ensemble', type=boolean_
    string, default=True, help='train final model.')
parser.add_argument('--data_split', type=float, default=
    0.8, help='split ratio for train and val data')
parser.add_argument('--data_dir', type=str, default=
    './cats_dogs_kaggle', help='Directory for dataset.')
parser.add_argument('--out_dir', type=str, default=
    './output', help='Directory for output.')
parser.add_argument('--epochs', type=int, default=60,
    help='number of epochs')
parser.add_argument('--batch_size', type=int, default=128,
    help='size of batches')
parser.add_argument('--lr', type=float, default=0.01,
    help='learning rate')
parser.add_argument('--classes', type=int, default=2,
    help='number of classes')
parser.add_argument('--img_size', type=int, default=224,
    help='size of images')
parser.add_argument('--channels', type=int, default=3,
    help='number of image channels')
parser.add_argument('--log_interval', type=int,
    default=100, help='interval between logging and
    image sampling')
parser.add_argument('--seed', type=int, default=1,
    help='random seed')
FLAGS = parser.parse_args()
FLAGS.cuda = FLAGS.cuda and torch.cuda.is_available()

if FLAGS.seed is not None:
    torch.manual_seed(FLAGS.seed)
    if FLAGS.cuda:
        torch.cuda.manual_seed(FLAGS.seed)
```

```
        np.random.seed(FLAGS.seed)


cudnn.benchmark = True

# if FLAGS.train:
if FLAGS.train_single or FLAGS.train_ensemble:
    utils.clear_folder(FLAGS.out_dir)

log_file = os.path.join(FLAGS.out_dir, 'log.txt')
print("Logging to {}\n".format(log_file))
sys.stdout = utils.StdOut(log_file)
print("PyTorch version: {}".format(torch.__version__))
print("CUDA version: {}\n".format(torch.version.cuda))

print(" " * 9 + "Args" + " " * 9 + "| " + "Type" + " | " + "Value")
print("-" * 50)
for arg in vars(FLAGS):
    arg_str = str(arg)
    var_str = str(getattr(FLAGS, arg))
    type_str = str(type(getattr(FLAGS, arg)).__name__)
    print(" " + arg_str + " " * (20-len(arg_str)) + "|" +
          " " + type_str + " " * (10-len(type_str)) + "|" +
          " " + var_str)
...
try:
    import accimage
    torchvision.set_image_backend('accimage')
    print('Image loader backend: accimage')
except:
    print('Image loader backend: PIL')
...
main()
```

여기서는 torchvision을 위한 이미지 디코딩 백엔드로 accimage를 사용합니다. Accimage(https://github.com/pytorch/accimage)는 torchvision을 위해 설계되었고 처리 속도를 향상시키기 위해 Intel IPP(https://software.intel.com/en-us/intel-ipp)를 사용하는 이미지 디코딩 및 전처리 라이브러리입니다.

3. 기본 진입점 위에서 학습 이미지를 먼저 학습 세트와 검증 세트로 로드하고 분할하는 main 함수를 정의하십시오.

```
FLAGS = None

def main():
    device = torch.device("cuda:0" if FLAGS.cuda else "cpu")

    print('Loading data...\n')
    train_transform, _ = _transforms_catsdogs(FLAGS)
    train_data = dset.ImageFolder(root=FLAGS.data_dir,
                transform=train_transform)
    assert train_data

    num_train = len(train_data)
    indices = list(range(num_train))
    random.shuffle(indices)
    split = int(np.floor(FLAGS.data_split * num_train))

    train_loader = torch.utils.data.DataLoader( train_data,
                batch_size=FLAGS.batch_size,
                sampler=torch.utils.data.sampler.SubsetRand
                omSampler(indices[:split ]), num_workers=2)
    valid_loader = torch.utils.data.DataLoader( train_data,
                batch_size=FLAGS.batch_size, sampler=torch.
                utils.data.sampler.SubsetRandomSampler(indi
                ces[split: num_train]), num_workers=2)
```

우리는 25,000개의 학습 이미지를 2개의 모음으로 나누었습니다. 이 중 80%는 학습 세트를 구성하기 위해 무작위로 선택되고 나머지 20%는 검증 세트를 형성합니다. 여기서 _transforms_catsdogs는 data_utils.py에 정의되어 있습니다.

```python
import numpy as np
import torch
import torchvision.transforms as transforms

def _transforms_catsdogs(args):
    train_transform = transforms.Compose([
        transforms.Resize((args.img_size, args.img_size)),
        transforms.RandomHorizontalFlip(),
        transforms.ToTensor(),
    ])

    valid_transform = transforms.Compose([
        transforms.ToTensor()
        ])
    return train_transform, valid_transform
```

다시, 우리는 이미지를 미백하지 않습니다. 그러나 데이터 세트의 평균 및 표준 편차 값을 효율적으로 계산하는 방법에 관심이 있다면 mean_std.py 파일에 코드 스니펫을 참조하십시오.

 multiprocessing.Pool을 사용하여 데이터를 처리하는 데 익숙할 수 있도록 하십시오. mean_std.py에 나와 있습니다.

4. PyTorch Hub에서 사전 학습된 모델 파일을 가져오고 전이학습을 시작하십시오.

```python
if FLAGS.train_single:
    print('Transfer training model {}...\n'.format(FLAGS.model))
    model = torch.hub.load('pytorch/vision', FLAGS.model,
            pretrained=True)

    for param in model.parameters():
        param.requires_grad = False

    model, param_to_train = transfer_init(model, FLAGS.model,
            FLAGS.classes)
    model.to(device)

    optimizer = torch.optim.SGD( param_to_train, FLAGS.lr,
                momentum=0.9, weight_decay=5e-4)
    scheduler = torch.optim.lr_scheduler.StepLR(optimizer,
                step_size=5, gamma=0.1)

    criterion = nn.CrossEntropyLoss()

    # Train
    best_acc = 0.0
    for epoch in range(25):
        model.train()
        scheduler.step()
        print('Epoch {}, lr: {}'.format(epoch, scheduler.
                get_lr()[0]))
        prefetcher = data_prefetcher(train_loader)
        data, target = prefetcher.next() batch_idx = 0
        while data is not None:
            optimizer.zero_grad()
            output = model(data)
            pred = output.max(1, keepdim=True)[1]
            loss = criterion(output, target)
```

```
            loss.backward()
            optimizer.step()
            correct = pred.eq(target.view_as(pred)).sum().item()
            if batch_idx % FLAGS.log_interval == 0:
                print('[{}/{}]\tloss: {:.4f}\tbatch accuracy:
                    {:.4f}%'.format(batch_idx * FLAGS.
                    batch_size, num_train, loss.item(), 100 *
                    correct / data.size(0)))
            data, target = prefetcher.next()
            batch_idx += 1
        # Eval
        ...
```

길이 때문에 평가용 코드가 생략되었습니다. 여기서 transfer_init는 model_ensemble.py에 정의되어 있으며 각 모델에서 두 번째 층을 마지막 층으로 바꾸어 여러 클래스에 대해 학습할 수 있도록 합니다.

```
import os

import torch
import torch.nn as nn

def transfer_init(model, model_name, num_class):
    param_to_train = None
    if model_name in ['resnet18', 'resnet34', 'shufflenet_v2_
                x1_0', 'googlenet', 'resnext50_32x4d']:
        num_features = model.fc.in_features
        model.fc = nn.Linear(num_features, num_class)
        param_to_train = model.fc.parameters()
    elif model_name in ['mobilenet_v2']:
        num_features = model.classifier[1].in_features
        model.classifier[1] = nn.Linear(num_features, num_class)
```

```python
        param_to_train = model.classifier[1].parameters()
    elif model_name in ['squeezenet1_1']:
        num_features = model.classifier[1].in_channels
        model.classifier[1] = nn.Conv2d(num_features,
                            num_class, kernel_size=1)
        param_to_train = model.classifier[1].parameters()
    elif model_name in ['densenet121']:
        num_features = model.classifier.in_features
        model.classifier = nn.Linear(num_features, num_class)
        param_to_train = model.classifier.parameters()
    elif model_name in ['vgg11']:
        num_features = model.classifier[6].in_features
        model.classifier[6] = nn.Linear(num_features, num_class)
        param_to_train = model.classifier[6].parameters()
    return model, param_to_train
```

 다음은 단순히 마지막 층(일반적으로 완전히 연결된 층)을 교체하여 한 도메인(ImageNet에서 학습)에서 배운 지식을 다른 도메인(Cats vs. Dogs)으로 전이할 수 있는 이유입니다. CNN의 모든 합성곱 층은 이미지 및 중간 자질 맵에서 자질을 추출합니다. 완전히 연결된 계층은 원시 데이터의 최종 추상화를 형성하기 위해 최고 수준의 기능을 재결합하는 것으로 볼 수 있습니다. ImageNet에 대해 학습을 받은 우수한 모델은 자질 추출에 능숙합니다. 따라서 이러한 기능을 다르게 조합하면 Cats vs. Dogs와 같은 보다 쉬운 데이터 세트가 가능합니다.

또한 data_prefetcher는 학습 프로세스 속도를 높이는 데 사용됩니다. data_utils.py에 정의되어 있습니다.

```python
class data_prefetcher():
    def __init__(self, loader):
        self.loader = iter(loader)
```

```python
        self.stream = torch.cuda.Stream() self.preload()

    def preload(self):
        try:
            self.next_input, self.next_target = next(self.loader)
        except StopIteration:
            self.next_input = None
            self.next_target = None
            return
        with torch.cuda.stream(self.stream):
            self.next_input = self.next_input.cuda
                        (non_blocking=True)
            self.next_target = self.next_target.cuda
                        (non_blocking=True)
            self.next_input = self.next_input.float()

    def next(self):
        torch.cuda.current_stream().wait_stream(self.stream)
        input = self.next_input
        target = self.next_target
        self.preload()
        return input, target
```

이러한 개별 모델의 학습은 정말 빠릅니다. 다음은 25 세대 전이학습 후 GPU 메모리 소비 및 유효성 검증 정확도입니다.

Model	Memory	Accuracy
MobileNet V2	1665 MB	98.14%
ResNet-18	1185 MB	98.24%
DenseNet	1943 MB	98.76%
GoogleNet	1447 MB	98.06%
ResNeXt-50	1621 MB	98.98%

ResNet-34, ShuffleNet V2, SqueezeNet 및 VGG-11은 낮은 성능 또는 높은 메모리 소비(2 GB 이상)로 인해 선택되지 않습니다.

 `torch.save(model.state_dict(), PATH)`를 사용하여 모델을 하드 드라이브에 저장하면 매개변수 값만 내보내므로 다른 스크립트로 로드하기 전에 모델을 명시적으로 정의해야 합니다. 그러나 `torch.save(model, PATH)`는 모델 정의를 포함한 모든 것을 파일에 저장합니다.

5. model_ensemble.py에 앙상블 분류기를 결합하십시오.

```python
class ModelEnsemble(nn.Module):
    def __init__(self, model_names, num_class, model_path):
        super(ModelEnsemble, self).__init__()
        self.model_names = model_names
        self.num_class = num_class
        models = []
        for m in self.model_names:
            model = torch.load(os.path.join(model_path,
                    '{}.pth'.format(m)))
            for param in model.parameters():
                param.requires_grad = False
            models.append(model)
        self.models = nn.Sequential(*models)
        self.vote_layer = nn.Linear(len(self.model_names)
                        *self.num_class, self.num_class)

    def forward(self, input):
        raw_outputs = []
        for m in self.models:
            _out = m(input)
            raw_outputs.append(_out)
        raw_out = torch.cat(raw_outputs, dim=1)
```

```
        output = self.vote_layer(raw_out)
        return output
```

여기서는 모든 모델의 예측 결과가 결합되어 vote_layer의 최종 예측을 제공합니다.

 또는 사전학습된 모델에서 마지막 합성곱 층의 자질 맵을 항상 직접 결합하고 하나의 완전히 연결된 층을 학습시켜 이미지 레이블을 예측할 수 있습니다.

6. cats_dogs.py 파일로 돌아가 앙상블 분류기 학습을 시작하십시오.

```
    elif FLAGS.train_ensemble:
        print('Loading model...\n')
        model_names = ['mobilenet_v2', 'resnet18', 'densenet121',
                       'googlenet', 'resnext50_32x4d']
        model = ModelEnsemble(model_names, FLAGS.classes,
            FLAGS.model_dir)
        model.to(device)

        optimizer = torch.optim.SGD(
            model.vote_layer.parameters(), FLAGS.lr,
            momentum=0.9, weight_decay=5e-4)
        scheduler = torch.optim.lr_scheduler.StepLR(optimizer,
                    step_size=1, gamma=0.1)

        criterion = nn.CrossEntropyLoss()

        # Train
        print('Training ensemble model...\n')
        # model = torch.load(os.path.join(FLAGS.model_dir,
            'ensemble.pth'))
```

```python
for epoch in range(2):
    model.train()
    scheduler.step()
    print('Epoch {}, lr: {}'.format(epoch,
        scheduler.get_lr()[0]))
    prefetcher = data_prefetcher(train_loader)
    data, target = prefetcher.next()
    batch_idx = 0
    while data is not None:
        optimizer.zero_grad()
        output = model(data)
        pred = output.max(1, keepdim=True)[1]
        loss = criterion(output, target)
        loss.backward()
        optimizer.step()
        correct = pred.eq(target.view_as(pred)).
                        sum().item()
        if batch_idx % FLAGS.log_interval == 0:
            print('[{}/{}]\tloss: {:.4f}\tbatch
                accuracy: {:.4f}%'.format(
                batch_idx * FLAGS.batch_size, num_train,
                loss.item(), 100 * correct / data.size(0)))
        data, target = prefetcher.next()
        batch_idx += 1
# Eval
...
```

다시 말하지만, 평가 코드는 길이로 인해 생략되었습니다. 앙상블 분류기의 검증 정확도는 단 2번의 학습 후에 99.32%에 도달합니다. 앙상블 분류기 학습에는 2775 MB의 GPU 메모리만 사용되며 내보낸 모델 파일 크기는 200 MB를 넘지 않습니다.

advGAN으로 분류기 속이기

적대적인 예제를 생성하는 데 사용할 GAN 모델은 https://github.com/mathcbc/advGAN_pytorch에서 대부분 빌려온 것입니다. advGAN.py 및 models.py라는 두 개의 파일을 작성하고 다음 파일에 다음 코드를 입력하십시오.

1. advGAN.py: 이 파일 내에 다음이 표시됩니다.

```python
import torch.nn as nn
import torch
import numpy as np
import models
import torch.nn.functional as F
import torchvision
import os

# Code modified based on https://github.com/mathcbc/advGAN_pytorch

# custom weights initialization called on netG and netD
def weights_init(m):
    classname = m.__class__.__name__
    if classname.find('Conv') != -1:
        nn.init.normal_(m.weight.data, 0.0, 0.02)
    elif classname.find('BatchNorm') != -1:
        nn.init.normal_(m.weight.data, 1.0, 0.02)
        nn.init.constant_(m.bias.data, 0)

class AdvGAN_Attack:
    def __init__(self,
                 device,
                 model,
                 model_num_labels,
```

```
            image_nc,
            box_min,
            box_max,
            model_path):
    output_nc = image_nc
    self.device = device
    self.model_num_labels = model_num_labels
    self.model = model
    self.input_nc = image_nc
    self.output_nc = output_nc
    self.box_min = box_min
    self.box_max = box_max
    self.model_path = model_path

    self.gen_input_nc = image_nc
    self.netG = models.Generator(self.gen_input_nc,
                image_nc).to(device)
    self.netDisc = models.Discriminator(image_nc).to(device)

    # initialize all weights
    self.netG.apply(weights_init)
    self.netDisc.apply(weights_init)

    # initialize optimizers
    self.optimizer_G = torch.optim.Adam(self.netG.
                    parameters(), lr=0.001)
    self.optimizer_D = torch.optim.Adam(self.netDisc.
                    parameters(), lr=0.001)

def train_batch(self, x, labels):
    # optimize D
    for i in range(1):
```

```python
            perturbation = self.netG(x)
            # add a clipping trick
            adv_images = torch.clamp(perturbation, -0.3, 0.3) + x
            adv_images = torch.clamp(adv_images, self.box_min,
                        self.box_max)

            self.optimizer_D.zero_grad()
            pred_real = self.netDisc(x)
            loss_D_real = F.mse_loss(pred_real, torch.ones_like
                        (pred_real, device=self.device))
            loss_D_real.backward()

            pred_fake = self.netDisc(adv_images.detach())
            loss_D_fake = F.mse_loss(pred_fake, torch.zeros_like
                        (pred_fake, device=self.device))
            loss_D_fake.backward()
            loss_D_GAN = loss_D_fake + loss_D_real
            self.optimizer_D.step()

        # optimize G
        for i in range(1):
            self.optimizer_G.zero_grad()

            # cal G's loss in GAN
            pred_fake = self.netDisc(adv_images)
            loss_G_fake = F.mse_loss(pred_fake, torch.ones_like
                        (pred_fake, device=self.device))
            loss_G_fake.backward(retain_graph=True)
            # calculate perturbation norm
            C = 0.1
            loss_perturb = torch.mean(torch.norm(perturbation.view
                        (perturbation.shape[0], -1), 2, dim=1))
```

```python
            # loss_perturb = torch.max(loss_perturb - C,
                        torch.zeros(1, device=self.device))

            # cal adv loss
            logits_model = self.model(adv_images)
            probs_model = F.softmax(logits_model, dim=1)
            onehot_labels = torch.eye(self.model_num_labels,
                        device=self.device)[labels]

            # C&W loss function
            real = torch.sum(onehot_labels * probs_model, dim=1)
            other, _ = torch.max((1 - onehot_labels) * probs_
                    model - onehot_labels * 10000, dim=1)
            zeros = torch.zeros_like(other)
            loss_adv = torch.max(real - other, zeros)
            loss_adv = torch.sum(loss_adv)

            # maximize cross_entropy loss
            # loss_adv = -F.mse_loss(logits_model, onehot_labels)
            # loss_adv = - F.cross_entropy(logits_model, labels)

            adv_lambda = 10
            pert_lambda = 1
            loss_G = adv_lambda * loss_adv + pert_lambda *
                    loss_perturb
            loss_G.backward()
            self.optimizer_G.step()

        return loss_D_GAN.item(), loss_G_fake.item(),
            loss_perturb.item(), loss_adv.item()

    def train(self, train_dataloader, epochs):
```

```python
for epoch in range(1, epochs+1):

    if epoch == 50:
        self.optimizer_G = torch.optim.Adam(self.netG.
                        parameters(), lr=0.0001)
        self.optimizer_D = torch.optim.Adam(self.
                        netDisc.parameters(),
                        lr=0.0001)
    if epoch == 80:
        self.optimizer_G = torch.optim.Adam(self.netG.
                        parameters(), lr=0.00001)
        self.optimizer_D = torch.optim.Adam(self.
                        netDisc.parameters(),
                        lr=0.00001)
    loss_D_sum = 0
    loss_G_fake_sum = 0
    loss_perturb_sum = 0
    loss_adv_sum = 0
    for i, data in enumerate(train_dataloader, start=0):
        images, labels = data
        images, labels = images.to(self.device), \
                        labels.to(self.device)
        loss_D_batch, loss_G_fake_batch, loss_perturb_
                    batch, loss_adv_batch = \
            self.train_batch(images, labels)
        loss_D_sum += loss_D_batch
        loss_G_fake_sum += loss_G_fake_batch
        loss_perturb_sum += loss_perturb_batch
        loss_adv_sum += loss_adv_batch

    # print statistics
    num_batch = len(train_dataloader)
```

```python
        print("epoch %d:\nloss_D: %.3f, loss_G_fake: %.3f,\
        \nloss_perturb: %.3f, loss_adv: %.3f, \n" %
            (epoch, loss_D_sum/num_batch, loss_G_fake_sum/
            num_batch,loss_perturb_sum/num_batch,
            loss_adv_sum/num_batch))

        # save generator
        netG_file_name = os.path.join(self.model_path,
                        'netG_epoch_{}.pth'.format(epoch))
        torch.save(self.netG, netG_file_name)

def adv_example(self, data):
    perturbation = self.netG(data)
    adv_images = torch.clamp(perturbation, -0.3, 0.3) + data
    adv_images = torch.clamp(adv_images, self.box_min,
            self.box_max)
    return adv_images
```

길이로 인해 코드의 일부가 생략되었습니다. 우리는 이 GAN 모델이 원본 이미지에 추가되기 전에 [-0.3, 0.3]에 고정된 적대적 예제에서 노이즈 부분만 생성한다는 것을 알 수 있습니다. 학습 중에 MSE 손실은 판별기 손실을 측정하는 데 사용됩니다. $L1$-손실은 생성기의 적대적 손실을 계산하는 데 사용됩니다. 생성된 섭동 잡음의 $L2$-노름도 생성기 손실에 포함됩니다. 그러나 GAN의 성능은 우리가 속이고자 하는 분류기(self.model)와 밀접한 관련이 있습니다. 즉, 새로운 분류기가 도입될 때마다 GAN 모델을 재학습해야 합니다.

models.py의 코드는 여기에서 생략되었지만 이 장의 코드 저장소에서 사용할 수 있습니다. 기본적으로 원하는 방식으로 판별기 및 생성기를 설계할 수 있기 때문입니다. 여기서는 4계층 CNN을 판별기 네트워크로 사용하고 14층 ResNet 유사 CNN을 생성기 네트워크로 사용합니다.

cats_dogs.py로 돌아가서 앙상블 분류기를 속이는 방법을 배우기 위해 GAN 모델을 학습시켜야 합니다.

2. 11 GB GPU 메모리에 맞게 더 작은 배치 크기가 필요하므로 데이터 로더를 재정의하십시오.

```
# Adversarial attack
print('Training GAN for adversarial attack...\n')
train_loader = torch.utils.data.DataLoader(
    train_data, batch_size=16,
    sampler=torch.utils.data.sampler.
        SubsetRandomSampler(indices[:split]),
    num_workers=2)
```

3. GAN 모델 학습을 시작하십시오.

```
model.eval()
advGAN = AdvGAN_Attack(device, model, FLAGS.classes,
        FLAGS.channels, 0, 1, FLAGS.model_dir)
advGAN.train(train_loader, FLAGS.epochs)
```

4. GAN으로 앙상블 분류기를 공격하십시오.

```
print('Attacking ensemble model...\n')
test_loss = 0
test_correct = 0
adv_examples = []
# enough = False
with torch.no_grad():
    valid_prefetcher = data_prefetcher(valid_loader)
    data, target = valid_prefetcher.next()
    while data is not None:
        # for i in range(64):
```

```python
        #     adv_ex = data[i].squeeze().detach().
              cpu().numpy()
        #     adv_examples.append((0, 0, adv_ex))
        # break
        output = model(data)
        init_pred = output.max(1, keepdim=True)[1]
        init_pred = init_pred.view_as(target)

        perturbed_data = advGAN.adv_example(data)
        output = model(perturbed_data)
        test_loss += criterion(output, target).item()
        final_pred = output.max(1, keepdim=True)[1]
        final_pred = final_pred.view_as(target)
        test_correct += final_pred.eq(target).sum().
                    item()
        if len(adv_examples) < 64 and not (final_pred ==
                            target).all():
            indices = torch.ne(final_pred.ne(target),
                    init_pred.ne(target)).nonzero()
            for i in range(indices.shape[0]):
                adv_ex = perturbed_data[indices[i]].
                        squeeze().detach().cpu().numpy()
                adv_examples.append((init_pred[indices
                    [i]].item(), final_pred[indices[i]].
                    item(), adv_ex))
                # adv_ex = perturbed_data[indices[i]].
                        squeeze()
                # adv_examples.append(adv_ex)
                if (len(adv_examples) >= 64):
                    # enough = True
                    break
        # if enough:
```

```
        #       break
            data, target = valid_prefetcher.next()
    test_loss /= len(valid_loader)
    print('Eval loss: {:.4f}, accuracy: {:.4f}'.format(
        test_loss, 100 * test_correct / (1-FLAGS.data_split)
                    / num_train))
```

GAN 모델에 대한 60번의 학습을 마치려면 약 6시간이 걸립니다. 공격 결과는 다음과 같습니다.

```
Attacking ensemble model...

Eval loss: 2.1465, accuracy: 10.3000
```

GAN의 공격으로 인해 유효성 검사 정확도가 99.32%에서 10.3%로 떨어지는 것을 볼 수 있습니다.

5. matplotlib을 사용하여 잘못 분류된 이미지를 표시하십시오.

```
cnt = 0
plt.figure(figsize=(8,10))
for i in range(8):
    for j in range(8):
        cnt += 1
        plt.subplot(8, 8, cnt)
        plt.xticks([], [])
        plt.yticks([], [])
        orig, adv, ex = adv_examples[i*8+j]
        ex = np.transpose(ex, (1, 2, 0))
        plt.title("{} -> {}".format(orig, adv))
        plt.imshow(ex)
```

```
        plt.tight_layout()
        plt.show()
```

이제 코드의 모든 것이 끝났으므로 실제로 프로그램을 실행할 차례입니다. 각 모델마다 한 번씩 이 작업을 여러 번 수행해야 합니다. 저장된 모델을 보유하려면 코드 폴더에 models이라는 빈 폴더를 작성하십시오.

명령 행에서 프로그램을 시작하겠습니다.

```
$ python cats_dogs.py --model resnet34 --train_single True
$ python cats_dogs.py --model mobilenet_v2 --train_single True --data_dir ./cats-dogs-kaggle
$ python cats_dogs.py --model shufflenet_v2_x1_0 --train_single True --data_dir ./cats-dogs-kaggle
$ python cats_dogs.py --model squeezenet1_1 --train_single True --data_dir ./cats-dogs-kaggle
$ python cats_dogs.py --model densenet121 --train_single True --data_dir ./cats-dogs-kaggle
$ python cats_dogs.py --model googlenet --train_single True --data_dir ./cats-dogs-kaggle
$ python cats_dogs.py --model resnext50_32x4d --train_single True --data_dir ./cats-dogs-kaggle
$ python cats_dogs.py --model vgg11 --train_single True --data_dir ./cats- dogs-kaggle
```

모든 모델이 실행되면 최종적으로 앙상블 코드를 평가할 수 있습니다.

```
$ python cats_dogs.py --train_single False --train_ensemble True
```

GAN에 의해 생성된 우리의 앙상블 분류기를 속인 이미지 중 일부는 다음과 같습니다.

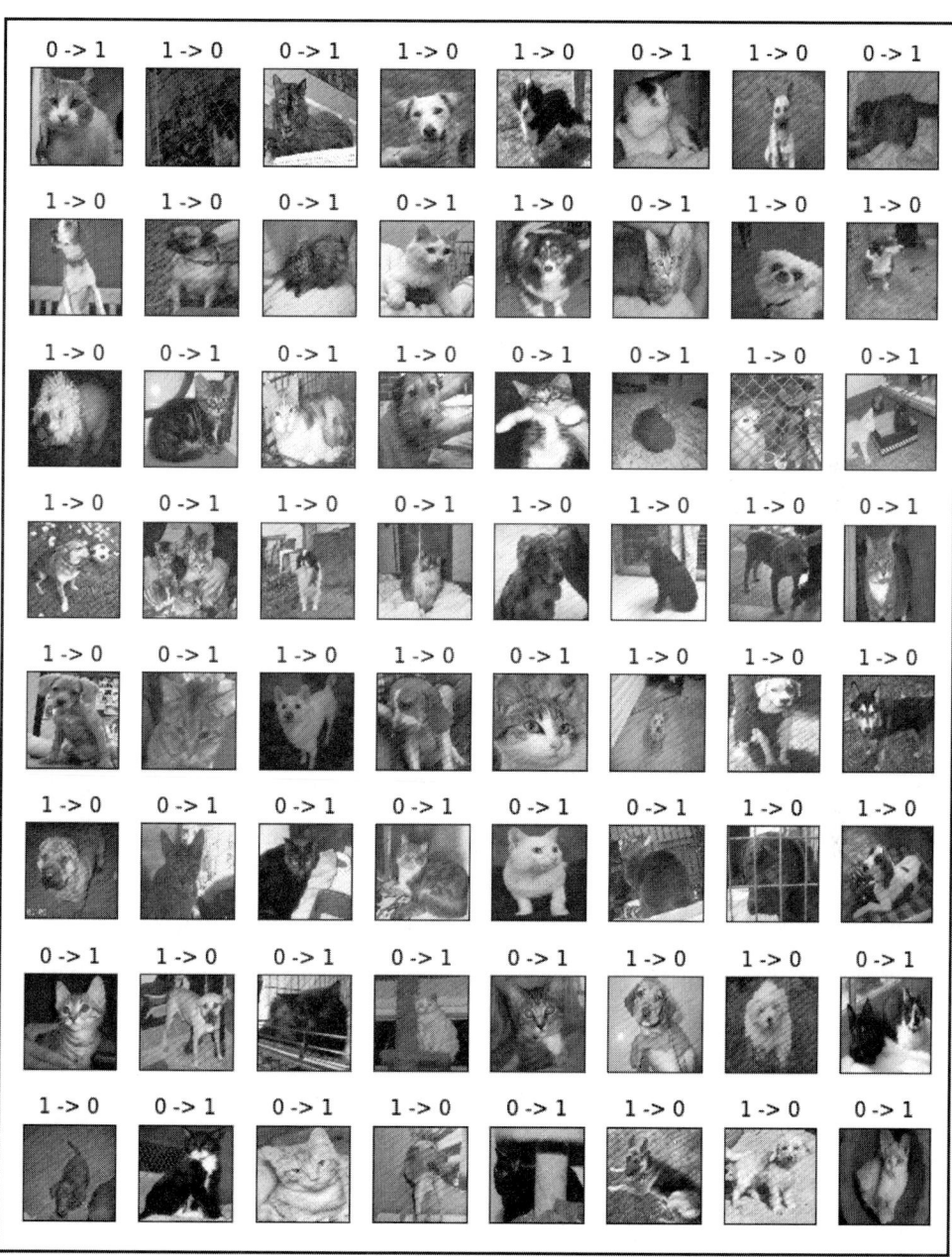

GAN에 의해 생성된 적대적 사례

8.3
요약

우리는 이 장에서 많은 것들을 진행했습니다. Fast Gradient Sign Methods의 기본 사항, 사전 학습된 모델로 분류기를 학습시키는 방법, 전이학습을 다루는 방법 등을 배웠습니다.

다음 장에서는 NLP(Natural Language Processing)와 GAN을 결합하고 설명 텍스트에서 이미지를 생성하는 방법을 보여줍니다.

8.4
유용한 독서 목록 및 참고 문헌

1. Goodfellow I, Papernot N, Huang S, et. al. (Feb 24, 2017). *Attacking machine learning with adversarial examples*. Retrieved from https://openai.com/blog/adversarial-example-research.
2. Brown T, Mané D, Roy A, et al (2017). *Adversarial Patch*. NIPS.
3. Athalye A, Engstrom L, Ilyas A. (2018). *Synthesizing Robust Adversarial Examples*. ICML.

CHAPTER 9

설명 텍스트에서 이미지 생성

이전 장에서는 주로 이미지 합성 및 이미지 간 변환 작업을 다루었습니다. 이제 CV 분야에서 NLP 분야로 이동하고 다른 애플리케이션에서 GAN의 잠재력을 발견할 때입니다. 이미지/비디오 캡션에 사용되는 일부 CNN 모델을 보셨을 것입니다. 이 과정을 되돌리고 설명 텍스트에서 이미지를 생성할 수 있다면 좋지 않을까요?

이 장에서는 단어 임베딩의 기본 사항과 NLP 분야에서 단어 임베딩이 어떻게 사용되는지 배웁니다. 또한 한 문장의 설명 텍스트를 기반으로 이미지를 생성할 수 있도록 text-to-image GAN 모델을 디자인하는 방법도 배웁니다. 마지막으로, StackGAN 및 StackGAN++로 훨씬 높은 해상도로 텍스트-이미지 합성을 수행하기 위해 둘 이상의 조건부 GAN 모델을 스택하는 방법을 이해합니다.

이 장에서 다룰 내용은 다음과 같습니다.

- GAN을 사용한 텍스트–이미지 합성
- StackGAN++로 사실적인 이미지 생성

9.1
GAN을 사용한 텍스트 – 이미지 합성

4장, 'PyTorch를 사용하여 첫 번째 GAN 구축'에서 8장, '다른 모델을 속이는 GAN 학습'에 이르기까지, 특히 이미지 합성과 관련하여 컴퓨터 비전에서 GAN의 거의 모든 기본 응용 프로그램을 배웠습니다. 텍스트 또는 오디오 생성과 같은 다른 분야에서 GAN이 어떻게 사용되는지 궁금할 것입니다. 이 장에서는 두 분야를 결합하여 CV에서 NLP로 점차 이동하고 설명 텍스트에서 사실적인 이미지를 생성하려고 시도합니다. 이 과정을 **텍스트–이미지 합성**(또는 텍스트에서 이미지로의 변환)이라고 합니다.

우리는 거의 모든 GAN 모델이 특정 형식의 입력 데이터에서 출력 데이터로 명확한 매핑을 설정하여 합성 데이터를 생성한다는 것을 알고 있습니다. 따라서 해당 설명 문장에서 이미지를 생성하려면 벡터로 문장을 표현하는 방법을 이해해야 합니다.

단어 임베딩에 대한 빠른 소개

문장의 단어를 벡터로 변환하는 방법을 정의하는 것은 다소 쉽습니다. 가능한 모든 단어에 서로 다른 값을 할당할 수 있습니다(예 : 001은 나, 002는 식사, 003은 사과를 나타냄). 문장이 벡터로 고유하게 표현될 수 있습니다(예를 들어, "나는 사과를 먹는다"는 [001, 002, 003]). 이것은 기본적으로 컴퓨터에서 단어가 표현되는 방식입니다. 그러나 언어는 차가운 숫자보다 훨씬 복잡하고 유연합니다. 단어의 의미를 알지 못하면(예 : 명사 또는 동사, 긍정적 또는 부정적) 단어 간의 관계를 설정하고 문장의 의미를 이해하는 것은 거의 불가능합니다. 또한, 값들 사이의 거리가 대응하는 단어들 사이의 유사성을 나타내지 않기 때문에 하드 코딩된 값들에 기초하여 단어의 동의어를 찾기가 매우 어렵습니다.

단어, 구 또는 문장을 벡터에 매핑하도록 설계된 방법을 **단어 임베딩**이라고 합니다. 가장 성공적인 단어 임베딩 기술 중 하나는 word2vec이라고 합니다. word2vec에 대해 더 배우고 싶다면, Xin Rong이 작성한 *word2vec Parameter Learning Explained*, https://arxiv.org/pdf/1411.2738.pdf 논문을 읽어보길 바랍니다.

임베딩이란 용어는 분석하기 쉽도록 데이터를 다른 공간에 투사하는 것을 의미합니다. CNN에 관한 일부 오래된 논문이나 기사에서 이 용어가 사용되는 것을 보았을 것입니다. 여기서 완전히 연결된 층의 출력 벡터는 모델이 제대로 학습되었는지 여부를 시각화하는 데 사용됩니다.

단어 삽입은 주로 NLP에서 두 가지 유형의 문제를 해결하는 데 사용됩니다.

- 문맥에서 다른 여러 단어를 기반으로 한 단어를 예측하는 데 사용되는 CBOW (Continuous Bag-of-Word) 모델
- CBOW의 반대이며 대상 단어를 기반으로 컨텍스트 단어를 예측하는 데 사용되는 **스킵 그램**(Skip-Gram) 모델

다음 다이어그램은 CBOW 및 Skip-Gram 모델의 개요입니다.

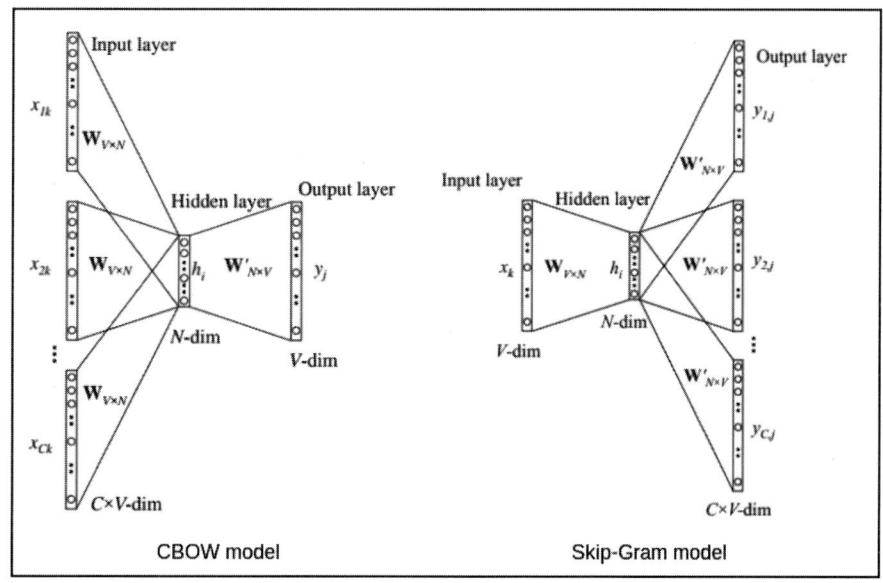

두 가지 유형의 단어 임베딩. 2014년 Xin Rong에서 가져온 이미지

 NLP에서 또 다른 일반적인 용어는 **언어 모델링**입니다. 단어 임베딩과 비교하여 언어 모델은 문장의 가능성 또는 보다 구체적으로 문장의 다음 위치에 나타날 단어의 가능성을 예측합니다. 언어 모델링은 단어의 순서를 고려하기 때문에 많은 언어 모델이 단어 임베딩을 기반으로 구축되어 좋은 결과를 얻습니다.

간단히 말해서, 학습된 단어 임베딩은 기계학습 알고리즘이 원래 문장의 의미를 분석하고 이해하기가 더 쉬운 문장을 나타내는 벡터입니다. PyTorch에서 CBOW 및 Skip-Gram 모델을 구현하는 방법을 배우려면 단어 임베딩에 대한 공식 자습서를 확인하십시오: https://pytorch.org/tutorials/beginner/nlp/wordembeddingstutorial.html#sphx-glr-beginner-nlp-word-embeddings-tutorial-py.

제로샷 전이학습으로 텍스트를 이미지로 변환

8장에서, 다른 모델을 속이기 위한 GAN 학습에서는 이미지 분류 작업에서 전이학습을 수행하기 위해 수행해야 하는 기본 단계에 대해 배웠습니다. 보다 사실적인 환경에서는 사전 학습된 모델이 이전에 충족시키지 못한 새로운 형태의 데이터가 많을 수 있으므로, 특히 설명 텍스트를 기반으로 이미지를 생성하려고 할 때 이 학습된 지식을 다른 도메인으로 전이하기가 더 어려워집니다(혹은 주어진 이미지에서 설명 텍스트를 생성하는 역 과정). 예를 들어, 모델이 흰 고양이에 대해서만 학습된 경우, 검은 고양이의 이미지를 생성하도록 요청할 때 수행할 작업을 알 수 없습니다. 이 지점에서 제로샷 전이학습이 시작됩니다.

제로샷 학습

제로샷 학습은 이전에는 볼 수 없었던 레이블이 있는 새로운 샘플을 예측해야 하는 기계 학습 과정을 말합니다. 종종 사전 학습 과정에 추가 정보를 제공하여 수행됩니다. 예를 들어, **흰 고양이**로 알려진 물체에는 색상, 즉 흰 고양이와 고양이 모양이라는 두 가지 속성이 있다고 모델에 알릴 수 있습니다. 이를 통해 모델이 흰색을 검은색으로 바꾸면 고양이를 요청할 때 검은 고양이를 얻을 수 있다는 것을 쉽게 알 수 있습니다.

 이와 유사하게, 새로운 샘플이 학습 당 한 번만 레이블링되는(또는 학습 당 샘플이 거의 표시되지 않는) 기계학습 프로세스를 **원샷 학습**이라고 합니다.

텍스트와 이미지 사이의 제로샷 학습 능력을 확립하기 위해 Scott Reed, Zeynep Akata 및 Bernt Schiele 등이 그들의 논문인 *Learning Deep Representations of Fine-Grained Visual Descriptions*에서 제안한 단어 임베딩 모델을 사용합니다. 이 모델은 단일 질의 문장을 기반으로 대규모 모음에서 가장 일치하는 이미지를 찾는 한 가지 목적으로 설계되었습니다.

다음 이미지는 단일 질의 문장의 이미지 검색 결과 예입니다.

CUB-200-2011 데이터 세트에 대한 단일 질의 문장의 이미지 검색 결과 예

여기서는 단어 임베딩 방법의 세부 구현 사항을 다루지 않고 저자가 제공한 사전 학습된 char-CNN-RNN 결과를 사용합니다.

GAN 구조 및 학습

이 섹션에서 GAN 모델의 디자인은 Scott Reed, Zeynep Akata 및 Xinchen Yan 등의 논문인 *Generative Adversarial Text to Image Synthesis*에서 제안한 텍스트-이미지 모델을 기반으로 합니다. 여기에서는 생성기 및 판별기 네트워크의 구조와 학습 과정을 설명하고 정의합니다.

생성기 네트워크는 잠복 잡음 벡터 z와 설명 문장의 임베딩 벡터 t를 포함하여 2개의 입력을 갖습니다. 임베딩 벡터 (t)는 1,024의 길이를 가지며, 이는 완전히 연결된 층에 의해 128의 벡터에 매핑됩니다. 이 벡터는 잡음 벡터 (z)와 연결되어 [B, 228, 1, 1] 크기의 텐서를 형성합니다(여기서 B는 배치 크기를 나타내며 지금부터 생략됨). 5개의 조형 합성곱 층(커널 크기 4, 보폭 2, 패딩 크기 1)을 사용하여 자질 맵의 크기를 점차적으로 확장(채널 폭을 줄이면서)하여 [3, 64, 64]로 만듭니다. 이것은 Tanh 활성화 함수를 거친 후 생성된 이미지입니다. 배치 정규화 계층 및 ReLU 활성화 함수는 은닉 층에서 사용됩니다.

네트워크를 정의하기 위해 gan.py라는 새 파일을 만들어 봅시다. 생성기 네트워크의 코드 정의는 다음과 같습니다.

```python
import torch
import torch.nn as nn
import torch.nn.functional as F
import numpy as np

class Generator(nn.Module):
    def __init__(self, channels, latent_dim=100, embed_dim=1024,
                 embed_out_dim=128):
```

```python
        super(Generator, self).__init__()
        self.channels = channels
        self.latent_dim = latent_dim
        self.embed_dim = embed_dim
        self.embed_out_dim = embed_out_dim

        self.text_embedding = nn.Sequential(
            nn.Linear(self.embed_dim, self.embed_out_dim),
            nn.BatchNorm1d(self.embed_out_dim),
            nn.LeakyReLU(0.2, inplace=True)
        )

        model = []
        model += self._create_layer(self.latent_dim + self.embed_
            out_dim, 512, 4, stride=1, padding=0)
        model += self._create_layer(512, 256, 4, stride=2, padding=1)
        model += self._create_layer(256, 128, 4, stride=2, padding=1)
        model += self._create_layer(128, 64, 4, stride=2, padding=1)
        model += self._create_layer(64, self.channels, 4, stride=2,
            padding=1, output=True)

        self.model = nn.Sequential(*model)

    def _create_layer(self, size_in, size_out, kernel_size=4, stride=2,
                padding=1, output=False):
        layers = [nn.ConvTranspose2d(size_in, size_out, kernel_size,
            stride=stride, padding=padding, bias=False)]
        if output:
            layers.append(nn.Tanh())
        else:
            layers += [nn.BatchNorm2d(size_out), nn.ReLU(True)]
        return layers
```

```
def forward(self, noise, text):
    text = self.text_embedding(text)
    text = text.view(text.shape[0], text.shape[1], 1, 1)
    z = torch.cat([text, noise], 1)
    return self.model(z)
```

판별기 네트워크에는 또한 생성/실제 이미지 및 삽입 벡터인 두 개의 입력이 있습니다. 입력 이미지는 크기가 [3, 64, 64]인 텐서이며 4개의 합성곱 층을 통해 [512, 4, 4]에 매핑됩니다. 판별기 네트워크에는 두 개의 출력이 있으며 [512, 4, 4] 자질 맵도 두 번째 출력 텐서입니다. 임베딩 벡터는 길이가 128인 벡터에 매핑되고 크기 [128, 4, 4]의 텐서로 확장된 다음 이미지 자질 맵과 연결됩니다. 마지막으로 연결된 텐서(크기 [640, 4, 4])는 다른 합성곱 층으로 보내져 예측 값을 제공합니다.

판별기 네트워크의 코드 정의는 다음과 같습니다.

```
class Embedding(nn.Module):
    def __init__(self, size_in, size_out):
        super(Embedding, self).__init__()
        self.text_embedding = nn.Sequential(
            nn.Linear(size_in, size_out),
            nn.BatchNorm1d(size_out),
            nn.LeakyReLU(0.2, inplace=True)
        )

    def forward(self, x, text):
        embed_out = self.text_embedding(text)
        embed_out_resize = embed_out.repeat(4, 4, 1, 1).permute(2, 3, 0, 1)
        out = torch.cat([x, embed_out_resize], 1)
        return out
```

```python
class Discriminator(nn.Module):
    def __init__(self, channels, embed_dim=1024, embed_out_dim=128):
        super(Discriminator, self).__init__()
        self.channels = channels
        self.embed_dim = embed_dim
        self.embed_out_dim = embed_out_dim

        self.model = nn.Sequential(
            *self._create_layer(self.channels, 64, 4, 2, 1,
                                normalize=False),
            *self._create_layer(64, 128, 4, 2, 1),
            *self._create_layer(128, 256, 4, 2, 1),
            *self._create_layer(256, 512, 4, 2, 1)
        )
        self.text_embedding = Embedding(self.embed_dim,
                                        self.embed_out_dim)
        self.output = nn.Sequential(
            nn.Conv2d(512 + self.embed_out_dim, 1, 4, 1, 0, bias=False),
                nn.Sigmoid()
        )

    def _create_layer(self, size_in, size_out, kernel_size=4, stride=2,
                      padding=1, normalize=True):
        layers = [nn.Conv2d(size_in, size_out, kernel_size=kernel_size,
                            stride=stride, padding=padding)]
        if normalize:
            layers.append(nn.BatchNorm2d(size_out))
        layers.append(nn.LeakyReLU(0.2, inplace=True))
        return layers

    def forward(self, x, text):
        x_out = self.model(x)
```

```
out = self.text_embedding(x_out, text)
out = self.output(out)
return out.squeeze(), x_out
```

두 네트워크의 학습 과정은 다음 다이어그램에서 확인할 수 있습니다. 실제 텍스트 및 이미지 간 GAN 학습은 실제 이미지와 생성된 이미지의 판별기의 중간 출력(두 번째 출력 텐서)이 $L1$ 손실을 계산하는 데 사용되는 반면, 실제 이미지 간 GAN은 바닐라 GAN과 매우 유사합니다. 여기서 실제/생성된 이미지는 $L2$ 손실을 계산하는 데 사용됩니다.

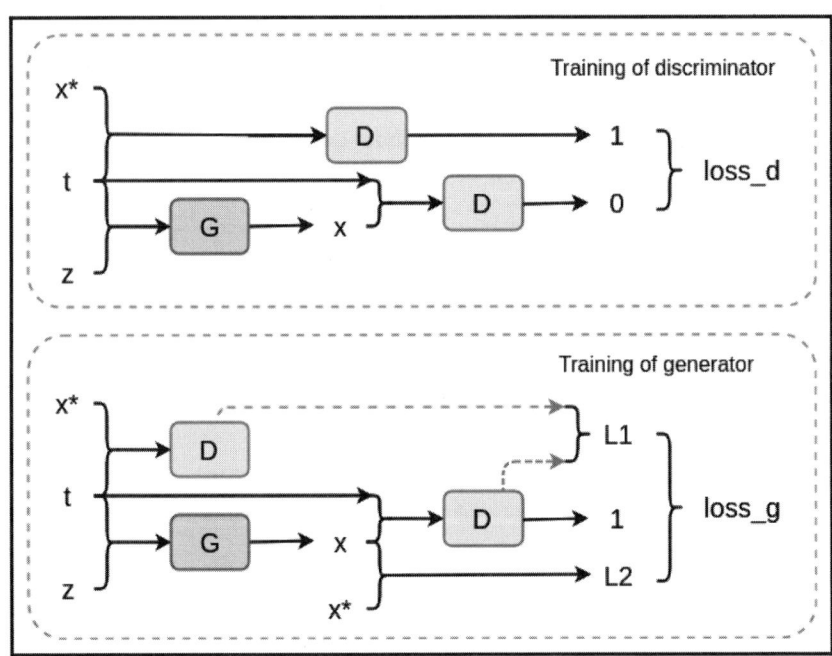

$x*$는 실제 이미지, x는 생성된 이미지, t는 텍스트 임베딩 벡터, z는 잠재 노이즈 벡터를 나타내는 text-to-image GAN의 학습 과정입니다. 판별기 D에서 나오는 점선 화살표는 중간 출력 텐서를 나타냅니다.

다음 코드를 소개함에 따라, 다소 비선형적인 방식으로 표시될 것입니다. 이는 각 지점에서 관련된 과정을 이해하도록 하기 위한 것입니다.

이전 장의 일부에서 했던 것처럼 build_gan.py라는 새 파일을 만들고 원스톱 학습/평가 API를 만들어 봅시다. 우리는 학습 과정의 중요한 부분만을 보여줄 것입니다. 이 장의 내용을 연습으로 직접 작성하거나 코드 저장소의 text2image 폴더에 있는 전체 소스 코드를 참조하십시오.

```python
import itertools
import os
import time

from datetime import datetime

import numpy as np
import torch
import torchvision.utils as vutils

import utils

from gan import Generator as netG
from gan import Discriminator as netD

def _weights_init(m):
    classname = m.__class__.__name__
    if classname.find('Conv') != -1:
        torch.nn.init.normal_(m.weight.data, 0.0, 0.02)
    elif classname.find('BatchNorm') != -1:
        torch.nn.init.normal_(m.weight.data, 1.0, 0.02)
        torch.nn.init.constant_(m.bias.data, 0.0)
```

```python
class Model(object):
    def __init__(self,
                 name,
                 device,
                 data_loader,
                 channels,
                 l1_coef,
                 l2_coef):
        self.name = name
        self.device = device
        self.data_loader = data_loader
        self.channels = channels
        self.l1_coef = l1_coef
        self.l2_coef = l2_coef
        self.netG = netG(self.channels)
        self.netG.apply(_weights_init)
        self.netG.to(self.device)
        self.netD = netD(self.channels)
        self.netD.apply(_weights_init)
        self.netD.to(self.device)
        self.optim_G = None
        self.optim_D = None
        self.loss_adv = torch.nn.BCELoss()
        self.loss_l1 = torch.nn.L1Loss()
        self.loss_l2 = torch.nn.MSELoss()
```

이제 학습 과정(Model.train()에 정의되어 있음)에 대해 살펴 보겠습니다.

```python
    def train(self,
              epochs,
              log_interval=100,
              out_dir='',
```

```python
              verbose=True):
    self.netG.train()
    self.netD.train()
    total_time = time.time()
    for epoch in range(epochs):
        batch_time = time.time()
        for batch_idx, data in enumerate(self.data_loader):
            image = data['right_images'].to(self.device)
            embed = data['right_embed'].to(self.device)

            real_label = torch.ones((image.shape[0]),
                        device=self.device)
            fake_label = torch.zeros((image.shape[0]),
                        device=self.device)

            # Train D
            self.optim_D.zero_grad()

            out_real, _ = self.netD(image, embed)
            loss_d_real = self.loss_adv(out_real, real_label)

            noise = torch.randn((image.shape[0], 100, 1, 1),
                    device=self.device)
            image_fake = self.netG(noise, embed)
            out_fake, _ = self.netD(image_fake, embed)
            loss_d_fake = self.loss_adv(out_fake, fake_label)

            d_loss = loss_d_real + loss_d_fake
            d_loss.backward()
            self.optim_D.step()
            # Train G
            self.optim_G.zero_grad()
            noise = torch.randn((image.shape[0], 100, 1, 1),
                    device=self.device)
```

```
        image_fake = self.netG(noise, embed)
        out_fake, act_fake = self.netD(image_fake, embed)
        _, act_real = self.netD(image, embed)

        l1_loss = self.loss_l1(torch.mean(act_fake, 0),
                    torch.mean(act_real, 0).detach())
        g_loss = self.loss_adv(out_fake, real_label) + \
            self.l1_coef * l1_loss + \
            self.l2_coef * self.loss_l2(image_fake, image)
        g_loss.backward()
        self.optim_G.step()
```

여기서는 11,788개의 주석이 달린 조류 이미지가 포함된 Caltech-UCSD Birds-200-2011(CUB-200-2011) 데이터 세트를 사용합니다. 새 이미지를 처리하고 단어 임베딩 벡터를 직접 학습하는 대신 저자가 사전 학습한 임베딩을 직접 사용합니다(https://github.com/reedscot/icml2016). GitHub 저장소(https://github.com/aelnouby/Text-to-Image-Synthesis)에는 이미지 파일, 포함 벡터 및 원본 설명 텍스트가 포함된 HDF5 데이터베이스 파일이 친절하게 제공됩니다.

제공되는 Google 드라이브 링크(https://drive.google.com/open?id=1mNhn6MYpBb-JwE86GC1kk0VJsYj-Pn5j)에서 데이터베이스를 다운로드합시다. 받은 데이터를 폴더에 넣습니다(예 : /media/john/DataAsgard/text2image/birds). 사용자 정의 데이터 셋 클래스(https://github.com/aelnouby/Text-to-Image-Synthesis/blob/master/txt2image_dataset.py)도 다운로드해 봅시다. 왜냐하면 HDF5 데이터베이스 요소를 PyTorch 텐서로 올바르게 내보내는 것은 약간 까다롭기 때문입니다. 이것은 또한 스크립트를 실행하기 전에 pip install h5py로 h5py 라이브러리를 설치해야 함을 의미합니다.

마지막으로 main.py 파일을 만들고 이미 여러 번 수행한 것처럼 인수 구문 분석 코드를 채우고 Model.train()을 호출해 봅시다. 다시, 우리는 main.py에서 대부분의 코드를 생략합니다. 도움이 필요하면 이 장의 코드 저장소에서 전체 소스 코드를 참조하십시오.

```python
import argparse
import os
import sys

import numpy as np
import torch
import torch.backends.cudnn as cudnn
import torchvision.datasets as dset
import torchvision.transforms as transforms

from torch.utils.data import DataLoader
from PIL import Image

import utils

from build_gan import Model
from txt2image_dataset import Text2ImageDataset

FLAGS = None

def main():
    device = torch.device("cuda:0" if FLAGS.cuda else "cpu")

    print('Loading data...\n')
    dataloader = DataLoader(Text2ImageDataset(os.path.join(FLAGS.data_
            dir, '{}.hdf5'.format(FLAGS.dataset)), split=0),
            batch_size=FLAGS.batch_size, shuffle=True,
            num_workers=8)
    print('Creating model...\n')
    model = Model(FLAGS.model, device, dataloader, FLAGS.channels,
        FLAGS.l1_coef, FLAGS.l2_coef)
```

```python
if FLAGS.train:
    model.create_optim(FLAGS.lr)

    print('Training...\n')
    model.train(FLAGS.epochs, FLAGS.log_interval, FLAGS.out_dir,
                True)

    model.save_to('')
else:
    model.load_from('')

    print('Evaluating...\n')
    model.eval(batch_size=64)
```

200 세대의 학습을 마치는 데 약 2시간 반이 걸리고 배치 크기는 256인 GPU 메모리는 약 1,753 MB입니다. 학습이 종료된 결과는 다음과 같습니다.

CUB-200-2011 데이터 세트에서 텍스트-이미지 GAN에 의해 생성된 이미지

이 섹션에서 사용한 방법은 3년 전에 제안되었으므로 생성된 이미지의 품질은 현재에 비해 좋지 않습니다. 따라서 고해상도 결과를 생성할 수 있도록 StackGAN 및 StackGAN++을 소개합니다.

9.2 StackGAN++로 사실적인 이미지 생성

설명 텍스트에서 이미지 생성은 설명 문장의 임베딩 벡터가 추가 레이블 정보로 사용되는 **조건부 GAN(CGAN)** 과정으로 간주될 수 있습니다. 운 좋게도 CGAN 모델을 사용하여 확실한 이미지를 생성하는 방법을 이미 알고 있습니다. 이제 CGAN으로 큰 이미지를 생성하는 방법을 알아내야 합니다.

7장, 'GAN을 사용한 이미지 복원'의 이미지에서 누락된 구멍을 채우기 위해 두 개의 생성기와 두 개의 판별기를 사용한 방법을 기억하십니까? 고품질 이미지를 얻을 수 있도록 두 개의 CGAN을 함께 쌓을 수도 있습니다. 이것이 바로 StackGAN이 하는 일입니다.

StackGAN을 이용한 고해상도 텍스트-이미지 합성

StackGAN은 Han Zhang, Tao Xu 및 Hongsheng Li 등의 논문인 *StackGAN: Text to Photo-Realistic Image Synthesis with Stacked Generative Adversarial Networks*에 의해 제안되었습니다.

설명 문장의 임베딩 벡터 φ_t는 Conditioning Augmentation 단계에 의해 처리되어 조건부 벡터 c를 생성합니다. Conditioning Augmentation에서는 임베딩 벡터 φ_t에서 한 쌍의 평균 μ 및 표준 편차 σ 벡터가 계산되어 가우시안 분포 $N(\mu, \sigma^2)$를 기반으

로 조건부 벡터 c를 생성합니다. 이 프로세스를 사용하면 제한된 문자 임베딩으로부터 훨씬 더 고유한 조건부 벡터를 만들 수 있습니다. 또한 모든 조건부 변수가 동일한 가우시안 분포를 준수하도록 합니다. 동시에 μ와 σ는 $N(o,~I)$에서 너무 멀지 않도록 제지합니다. 이것은 **Kullback-Leibler 차이(KL 차이)** 항을 생성기의 손실 함수에 추가하여 수행됩니다.

잠복 벡터 $z(N(o,~I)$에서 샘플링 됨)는 조건부 벡터 c와 결합되어 **Stage-I Generator**의 입력으로 사용됩니다. 첫 번째 생성기 네트워크는 크기가 64×64인 저해상도 이미지를 생성합니다. 저해상도 이미지는 **Stage-I Discriminator**로 전달되며, 이 Stage-I Discriminator는 저해상도 이미지의 충실도를 예측하기 위한 입력으로 입베딩 벡터 (φ_t)도 사용합니다. 해상도 이미지. Stage-I Generator 및 Discriminator의 손실 함수는 다음과 같습니다.

$$\mathcal{L}_{\mathcal{D}_1} = \underset{real}{\mathbb{E}}[\log D_1(x, \varphi_t)] + \underset{fake}{\mathbb{E}}[\log(1 - D_1(x, \varphi_t))]$$
$$\mathcal{L}_{\mathcal{G}_1} = \underset{fake}{\mathbb{E}}[\log(1 - D_1(x, \varphi_t))] + \lambda \mathrm{KL}[\mathcal{N}(\mu_1, \sigma_1^2) || \mathcal{N}(o, \mathcal{I})]$$

위의 방정식에서 $\underset{fake}{\mathbb{E}}$의 x는 Stage-I Generator, $G_1(z, c_1)$의 출력입니다. 여기서 c_1은 조건부 벡터이며, KL은 KL 차이를 나타냅니다.

그런 다음 저해상도 이미지가 **Stage-II Generator**로 입력됩니다. 다시 말하지만 임베딩 벡터 ϕ_t는 256×256 크기의 고해상도 이미지를 만드는 데 도움이 되도록 두 번째 생성기로 전달됩니다. 고해상도 이미지의 품질은 ϕ_t를 입력으로 사용하는 Stage-II 판별기로 판단됩니다. 두 번째 단계의 손실 함수는 다음과 같이 첫 번째 단계와 유사합니다.

$$\mathcal{L}_{\mathcal{D}_2} = \underset{real}{\mathbb{E}}[\log D_2(x, \varphi_t)] + \underset{fake}{\mathbb{E}}[\log(1 - D_2(x, \varphi_t))]$$
$$\mathcal{L}_{\mathcal{G}_2} = \underset{fake}{\mathbb{E}}[\log(1 - D_2(x, \varphi_t))] + \lambda \mathrm{KL}[\mathcal{N}(\mu_2, \sigma_2^2) || \mathcal{N}(o, \mathcal{I})]$$

앞의 방정식에서 $\underset{fake}{\mathbb{E}}$의 x는 Stage-II Generator $G_2(s_1, c_2)$의 출력입니다. 여기서

$s_1 = G_1(z, c_1)$는 Stage-I Generator의 출력이고 c_2는 조건부 벡터입니다.

 StackGAN이 생성한 일부 이미지는 다음 섹션에서 제공될 것입니다. StackGAN을 시험해보고자 한다면 이 논문의 저자들이 https://gitgit.com/hanzhanggit/StackGAN-Pytorch에서 오픈 소스로 제공한 PyTorch 버전을 사용할 수 있습니다.

StackGAN에서 StackGAN++로

StackGAN++(StackGAN v2라고도 함)은 StackGAN의 개선된 버전으로 Han Zhang, Tao Xu 및 Hongsheng Li 등의 논문인 *StackGAN++: Realistic Image Synthesis with Stacked Generative Adversarial Networks*에 의해 제안되었습니다. StackGAN과 비교하여 StackGAN++ 디자인에는 다음과 같은 세 가지 주요 차이점이 있습니다.

- 다중 스케일 이미지 합성 : 각 브랜치가 개별 생성기 네트워크를 나타내며 트리가 높아짐에 따라 생성된 이미지의 크기가 증가하는 트리형 구조(다음 다이어그램에 표시)를 사용합니다. 각 브랜치에서 생성된 이미지의 품질은 다른 판별자 네트워크에 의해 추정됩니다.

- 무조건적 손실의 고용 : 이미지의 충실도를 추정하기 위해 레이블 정보(텍스트 임베딩에서 계산)를 사용하는 것 외에도 이미지가 유일한 입력인 추가 손실 조건이 모든 생성기 및 판별기의 손실 함수에 추가됩니다(다음 방정식에서 보임). 세 번째 분기에서 판별 및 생성기의 손실 함수는 다음과 같이 정의됩니다.

$$\mathcal{L}_{\mathcal{D}_i} = - \mathop{\mathbb{E}}_{real}[\log D_i(x,c)] - \mathop{\mathbb{E}}_{fake}[\log(1 - D_i(x,c))]$$
$$\quad - \mathop{\mathbb{E}}_{real}[\log D_i(x)] - \mathop{\mathbb{E}}_{fake}[\log(1 - D_i(x))]$$
$$\mathcal{L}_{\mathcal{G}_i} = - \mathop{\mathbb{E}}_{fake}[\log(1 - D_i(x,c))]$$
$$\quad - \mathop{\mathbb{E}}_{fake}[\log(1 - D_i(x))]$$

위의 방정식에서 각 손실 함수의 첫 번째 줄을 조건부 손실 i라 하고 두 번째 줄을 무조건부 손실이라고 합니다. JCU Discriminator(이전 다이어그램에서 설명)로 계산됩니다.

- **색상 일관성 구속 조건** : 트리 구조에 여러 개의 브랜치가 있을 수 있으므로 다른 브랜치에서 생성된 이미지가 서로 유사한지 확인하는 것이 중요합니다. 따라서, 색상 일관성 정규화항이 생성기의 손실 함수에 추가됩니다(물론 스케일 요소 포함).

색상 일관성 정규화는 다음과 같이 정의됩니다.

$$\mathcal{L}_{C_i} = \frac{1}{\mathcal{B}} \sum_{j=1}^{\mathcal{B}} (\lambda_1 \| \mu_{s_i^j} - \mu_{s_{i-1}^j} \|_2^2 + \lambda_2 \| \Sigma_{s_i^j} - \Sigma_{s_{i-1}^j} \|_\mathcal{F}^2)$$

상기 식에서, B는 배치 크기를 나타내고, $\mu_{s_i^j}$ 및 $\Sigma_{s_i^j}$는 i번째 생성기에 의해 생성된 j번째 이미지의 평균 및 공분산을 나타냅니다. 이것은 인접한 가지에 의해 생성된 이미지가 유사한 색상 구조를 갖도록 합니다.

더 나은 품질로 이미지를 생성하기 위한 StackGAN++ 학습

StackGAN++의 저자는 https://gitgit.com/hanzhanggit/StackGAN-v2에서 전체 소스 코드를 공개 소스로 공개했습니다. CUB-200-2011 데이터 세트에서 StackGAN++을 학습시키려면 다음 단계를 따르십시오. 사전 학습된 텍스트 임베딩을 로드할 때 pickle에서 디코딩 오류가 발생하므로 Anaconda에서 PyTorch를 사용하여 Python 2.7 환경을 작성했는지 확인하십시오. 2장, 'PyTorch 1.3 시작하기'의 단계에 따라 새 환경을 만들 수 있습니다.

1. 터미널에서 다음 명령을 실행하여 전제 조건을 설치하십시오.

```
$ pip install pyyaml tensorboard-pytorch scipy python-dateutil
easydict pandas torchfile
```

StackGAN++은 FileWriter를 호출하여 TensorBoard에 로깅 정보를 작성하는데 FileWriter는 TensorBoard의 최신 버전에서 제거되었으므로 Python 2.7 환경에 tensorboard가 설치되어 있지 않은지 확인하십시오. TensorBoard를 제거하지 않으려면 pip install tensorboard == 1.0.0a6을 실행하여 버전을 낮출 수 있습니다.

2. StackGAN++의 소스 코드를 다운로드하십시오.

```
$ git clone https://github.com/hanzhanggit/StackGAN-v2 && cd
StackGAN-v2
```

3. http://www.vision.caltech.edu/visipedia/CUB-200-2011.html에서 CUB-200-2011 데이터 셋을 다운로드하여 /data/birds 디렉토리 아래에 있는 CUB-200-2011 폴드에 넣습니다. 이미지들이 data/birds/CUB2002011/images/001.BlackfootedAlbatross/BlackFootedAlbatross0001796111.jpg와 같은 위치에 있게 됩니다. 다운로드해야 하는 압축 파일의 크기는 약 1.1 GB입니다.

4. https://drive.google.com/open?id=0B3ymsrWZaXLT1BZdVdycDY5TEE 에서 사전 학습된 텍스트 임베딩을 다운로드하고 세 폴더를 data/birds로 이동시키세요. textc10 폴더의 이름을 text로 바꾸십시오.

5. 코드 폴더로 이동하여 학습 과정을 시작하십시오.

```
$ cd code && python main.py --cfg cfg/birds_3stages.yml --gpu 0
```

PyTorch 1.1에서 실행할 수 있도록 StackGAN++의 소스 코드를 약간만 변경하면 됩니다. 예를 들어 trainer.py에서 모든 .data[0]을 .item()으로 바꿀 수 있습니다. 우리가 고칠 수 있는 몇 가지 지원 중단 경고가 있습니다. 자세한 내용은 이 장의 코드 저장소에서 stackgan-v2 폴더 아래에 있는 소스 코드를 참조하십시오.

6. (선택사항) 학습된 모델을 평가하십시오. 다음과 같이 code/cfg/eval_birds.yml 파일에 모델 파일을 지정하십시오.

```
NET_G: '../output/birds_3stages_2019_07_16_23_57_11/Model/netG_220800.pth'
```

그런 다음 터미널에서 다음 스크립트를 실행하여 평가 과정을 시작하십시오.

```
$ python main.py --cfg cfg/eval_birds.yml --gpu 0
```

평가 비용은 약 7,819 MB의 GPU 메모리이며 완료하는 데 12분이 걸립니다. 생성된 이미지는 output/birds3stages20190716235711/Model/iteration220800/single-samples/valid 폴더에 있을 것입니다.

GTX 1080Ti 그래픽 카드에서 600 세대의 학습을 마치는 데 약 48시간이 걸리며 약 10,155 MB의 GPU 메모리가 필요합니다. 학습 과정이 끝날 때 생성되는 이미지는 다음과 같습니다.

StackGAN++에서 생성한 이미지

이 과정은 시간이 오래 걸리고 많은 양의 GPU 메모리가 필요하지만 결과가 매우 훌륭하다는 것을 알 수 있습니다.

9.3 요약

이 장에서는 설명 텍스트를 기반으로 저해상도 및 고해상도 이미지를 생성하는 방법을 배웠습니다.

다음 장에서는 GAN을 사용하여 텍스트 및 오디오와 같은 순차 데이터를 직접 생성하는데 중점을 둘 것입니다.

9.4 유용한 독서 목록 및 참고 문헌

1. Rong X. (2014). *word2vec Parameter Learning Explained*. arXiv:1411.2738.
2. Reed S, Akata Z, Schiele B, et. al. (2016). *Learning Deep Representations of Fine-Grained Visual Descriptions*. CVPR.
3. Reed S, Akata Z, Yan X, et al (2016). *Generative Adversarial Text to Image Synthesis*. ICML.
4. Zhang H, Xu T, Li H, et al (2017). *StackGAN: Text to Photo-realistic Image Synthesis with Stacked Generative Adversarial Networks*. ICCV.
5. Zhang H, Xu T, Li H, et al (2018). *StackGAN++: Realistic Image Synthesis with Stacked Generative Adversarial Networks*. IEEE Trans. on Pattern Analysis and Machine Intelligence.

CHAPTER 10

GAN을 사용한 순차 합성

이 장에서는 텍스트 및 오디오와 같은 순차적 데이터를 직접 생성하는 GAN에 대해 설명합니다. 이렇게 하는 동안 NLP 모델에 빠르게 익숙해질 수 있도록 이전의 이미지 합성 모델로 돌아가겠습니다.

이 장을 통해 RNN 및 LSTM과 같이 NLP 분야에서 일반적으로 사용되는 기술에 대해 알아봅니다. 또한 **강화 학습**(RL: Reinforcement Learning)의 몇 가지 기본 개념과 SGD 기반 CNN과 같은 지도학습과 어떻게 다른지 알게 됩니다. 나중에, 우리는 우리 자신의 NLP 모델을 학습시키고 짧은 영어 농담을 생성할 수 있도록 SeqGAN을 학습시키는 방법을 배우기 위해 텍스트 모음에서 맞춤형 어휘를 구축하는 방법을 배울 것입니다. 또한 SEGAN을 사용하여 배경 소음을 제거하고 음성 오디오의 품질을 향상시키는 방법을 배우게 됩니다.

이 장에서 다룰 내용은 다음과 같습니다.

- SeqGAN을 통한 텍스트 생성 – GAN에게 농담을 알려주는 방법 학습
- SEGAN을 통한 음성 품질 향상

10.1
SeqGAN을 통한 텍스트 생성 – GAN에게 농담을 알려주는 방법 학습

이전 장에서는 GAN을 사용한 설명 텍스트를 기반으로 고품질 이미지를 생성하는 방법을 배웠습니다. 이제 다양한 GAN 모델을 사용하여 텍스트 및 오디오와 같은 순차적 데이터 합성에 대해 살펴 보겠습니다.

비록 디지털 이미지와 텍스트가 본질적으로 이산적이라고 하더라도, 텍스트 생성과 관련하여 이미지 생성과 가장 큰 차이점은 텍스트 데이터는 이산되지만 이미지 픽셀 값은 더 연속적이라는 점입니다. 픽셀은 일반적으로 256개의 값을 가지며 픽셀의 약간의 변화가 반드시 이미지의 의미에 영향을 미치지는 않습니다. 그러나 문장의 약간의 변화, 심지어 단일 문자(예를 들어, '우리'를 '그'로 바꾸는 것)도 문장의 전체 의미를 바꿀 수 있습니다. 또한 텍스트와 비교하여 이미지 합성에서는 오류에 좀 더 너그러운 경향이 있습니다. 예를 들어, 강아지의 생성된 이미지에서 픽셀의 90%가 거의 완벽하다면 뇌가 누락된 픽셀을 자동으로 채울만큼 똑똑하기 때문에 강아지를 인식하는 데 거의 어려움이 없을 수 있습니다. 그러나 10개 단어 중 하나라도 이해가 되지 않는 뉴스를 읽는다면, 읽는 것을 즐기기가 어려울 것입니다. 그렇기 때문에 텍스트 생성이 어렵고 이미지 합성보다 텍스트 생성 과정에서 눈에 띄는 발전이 덜합니다.

SeqGAN은 적대적 학습을 통한 텍스트 생성의 첫 번째 시도 중 하나였습니다. Lantao Yu, Weinan Zhang 및 Jun Wang 등의 논문인 *SeqGAN: Sequence Generative Adversarial Nets with Policy Gradient*에서 제안하였습니다. 이 섹션에서는 SeqGAN의 디자인, NLP 작업을 위한 고유한 어휘 생성 방법 및 짧은 농담을 생성할 수 있도록 SeqGAN 학습 방법을 안내합니다.

SeqGAN의 설계 – GAN, LSTM 및 RL

다른 GAN 모델과 마찬가지로 SeqGAN은 적대적 학습이라는 아이디어를 기반으로 합니다. NLP 작업을 수용할 수 있도록 몇 가지 중요한 변경이 이루어져야 합니다. 예를 들어, 생성 네트워크는 이전 장에서 살펴본 다른 GAN과 유사하게 CNN 대신 LSTM으로 구축됩니다. 또한 이전 학습 모델에서 사용된 SGD 계열 방법과 달리 강화 학습은 개별 목표를 최적화하는 데 사용됩니다.

여기서는 LSTM 및 RL에 대한 빠른 소개를 제공합니다. 그러나 모델의 적대적 학습 부분에 초점을 맞추고 싶기 때문에 이러한 주제에 대해서는 너무 깊이 다루지 않습니다.

RNN 및 LSTM에 대한 빠른 소개

RNN(Recurrent Neural Network)은 텍스트 및 오디오와 같은 순차 데이터를 처리하도록 설계되었습니다. CNN과의 가장 큰 차이점은 은닉층의 가중치(즉, 특정 함수)가 여러 입력에서 반복적으로 사용되며 입력 순서가 함수의 최종 결과에 영향을 미친다는 것입니다. RNN의 일반적인 디자인은 다음 다이어그램에서 볼 수 있습니다.

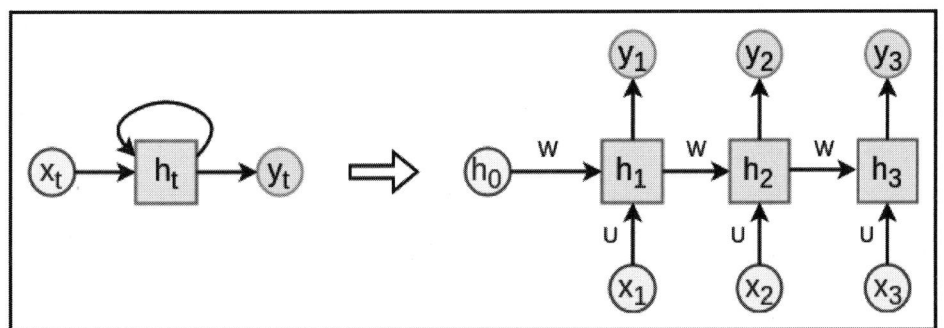

그림 10.1 RNN의 기본 계산 단위

우리가 볼 수 있듯이 RNN 장치의 가장 두드러진 특징은 은닉 상태 h_t가 자신을 가리키는 발신 연결이 있다는 것입니다. 이 자체 루프가 "반복"이라는 이름의 유래입니다. 자체 루프가 세 번 수행된다고 가정해 봅시다. 이 계산 단위의 확장 버전은 앞의 다이어그램 오른쪽에 표시되어 있습니다. 계산 과정은 다음과 같이 표현됩니다.

$$h_1 = f(Ux_1 + Wh_0 + b)$$
$$h_2 = f(Ux_2 + Wh_1 + b)$$
$$h_3 = f(Ux_3 + Wh_2 + b)$$

$$y_1 = \text{softmax}(Vh_1 + c)$$
$$y_2 = \text{softmax}(Vh_2 + c)$$
$$y_3 = \text{softmax}(Vh_3 + c)$$

따라서 적절한 학습 후에 이 RNN 장치는 최대 길이가 3인 순차 데이터를 처리할 수 있습니다.

RNN은 음성 인식, 자연어 변환, 언어 모델링 및 이미지 캡션에 널리 사용됩니다. 그러나 RNN에는 해결해야 할 중요한 결함이 있습니다. 우리는 이 문제를 LSTM을 설명하면서 언급하겠습니다.

RNN 모델은 인접한 입력 간에만 강한 연결이 존재하고(예 : 이전 다이어그램에 표시된 x_1 및 x_2) 서로 멀리 떨어져 있는 입력 간의 연결은 무시됩니다(예 : x_1 및 x_3). 긴 문장을 다른 문법 규칙을 가진 언어로 변환하려고 하면 문장의 모든 부분을 들여다볼 필요가 있습니다.

LSTM(Long Short-Term Memory)은 1997년 Sepp Hochreiter와 Jürgen Schmidhuber가 순차적 데이터의 장기 메모리를 보존하고 RNN의 기울기 폭발 및 소실 문제를 해결하기 위해 제안되었습니다. 계산 과정은 다음 다이어그램에 설명되어 있습니다.

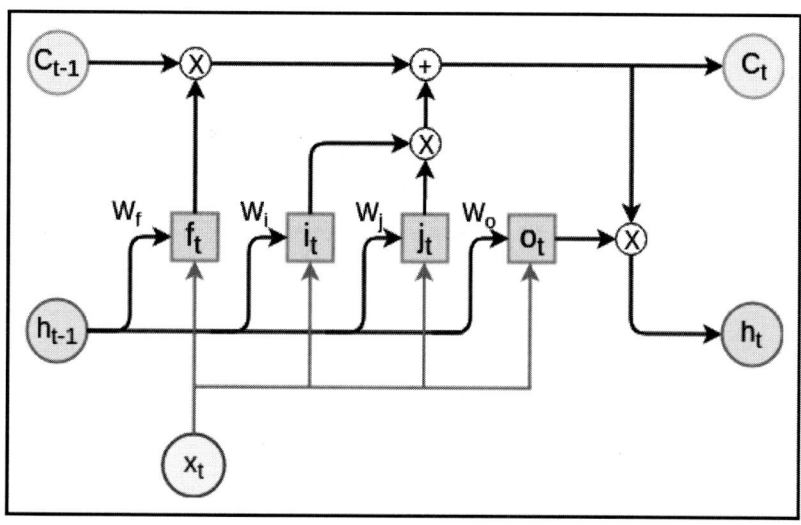

그림 10.2 LSTM의 계산 과정

보다시피, G_t라는 추가 용어는 어떤 장기 정보를 기억해야 하는지 선택하는 데 도움이 됩니다. 자세한 계산 과정은 다음과 같습니다.

1. h_{t-1}과 x_t는 Forget Gate를 통과하여 잊어버릴 정보를 결정합니다.

$$f_t = \text{sigmoid}(W_f \cdot [h_{t-1}, x_t] + b_f)$$

2. 다음 단계에서 업데이트된 C_t를 계산할 수 있도록 동일한 입력도 Input Gate 를 통과합니다.

$$i_t = \text{sigmoid}(W_i \cdot [h_{t-1}, x_t] + b_i)$$
$$j_t = \tanh(W_j \cdot [h_{t-1}, x_t] + b_j)$$

3. 업데이트된 C_t 및 h_t는 Output Gate에 의해 계산됩니다.

$$C_t = f_t \cdot C_{t-1} + i_t \cdot j_t$$
$$o_t = \text{sigmoid}(W_o \cdot [h_{t-1}, x_t] + b_o)$$
$$h_t = o_t \cdot \tanh(C_t)$$

그런 다음 새로운 h_t 및 C_t는 다음 h_{t+1} 및 C_{t+1} 쌍을 계산하는 데 사용됩니다. LSTM 셀의 구조는 초기 RNN 셀보다 훨씬 복잡하지만 세 개의 게이트(포스트, 입력 및 출력)의 섬세한 디자인 덕분에 LSTM은 지난 몇 년 동안 거의 모든 이정표 NLP 모델에서 볼 수 있습니다. LSTM 및 그 변형에 대한 자세한 내용을 보려면 https://colah.github.io/posts/2015-08-Understanding-LSTMs and https://towardsdatascience.com/illustrated-guide-to-lstms-and-gru-s-a-step-by-step-explanation- 44e9eb85bf21를 살펴보시기 바랍니다.

강화 학습과 지도 학습

강화 학습은 기계 학습의 또 다른 최적화 방법입니다. 모델이 해결하려는 작업에 대해 표준 정답을 제공하기 어려운 경우, 특히 솔루션에 무료 탐색이 포함되어 있고 작업의 최종 목표가 모델이 결정해야 하는 특정 결정에 비해 다소 모호한 경우에 종종 사용됩니다.

예를 들어, 로봇에게 걷기를 가르치고 싶다면 강화 학습을 사용하여 로봇에게 걷기를 가르칠 수 있습니다. 우리는 로봇에게 언제 어떤 신체 부위를 움직이는지 알려줄 필요가 없습니다. 우리는 단지 최종 목표가 10미터 앞에 있는 그 위치로 자신의 다리를 무작위로 움직이게 하는 것이라고 말합니다. 어떤 시점에서 로봇 다리의 특정 움직임 조합은 로봇을 한 단계 앞당기고 로봇 팔의 특정 움직임 조합은 로봇이 균형을 벗어나지 않도록 합니다. 마찬가지로 강화 학습은 기계가 Go(https://www.alphago-games.com) 및 비디오 게임(https://openai.com/blog/openai-five)을 가르치는 데에도 사용됩니다.

SGD 기반 최적화 방법은 종종 지도 학습(실제 데이터가 항상 합성 데이터의 품질을 측정하는 데 사용되는 이전 장의 모델에서 사용됨)에서 사용되는 반면, 비지도 학습에서는 최적화 전략이 완전히 다릅니다.

현재 정책 기울기(policy gradient) 및 Q-Learning은 RL에서 가장 일반적으로 사용되는 방법 중 하나입니다. 간단히 설명해 보겠습니다.

1. **정책 기울기**는 정책 기반 방법입니다. 모델은 현재 상태(입력)에 따라 동작(출력)을 직접 제공합니다. 정책 평가(상태에 따라 동작 수행)와 정책 업데이트(상태와 동작 사이의 맵핑 업데이트)를 번갈아 가며 수행합니다. 종종 크고 연속적인 작업 공간에서 사용됩니다.
2. Q-Learning은 가치 기반 방법입니다. 다양한 동작의 보상을 추적하는 Q 테이블을 유지합니다. 최대 보상 가치로 이어지는 동작을 선택한 다음 조치의 결과로 새 환경에 따라 Q-테이블을 업데이트합니다. 정책 기울기 방법보다 **빠르게** 학습할 수 있으며 작업 공간이 작은 간단한 작업에 자주 사용됩니다.

그렇다면 강화 학습과 지도 학습(예 : CNN의 SGD 방법)을 모두 사용할 수 있을 때 어떻게 선택할 수 있습니까? 간단한 경험 법칙은 탐색 공간의 **연속성**과 목적 함수의 **미분 가능성**입니다. 목적 함수가 미분가능하고 탐색 공간이 연속적이면 SGD 방법을 사용하는 것이 좋습니다. 탐색 공간이 불연속이거나 목적 함수가 미분 불가능인 경우 강화 학습을 고수해야 합니다. 그러나 탐색 공간이 크지 않고 여분의 컴퓨팅 능력이 있다면 **ES**(Evolutionary Search, 진화 탐색) 방법도 좋은 옵션입니다. 변수가 가우시안 분포를 따르는 것으로 가정할 때 언제든지 CMA-ES(http://cma.gforge.inria.fr) 방법을 시도해 볼 수 있습니다.

정책 기울기에 대한 자세한 내용은 다음 두 가지 추가 자료를 참조하십시오.

- https://medium.com/@jonathan_hui/rl-policy-gradients-explained-9b13b688b146
- https://lilianweng.github.io/lil-log/2018/04/08/policy-gradient-algorithms.html

SeqGAN의 구조

SeqGAN의 기본 개념은 초기 GAN이 이산 데이터를 합성하는 데 능숙하지 못하기 때문에 해결하지 못했던, 판별기 네트워크가 다양한 길이의 순차 데이터를 평가할 수 없기 때문에 해결하지 못했던 문제를 해결하는 것입니다. 첫 번째 문제를 해결하기 위해 정책 기울기가 생성기 네트워크를 업데이트하는 데 사용됩니다. 두 번째 문제는 MCTS(Monte Carlo Tree Search) 방법으로 나머지 데이터를 생성하여 해결됩니다.

SeqGAN의 강화 학습 전략은 다음과 같이 설계되었습니다. 시간 t에서, 생성된 순차가 $Y_{1:t-1} = (y_1, \cdots, y_{t-1})$로 표시되고 현재 동작 y_t가 생성기 네트워크 $G(s_0, Y_{1:t-1})$에 의해 제공되어야 한다고 가정합시다. 여기서 s_0은 초기 상태입니다. $Y_{1:t-1}$에 기초한 y_t의 생성은 LSTM(또는 그 변형)에 의해 수행됩니다. 생성기의 목표는 누적 보상을 최대화하는 것입니다.

$$J(\theta) = \mathbb{E}[R_T|s_0, \theta] = \sum_{y \in Y} G_\theta(y|s_0) \cdot Q(s_0, y)$$

여기서 R_T는 누적 보상이며, θ는 최적화할 매개변수(즉, G의 매개변수)이며, Q는 **동작-값 함수**(action-value function)라고 합니다. 동작-값 함수 $Q(s_0|y)$는 초기 상태 s_0에서 시작하여 G_θ 정책에 따라 동작 y를 취하는 것에 대한 보상을 제공합니다.

일반적으로 우리는 판별기 네트워크를 사용하여 보상 가치를 제공할 것으로 기대합니다. 그러나 판별기는 $Y_{1:T}$ 길이의 전체 길이 순차만 평가할 수 있기 때문에 누적 보상을 계산하는 데 직접 사용할 수 없습니다. 시간 t에서 우리가 가진 것은 $Y_{1:t}$뿐입니다. 나머지 순차는 어떻게 얻을까요?

SeqGAN에서 나머지 순차 $Y_{t+1:T}$는 MCTS 방법으로 생성됩니다. MCTS는 트리 기반 검색 방법으로 체스 및 포커 게임 프로그램 및 비디오 게임 AI 알고리즘에 널리 사용됩니다. 수행할 수 있는 모든 조치는 매우 큰 트리에서 노드로 표시됩니다. 다음과 같이 Monte Carlo 트리에서 전체 검색을 수행하려면 네 단계가 필요합니다.

1. **선택** : 루트 노드에서 리프 노드까지의 경로를 선택합니다. 일반적으로 기존 노드의 선택은 UCB(Upper Confidence Bounds)를 기반으로 합니다. 점수가 높은 노드가 선택될 가능성이 높고 이전에 여러 번 선택되지 않은 노드가 선택될 가능성이 높습니다. 그것은 **탐험**과 **활용** 사이의 균형입니다.
2. **확장** : 선택한 리프 노드에 새 자식 노드를 추가하는 확장입니다.
3. **시뮬레이션** : 새로 추가된 노드를 평가하고 최종 결과(보상)를 얻는 것입니다.
4. **역전파** : 선택한 경로에 있는 모든 노드의 점수 및 개수 통계를 업데이트합니다.

실제로, 세 번째 단계인 시뮬레이션만이 남은 순차를 생성하는 데 사용되며, 여기서 시뮬레이션을 수행(여기서 남은 순차 생성)을 여러 번 수행하여 평균 보상을 얻습니다.

따라서 $Q(s_0|y)$의 정의는 다음과 같습니다.

$$Q(s = Y_{1:t-1}, a = y_t) = \begin{cases} \frac{1}{N}\sum_{n=1}^{N}D(\tilde{Y}_{1:T}), & \tilde{Y}_{1:T} \in \text{MC}(Y_{1:t}) \quad t < T \\ D(Y_{1:t}) & t = T \end{cases}$$

생성기 네트워크는 입력층으로 임베딩 층이 있고 출력층으로 선형층이 있는 LSTM 네트워크입니다. 판별기 네트워크는 임베딩 층, 합성곱 층, 최대 풀링 층 및 소프트 맥스 층으로 구성됩니다. 이 논문의 저자에 의해 출판된 코드는 TensorFlow로 작성되었습니다. 다행히 PyTorch 버전은 GitHub(https://github.com/suragnair/seqGAN)에서 찾을 수 있습니다. 이 버전에서는 두 가지 차이점에 주목해야 합니다. 첫째, 몬테 카를로 시뮬레이션은 한 번만 수행되고, 둘째, 판별기 네트워크는 반복 네트워크이며 GRU(Gated Recurrent Unit)라는 LSTM의 변형이 두 네트워크에서 사용됩니다. 네트워크 구조를 자유롭게 조정하고 이 책의 이전 장에서 배운 트릭과 기술을 시험해보십시오. 수정된 코드는 이 장의 코드 저장소에 있는 seqgan 폴더에서도 사용할 수 있습니다.

학습을 위한 나만의 어휘 만들기

GitHub에서 다른 사람이 작성한 코드를 읽는 것은 쉽습니다. 우리가 해야 할 가장 중요한 것은 우리가 알고 있는 모델을 새로운 응용 프로그램에 적용하고 자체 샘플을 만드는 것입니다. 여기에서는 방대한 텍스트 모음에서 어휘를 작성하는 기본 단계를 살펴보고 이를 사용하여 NLP 모델을 학습합니다.

NLP 모델에서 어휘 세트는 일반적으로 각 단어 또는 기호를 고유 토큰(일반적으로 int 값)에 매핑하여 모든 문장을 int 벡터로 표현할 수 있는 테이블입니다.

먼저, 재생할 데이터를 찾으십시오. 다음은 GitHub에서 사용 가능한 NLP 데이터 세트 목록입니다: https://github.com/niderhoff/nlp-datasets. 이 목록에서 영어 농담 데이터 셋(https://github.com/taivop/joke-dataset)을 발견할 수 있습니다. 여기에는 Reddit(https://www.reddit.com/r/jokes), Stupid Stuff(stupidstuff.org) 및 Wocka(wocka.com)로부터 모은 200,000개보다 많은 영어 농담이 있습니다. 농담 텍스트는 세 개의 다른 파일(reddit_jokes.json, stupidstuff.json 및 wocka.json)에 있습니다. 우리는 이 농담의 내용에 대해 책임을 지지 않습니다.

이제 어휘를 만들어 봅시다. 먼저, 프로젝트 코드 폴더에 data라는 이름의 폴더를 생성하고 위에서 언급한 파일을 복사하십시오.

이제 JSON 파일을 분석하여 CSV 형식으로 넣을 수 있는 작은 프로그램을 만들어 보겠습니다. parse_jokes.py라고 하겠습니다.

```
import sys
import platform
import os
import json
import csv
import re
```

```
datapath = './data'
redditfile = 'reddit_jokes.json'
stupidfile = stupidstuff.json'
wockafile = 'wocka.json'
outfile = 'jokes.csv'
headers = ['row', 'Joke', 'Title', 'Body', 'ID',
           'Score', 'Category', 'Other', 'Source']
```

import 섹션 항목이 분명하다고 확신합니다. 상수의 정의도 상당히 분명해야 합니다. headers 변수는 단순히 CSV 파일을 만들 때 사용되는 열 이름 목록입니다.

우리는 파일에 저장될 모든 농담이 일반 텍스트로 되기를 원합니다. 이렇게 하려면 문자가 아닌 모든 기호를 제거하십시오. 다음과 같이 Python의 str_translate 매개변수를 사용하는 cleanstr()을 사용하여 텍스트를 정리하면 됩니다.

```
def clean_str(text):
    fileters = '"#$%&()*+-/;<=>@[\\]^_`{|}~\t\n\r\"'
    trans_map = str.maketrans(fileters, " " * len(fileters))
    text = text.translate(trans_map)
    re.sub(r'[^a-zA-Z,. ]+', '', text)
    return text
```

특수 문자를 추가하거나 제거할 수 있도록 filters 문자열을 조정하십시오. 다음 함수는 세 개의 JSON 파일 중 하나를 읽고 JSON 객체로 반환합니다. 이것을 일반적으로 만들었으므로 알아야 할 유일한 것은 처리할 파일 이름입니다.

```
def get_data(fn):
    with open(fn, 'r') as f:
        extracted = json.load(f)
    return extracted
```

다음으로, 3개의 JSON 객체를 CSV 파일로 변환하는 것을 처리하는 3개의 함수를 작성합니다. 세 개의 JSON 파일 중 동일한 구조를 갖는 것은 없다는 것을 기억해야 합니다. 이 때문에 세 가지 핸들러 함수를 모두 비슷하게 만들고 그 차이점을 동시에 처리합니다. 각 함수는 get_data 함수로 작성된 JSON 오브젝트와 startcount라는 정수 값을 사용합니다. 이 함수들은 CSV 파일의 행 번호를 제공합니다. 이 값은 JSON 객체의 각 줄마다 증가합니다. 그런 다음 각 데이터 조각에서 사전을 만들어 CSV 파일에 씁니다. 마지막으로 다음 함수가 행 값이 무엇인지 알 수 있도록 카운터를 반환합니다. 다음은 Reddit 파일을 처리하는 함수입니다.

```python
def handle_reddit(rawdata, startcount):
    global writer
    print(f'Reddit file has {len(rawdata)} items...')
    cntr = startcount
    with open(outfile, mode='a') as csv_file:
        writer = csv.DictWriter(csv_file, fieldnames=headers)
        for d in rawdata:
            title = clean_str(d['title'])
            body = clean_str(d['body']) id = d['id']
            score = d['score']
            category = ''
            other = ''
            dict = {}
            dict['row'] = cntr
            dict['Joke'] = title + ' ' + body
            dict['Title'] = title
            dict['Body'] = body
            dict['ID'] = id
            dict['Category'] = category
            dict['Score'] = score
            dict['Other'] = other
            dict['Source'] = 'Reddit'
```

```
            writer.writerow(dict)
            cntr += 1
            if cntr % 10000 == 0:
                print(cntr)
    return cntr
```

다음으로 다른 두 가지 함수가 있습니다. 하나는 StupidStuff 파일 용이고 다른 하나는 Wocka 파일 용입니다.

```
def handle_stupidstuff(rawdata, startcount):
    global writer
    print(f'StupidStuff file has {len(rawdata)} items...')
    with open(outfile, mode='a') as csv_file:
        writer = csv.DictWriter(csv_file, fieldnames=headers)
        cntr = startcount
        for d in rawdata:
            body = clean_str(d['body'])
            id = d['id']
            score = d['rating']
            category = d['category']
            other = ''
            dict = {}
            dict['row'] = cntr
            dict['Joke'] = body
            dict['Title'] = ''
            dict['Body'] = body
            dict['ID'] = id
            dict['Category'] = category
            dict['Score'] = score
            dict['Other'] = other
            dict['Source'] = 'StupidStuff'
```

```python
            writer.writerow(dict)
            cntr += 1
            if cntr % 1000 == 0:
                print(cntr)
    return cntr

def handle_wocka(rawdata, startcount):
    global writer
    print(f'Wocka file has {len(rawdata)} items...')
    with open(outfile, mode='a') as csv_file:
        writer = csv.DictWriter(csv_file, fieldnames=headers)
        cntr = startcount
        for d in rawdata:
            other = clean_str(d['title'])
            title = ''
            body = clean_str(d['body'])
            id = d['id']
            category = d['category']
            score = ''
            other = ''
            dict = {}
            dict['row'] = cntr
            dict['Joke'] = body
            dict['Title'] = title
            dict['Body'] = body
            dict['ID'] = id
            dict['Category'] = category
            dict['Score'] = score
            dict['Other'] = other
            dict['Source'] = 'Wocka'
            writer.writerow(dict)
            cntr += 1
```

```
        if cntr % 1000 == 0:
            print(cntr)
    return cntr
```

마지막 두 번째 함수는 실제 CSV 파일을 만들고 헤더를 작성합니다.

```
def prep_CVS():
    global writer
    with open(outfile, mode='a') as csv_file:
        writer = csv.DictWriter(csv_file, fieldnames=headers)
        writer.writeheader()
```

마지막으로 프로그램의 main 함수와 진입점이 있습니다. 여기서는 원하는 순서대로 이전 함수를 호출합니다.

```
def main():
    pv = platform.python_version()
    print(f"Running under Python {pv}")
    path1 = os.getcwd()
    print(path1)
    prep_CVS()
    print('Dealing with Reddit file')
    extracted = get_data(datapath + "/" + redditfile)
    count = handle_reddit(extracted, 0)
    print('Dealing with StupidStuff file')
    extracted = get_data(datapath + "/" + stupidfile)
    count = handle_stupidstuff(extracted, count)
    print('Dealing with Wocka file')
    extracted = get_data(datapath + "/" + wockafile)
    count = handle_wocka(extracted, count)
    print(f'Finished processing! Total items processed: {count}')
```

```
if __name__ == '__main__':
    main()
```

이제 스크립트를 실행하기만 하면 됩니다.

```
$ python parse_jokes.py
```

완료되면 농담 텍스트가 jokes.csv 파일에 저장됩니다. 이제 어휘를 만들기 위해 TorchText를 사용해야 합니다. TorchText(https://github.com/pytorch/text)는 PyTorch와 직접 작동하는 NLP 용 데이터 읽기 도구입니다.

> **Windows 10 사용자를 위한 참고 사항 :**
>
> 이 책을 쓰는 시점에서 torchtext\utils.py에 문제가 있는 것으로 보입니다. PyPi에서 직접 Torch 텍스트 패키지를 설치하면 일부 코드를 실행하는 중 오류가 발생할 수 있습니다.
>
> 이를 해결하는 가장 좋은 방법은 GitHub 소스 저장소(https://github.com/pytorch/text)로 가서 소스 코드를 다운로드하는 것입니다. 그런 다음 안전한 폴더에 코드를 풉니다. 명령 프롬프트에서 소스 코드가 포함된 폴더로 이동한 후, 다음 명령을 입력하여 라이브러리를 설치하십시오.
>
> `pip install -e`
>
> 이 명령어는 소스 코드에서 직접 torchtext를 설치합니다.

다른 OS의 경우 다음 명령을 사용하여 설치할 수 있습니다.

```
$ pip install torchtext
```

최신 버전의 torchtext(0.4.0, 이 책을 쓸 당시)를 설치했는지 확인하십시오. 그렇지 않으면 나중에 사용할 코드가 동작하지 않을 수 있습니다. pip가 최신 버전을 설치하지 않으면 https://pypi.org/project/torchtext/#files에서 whl 파일을 찾아 수동으로 설치할 수 있습니다.

이를 위해 torchtext에서 제공하는 기본 vocab 도구를 사용합니다. 보다 복잡한 NLP 작업을 위해 어휘를 작성하려면 spaCy(https://spacy.io)를 사용해보십시오. 새 파일을 작성하고 mymain.py라고 합니다. 다음 코드를 추가하여 시작하십시오.

```python
import torchtext as tt
import numpy as np
import torch
from datetime import datetime

VOCAB_SIZE = 5000
MAX_SEQ_LEN = 30
BATCH_SIZE = 32

src = tt.data.Field(tokenize=tt.data.utils.get_tokenizer
    ("basic_english"), fix_length=MAX_SEQ_LEN, lower=True)

datafields = [('row', None),
              ('Joke', src),
              ('Title', None),
              ('Body', None),
              ('ID', None),
              ('Score', None),
              ('Category', None),
              ('Other', None),
              ('Source', None)]
```

datafields 구조는 방금 만든 CSV 파일을 설명합니다. 파일의 각 열에 대해 설명하고 torchtext 라이브러리와 관련된 유일한 열은 'Joke' 열이므로 'src'로 표시하고 다른 모든 열은 'None'으로 표시합니다.

이제 데이터 세트 객체를 만들고 어휘 객체를 만들기 시작합니다 :

```
dataset = tt.data.TabularDataset(path='jokes.csv', format='csv',
                                fields=[('id', None), ('text', src)])

src.build_vocab(dataset, max_size=VOCAB_SIZE)
```

torchtext 라이브러리의 BucketIterator를 사용하여 데이터 세트의 데이터를 살펴보고 길이가 동일한 순차를 만듭니다.

```
src_itr = tt.data.BucketIterator(dataset=dataset,
                                batch_size=BATCH_SIZE,
                                sort_key=lambda x: len(x.text),
                                device=torch.device("cuda:0"))
```

이제 어휘를 만들었으므로 학습 중에 배치 데이터를 SeqGAN에 공급할 작은 데이터 로더를 만들어야 합니다.

```
class BatchLoader:
    def __init__(self, dl, x_field):
        self.dl, self.x_field = dl, x_field

    def __len__(self):
        return len(self.dl)

    def __iter__(self):
        for batch in self.dl:
            x = getattr(batch, self.x_field)
```

```
        yield x.t()

train_loader = BatchLoader(src_itr, 'text')
```

또한 학습 과정이 완료되면 생성된 텍스트를 볼 수 있도록 토큰에서 단어로의 매핑이 필요합니다.

```
vocab_max = 0
for i, batch in enumerate(train_loader):
    _max = torch.max(batch)
    if _max > vocab_max:
        vocab_max = _max
VOCAB_SIZE = vocab_max.item() + 1

inv_vocab = {v: k for k, v in src.vocab.stoi.items()}
```

여기서 우리의 어휘는 src.vocab에 저장되어 있습니다. src.vocab.stoi는 단어를 int 값에 매핑하는 Python defaultdict입니다. 앞의 코드 스니펫의 마지막 행은 사전을 뒤집고 int 값의 매핑을 inv_vocab에 단어로 저장합니다.

다음 코드를 사용하여 어휘를 평가할 수 있습니다.

```
sentence = ['a', 'man', 'walks', 'into', 'a', 'bar']
for w in sentence:
    v = src.vocab[w]
    print(v)
    print(inv_vocab[v])
```

궁금한 점이 있으면 앞의 코드 뒤에 다음 코드를 추가하여 inv_vocab의 내용을 볼 수 있습니다.

```
for i in inv_vocab:
    print(f'Counter: {i} inv_vocab: {inv_vocab[i]}')
```

그러나 약 5,000줄이 인쇄되므로 긴 목록이 됩니다.

```
$ python mymain.py
```

이제 나머지 SeqGAN 프로그램에 대해 작업해야 합니다. 여기에는 생성기와 판별기가 포함됩니다. SeqGAN 구조 섹션에서 언급했듯이 이 모듈은 https://github.com/suragnair/seqGAN에서 찾을 수 있습니다. 소스 코드를 다운로드하여 작업 디렉토리의 폴더에 압축을 푸십시오.

SeqGAN을 학습시키려면 코드 폴더에서 다음 스크립트를 실행하십시오.

```
$ python main.py
```

생성기 네트워크는 실제 데이터에 대해 **최대 우도 추정**(MLE : Maximum Likelihood Estimation)을 사용하여 100개 세대 동안 사전 학습되어 있으므로 나중에 더 빨리 학습할 수 있습니다. 그런 다음, 판별기 네트워크는 실제 데이터 및 150개의 세대로 생성된 일부 데이터에 대해 사전 학습되며, 생성된 데이터는 매 3개의 세대마다 동일하게 유지되므로 판별자가 가짜 데이터에 익숙해집니다. 마지막으로, 두 네트워크는 50개의 세대(epoch) 동안 적대적인 방식으로 함께 학습되며, 여기서 판별기 네트워크는 생성기 네트워크보다 15배 이상 학습됩니다. 단일 GTX 1080Ti 그래픽 카드에서 사전 학습 과정은 약 **33시간**이 걸리고 최종 학습은 17세대, **48시간**이 소요될 수 있습니다. GPU 메모리 소비는 약 4,143 MB입니다.

다음은 SeqGAN에 의해 생성된 농담 중 일부입니다. 불행히도 대부분의 문장은 모드 붕괴로 인해 의미가 없습니다(즉, 동일한 임의의 단어가 문장의 어느 곳에나 한 배치로 나타납니다).

한번 살펴 봅시다. MAX_SEQ_LEN보다 짧은 문장은 끝에 <pad>로 채워지고 여기서 생략되었습니다.

- "have you ever make like a tomato of jokes ? . there d call out of vegetables !"
- "the patriots weren't invited camping ! . because i can rather have been born in tents ."
- "trainees. it is a train for christmas pockets"
- "what do you get when you cross a kangaroo and a rhino ? . spanish"

다음 문장은 모델에 의해 생성되었습니다.

- "i can't stop a joke . . . . it's all ."
- "i can't see a new joke ."

모델은 또한 인쇄하기에 너무 부적합한 농담을 만들었습니다. 이것은 인간의 유머를 모방하려는 시도의 흥미로운 데모입니다!

10.2 SEGAN을 통한 음성 품질 향상

7장, 'GAN을 사용한 이미지 복원'에서는 GAN이 이미지의 일부 픽셀을 복원하는 방법에 대해 살펴 보았습니다. 연구원들은 NLP에서 GAN이 녹음된 음성의 품질을 향상시키기 위해 오디오의 노이즈를 제거하도록 학습될 수 있는 유사한 애플리케이션을 발견했습니다. 이 섹션에서는 SEGAN을 사용하여 오디오의 배경 소음을 줄이고 시끄러운 오디오에서 사람의 목소리를 더 잘 들리게 하는 방법을 학습합니다.

SEGAN의 구조

SEGAN(Speech Enhancement GAN)은 Santiago Pascual, Antonio Bonafonte 및 Joan Serrà의 논문 *SEGAN : Speech Enhancement Generative Adversarial Network*에서 제안했습니다. 음성 오디오에서 노이즈를 성공적으로 제거하기 위해 1D 합성곱을 사용합니다. http://veu.talp.cat/segan에서 다른 방법과 비교하여 소음 제거 결과를 확인할 수 있습니다. http://veu.talp.cat/seganp에는 업그레이드된 버전도 있습니다.

이미지는 2차원이지만 사운드는 1차원입니다. GAN이 2D 이미지를 합성하는 데 능숙하다고 생각하면 오디오 데이터를 합성할 때 GAN의 성능을 활용하기 위해 2D 합성곱 대신 1D 합성곱 층을 사용하는 것이 좋습니다. 이것이 바로 SEGAN이 만들어지는 방식입니다.

SEGAN의 생성기 네트워크는 건너뛰기 연결 방식의 Encoder-Decoder 구조를 사용합니다. 유사한 구조를 사용하는 다른 GAN(예 : pix2pixHD)을 이미 만나봤기 때문에 익숙할 것입니다. 생성기 네트워크의 구조는 다음과 같습니다.

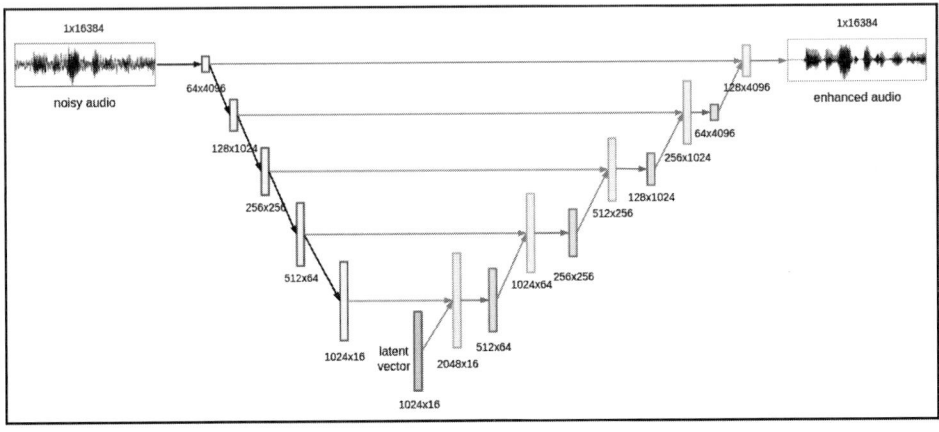

그림 10.3 SEGAN의 생성기 네트워크 구조

먼저, 오디오 샘플은 고정 길이 16,384로 자르고 커널 크기가 31이고, 보폭이 4인 1D 합성곱의 5개 층을 통과합니다. 압축된 1,024×16 벡터(배치 채널 무시)는 잠재 벡터(크기 1,024×16)와 연결되어 다른 5개의 전치된 합성곱 층을 통해 공급될 수 있습니다. 대칭된 합성곱 및 전치된 합성곱 층에서 동일한 모양의 자질 맵은 건너뛰기 연결로 연결됩니다. 시끄러운 오디오 기본 구조와 깨끗한 오디오의 기본 구조는 거의 동일하기 때문에 건너뛰기 연결은 생성기가 향상된 오디오 구조를 훨씬 빠르게 재구성하는 데 도움이 됩니다. 결국, 길이가 16,384인 노이즈 제거된 오디오 샘플이 생성됩니다. 그러나 SEGAN의 판별기 네트워크는 단일 인코더 네트워크입니다. 판별기에서 필요한 것은 입력 오디오의 충실도 점수이기 때문입니다. 판별기 네트워크의 구조는 다음과 같습니다.

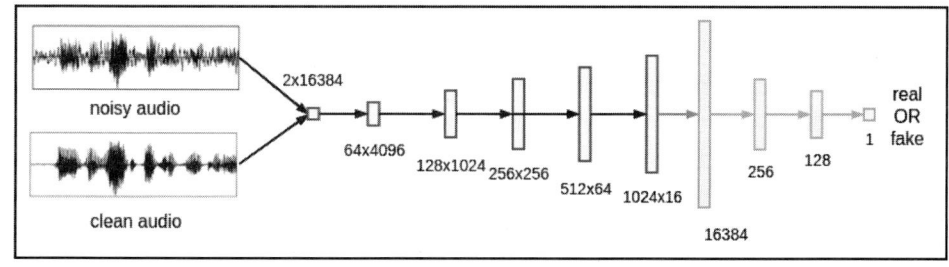

그림 10.4 SEGAN의 판별기 네트워크의 구조

시끄러운 오디오와 깨끗한 (실제 데이터 또는 합성 데이터) 오디오는 함께 연결되어 2×16,384 텐서를 형성합니다. 2×16,384개의 텐서가 5개의 합성곱 층과 3개의 완전히 연결된 층을 통과하여 최종 출력을 얻습니다. 최종 출력된 깨끗한 오디오가 실제인지 합성인지를 나타냅니다. 두 네트워크 모두에서 PReLU(Parametric ReLU)는 은닉층에서 활성화 함수로 사용됩니다.

음성 품질 향상을 위한 SEGAN 학습

SEGAN 학습은 일반적인 이미지 합성 GAN 학습과 크게 다르지 않습니다. SEGAN의 학습 과정은 다음과 같습니다.

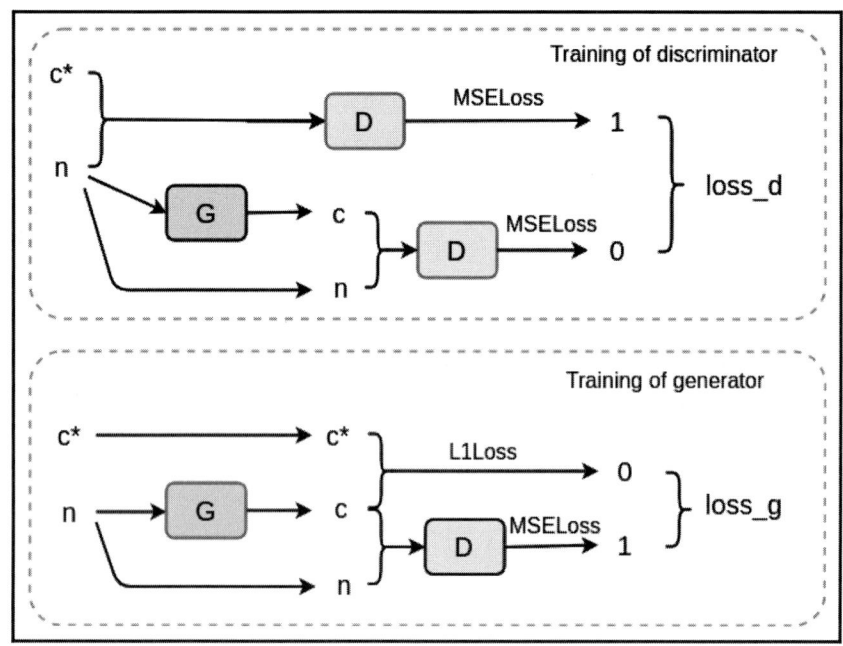

그림 10.5 SEGAN의 학습 과정. 각 단계에서 업데이트되는 네트워크에는 빨간색 경계가 표시됩니다. 여기서 c*는 실제 깨끗한 오디오, n은 시끄러운 오디오, c는 합성된 깨끗한 오디오를 나타냅니다.

먼저, 학습 데이터로부터 깨끗한 오디오 및 시끄러운 오디오가 판별기 네트워크에 공급되어 MSE 손실을 계산합니다. 생성기에서 생성된 합성 오디오와 시끄러운 오디오도 판별기 네트워크에 공급됩니다. 이 단계에서 판별기 네트워크는 실제 오디오와 합성된 깨끗한 오디오의 차이점을 더 잘 알 수 있도록 학습됩니다. 그런 다음 생성된 오디오는 (1에 대한 MSE 손실을 최소화함으로써) 판별자를 속이는데 사용되므로 생성기 네트워크가 사실적이고 깨끗한 오디오를 보다 잘 합성할 수 있습니다. 또한, 합성된 오디오(c*)와 실제 오디오 간의 $L1$ 손실이 계산되어(축척 비율 100) 두 개가 유사한 기본 구조를 갖도록 합니다. RMSprop는 학습률이 매우 작은 값(예: 5×10^{-5})으로 설정되는 최적화 방법입니다.

이제 오디오 데이터를 가져와서 SEGAN이 무엇을 할 수 있는지 봅시다. 깨끗하고 시끄러운 오디오 데이터 세트는 https://datashare.us/uk/handle/10283/1942에서 확인할 수 있습니다. 깨끗하고 시끄러운 48 kHz 음성 학습 세트를 모두 다운로드해야 합니다. 깨끗한 데이터 세트의 크기는 약 822 MB이고 잡음이 있는 데이터 세트의 크기는 약 913 MB입니다. 두 세트 모두에 11,572개의 연설이 있으며, 대부분은 인간이 사용하는 영어 한 줄입니다. 여러 사람이 동시에 말하면 시끄러운 오디오가 오염됩니다.

PyTorch용 SEGAN의 소스 코드는 https://github.com/santi-pdp/segan_pytorch에 공개되어 있습니다. 다음 단계에 따라 코드를 준비하고 SEGAN 학습을 시작하십시오.

1. 다음 스크립트를 실행하여 코드를 얻고 전제 조건을 설치하십시오.

   ```
   $ git clone https://github.com/santi-pdp/segan_pytorch.git
   $ pip install soundfile scipy librosa h5py numba matplotlib pyfftw tensorboardX
   ```

2. ahoproctools(https://github.com/santi-pdp/ahoproctools)라는 추가 도구도 필요합니다. 소스 코드를 다운로드해야 합니다. ahoproc_tools의 루트 폴더에 ahoproc_tools를 복사하여 segan_pytorch의 루트 폴더에 복사하십시오. 또는 이 장의 코드 저장소 내에서 전체 소스 코드에 직접 접근할 수 있습니다. 모든 서브 모듈이 다운로드되었는지 확인하려면 다음 스크립트를 실행해야 합니다.

   ```
   $ git submodule update --init --recursive
   ```

3. 다운로드한 .zip 데이터 세트 파일에서 .wav 파일을 추출하여 각각 data/cleantrainsetwav 및 data/noisytrainsetwav 폴더로 이동하십시오.

4. 마지막으로 다음 스크립트를 실행하여 학습 과정을 시작하십시오.

```
$ python train.py --save_path ckpt_segan+ --batch_size 300 --
clean_trainset data/clean_trainset_wav --noisy_trainset
data/noisy_trainset_wav --cache_dir data/cache
```

먼저, 학습 스크립트는 캐시 폴더(data/cache)를 생성하여 오디오 파일의 슬라이싱 결과를 임시로 저장합니다(두 네트워크의 입력 길이는 16,384개가 되기 때문입니다).

배치 크기가 300인 경우 단일 GTX 1080Ti 그래픽 카드에서 100 세대의 학습을 마치는 데 약 10.7시간이 걸리며 약 10,137 MB의 GPU 메모리가 필요합니다.

학습 과정이 완료되면 다음 스크립트를 실행하여 학습된 모델을 평가하고 data/noisy_testset 폴더에 넣은 오디오 파일에서 배경 소음을 제거하십시오.

```
$ python clean.py --g_pretrained_ckpt ckpt_segan+/weights_EOE_G-
Generator-16301.ckpt --cfg_file ckpt_segan+/train.opts --syn
thesis_path enhanced_results --test_files data/noisy_testset
--soundfile
```

10.3 요약

이 장에서는 SeqGAN을 사용하여 일반 텍스트를 생성하고 SEGAN을 사용하여 음성 오디오에서 배경 노이즈를 제거하는 방법을 배웠습니다. 또한 NLP 작업을 위한 문장 모음에서 사용자 지정 어휘를 작성하는 방법을 실험했습니다.

다음 장에서는 3D 모델을 직접 생성할 수 있도록 GAN 학습 방법을 배웁니다.

10.4 유용한 독서 목록 및 참고 문헌

1. Yu L, Zhang W, Wang J. (2017). *SeqGAN: Sequence Generative Adversarial Nets with Policy Gradient*. AAAI.

2. Hochreiter S and Schmidhuber J. (1997). *Long Short-Term Memory. Neural computation*. 9. 1735-80. 10.1162/neco.1997.9.8.1735.

3. Olah C. (Aug 27, 2015). *Understanding LSTM Networks*. Retrieved from https://colah.github.io/posts/2015-08-Understanding-LSTMs.

4. Nguyen M. (Sep 25, 2018). *Illustrated Guide to LSTMs and GRUs: A step by step explanation*. Retrieved from https://towardsdatascience.com/illustrated-guide-to-lstms-and-gru-s-a-step-by-step-explanation-44e9eb85bf21.

5. Hui J. (Sep 12, 2018). *RL - Policy Gradient Explained*. Retrieved from https://medium.com/@jonathan_hui/rl-policy-gradients-explained-9b13b688b146.

6. Weng L. (Apr 8, 2018). *Policy Gradient Algorithms*. Retrieved from https://lilianweng.github.io/lil-log/2018/04/08/policy-gradient-algorithms.html.

7. Pascual S, Bonafonte A and Serrà J. (2017). SEGAN: *Speech Enhancement Generative Adversarial Network*. INTERSPEECH.

CHAPTER 11

GAN을 사용하여 3D 모델 재구성

지금까지 GAN을 사용하여 이미지, 텍스트 및 오디오를 합성하는 방법을 배웠습니다. 이제 3D 세계를 탐색하고 GAN을 사용하여 설득력 있는 3D 모델을 만드는 방법을 배울 차례입니다.

이 장에서는 3D 객체가 **컴퓨터 그래픽**(CG; computer graphics)으로 표현되는 방법을 배웁니다. 또한 카메라 및 프로젝션 매트릭스를 포함한 CG의 기본 개념을 살펴볼 것입니다. 이 장의 끝에서는 3D_GAN을 생성하고 학습시켜 의자와 같은 3D 객체의 포인트 클라우드(point cloud)를 생성하는 방법을 배울 것입니다.

3D 객체 표현에 대한 기본 지식과 3D 합성곱의 기본 개념을 알게 될 것입니다. 그런 다음 3D 합성곱으로 3D-GAN 모델을 구성하고 이를 학습하여 3D 객체를 생성하는 방법을 배웁니다. 또한 흑백 2D 뷰를 기반으로 3D 객체를 생성하는 모델인 PrGAN에 익숙해지게 될 것입니다.

이 장에서 다룰 내용은 다음과 같습니다.

- 컴퓨터 그래픽의 기본 개념
- 3D 데이터 합성을 위한 GAN 설계

11.1
컴퓨터 그래픽의 기본 개념

이전 장에서는 이미지, 텍스트 및 오디오에 대한 다양한 GAN 모델에 대해 배웠습니다. 일반적으로 우리는 1D 및 2D 데이터만 처리하고 있습니다. 이 장에서는 3D 도메인을 보고 GAN 세계에 대한 지식을 넓힐 것입니다. 이 장을 마치면 GAN으로 자신만의 3D 객체를 만드는 방법을 배우게 될 것입니다.

3D 객체 표현

3D 데이터 합성을 위한 GAN 모델의 세부 사항을 살펴보기 전에 컴퓨터에서 3D 객체가 어떻게 표현되는지 이해하는 것이 중요합니다. 3D 개체, 환경 및 애니메이션의 생성 및 렌더링을 **CG(컴퓨터 그래픽)**라고 하며, 주요 엔터테인먼트 산업, 즉 비디오 게임 및 영화가 이 기술에 크게 의존합니다. CG에서 가장 중요한 작업은 가장 설득력 있는 이미지를 화면에 효율적으로 렌더링하는 방법을 알아내는 것입니다. CG 분야의 사람들의 노고 덕분에 이제 우리는 비디오 게임과 영화에서 더 나은 시각 효과를 얻고 있습니다.

3D 객체의 속성

3D 객체의 가장 기본적인 속성은 모양과 색상입니다. 화면에서 볼 수 있는 각 픽셀의

색상은 자체 텍스처의 색상, 광원 및 장면의 다른 객체와 같은 많은 요인의 영향을 받습니다. 이것은 광원의 상대 방향과 픽셀 자체 표면에 대한 우리의 관점에 의해 영향을 받으며, 물체의 모양, 위치 및 방향과 카메라의 위치에 의해 결정됩니다. 모양과 관련하여 3D 모델은 기본적으로 점, 선 및 표면으로 구성됩니다. 3D 스포츠카의 모양과 색상을 만드는 예는 다음 이미지에서 볼 수 있습니다.

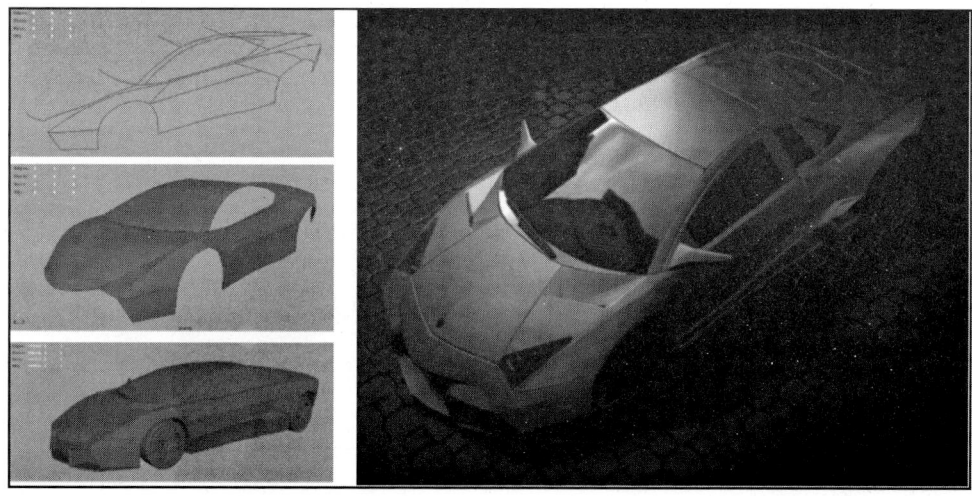

Autodesk Maya에서 스포츠카를 작성하면 선이 표면을 형성하는 방법과 3D 모델에서 텍스처가 색상을 제공하는 방법을 보여줍니다.

평평하거나 곡면인 표면은 대부분 삼각형과 사각형(일반적으로 **다각형**이라고 함)으로 형성됩니다. 다각형 메쉬(**와이어 프레임**이라고도 함)는 3D 점 세트와 해당 점을 연결하는 세분화 세트로 정의됩니다. 일반적으로 다각형이 많을수록 3D 모델에 더 많은 세부 사항이 있음을 의미합니다. 다음 이미지에서 볼 수 있습니다.

다각형이 많을수록 3D 모델에서 자세한 정보를 얻을 수 있습니다. Autodesk Maya에서 캡처한 이미지

경우에 따라 다각형 메쉬를 생성하기 위해 세분화를 자동으로 생성하는 데 널리 사용되는 몇 가지 방법(예: 들로네 삼각 분할(Delaunay Triangulation))이 있기 때문에 점(일부 응용 프로그램에서는 **포인트 클라우드**라고도 함)들의 집합이 우리가 3D 개체를 만드는 데 필요한 전부입니다. 포인트 클라우드는 종종 3D 스캐너로 수집한 결과를 나타내는 데 사용됩니다. 포인트 클라우드는 각 점의 공간 좌표를 나타내는 3차원 벡터 집합입니다. 이 장에서 우리는 GAN을 사용하여 특정 객체의 포인트 클라우드 생성

에만 관심이 있습니다. 의자의 포인트 클라우드에 대한 몇 가지 예는 다음 이미지에서 볼 수 있습니다.

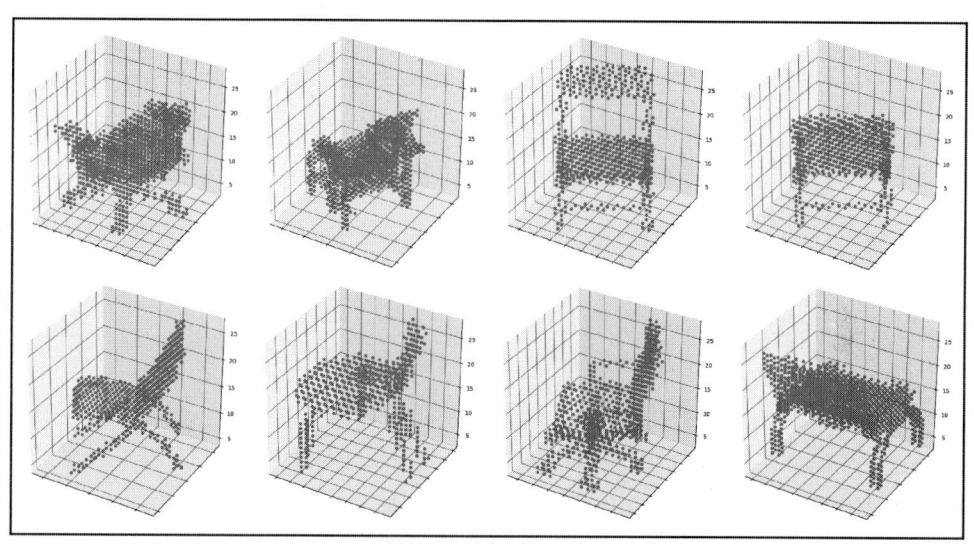

의자의 포인트 클라우드

카메라 및 프로젝션

3D 객체의 모양과 색상을 정의한 후에도 화면에서 보는 방식에 영향을 미치는 주요 요인은 여전히 **카메라**입니다. 카메라는 3D 점, 선 및 표면을 2D 이미지 평면 (일반적으로 화면)에 매핑합니다. 카메라가 올바르게 구성되지 않으면 물체가 전혀 보이지 않을 수 있습니다. 3D 세계에서 2D 이미지 평면으로 매핑하는 과정을 **투영**(projection)이라고 합니다.

CG 분야에서는 직교 투영법과 원근 투영법이 일반적으로 사용되는 두 가지 투영법입니다. 둘을 살펴 봅시다.

- **직교 투영법**은 직육면체(즉, 직사각형 볼륨)의 모든 것을 표준 큐브에 매핑하는 과정입니다. 직교 및 원근 투영에 대한 자세한 내용은 http://www.songho.ca/opengl/gl_projectionmatrix.html을 참조하십시오.

    직교 투영에서 3D 공간의 모든 평행선은 길이와 방향이 다른 것을 제외하고 2D 평면에서 여전히 평행합니다. 더 중요한 것은 동일한 물체의 투사된 이미지의 크기는 카메라에서 얼마나 멀리 떨어져 있더라도 항상 동일하다는 것입니다. 그러나 이것은 우리의 눈과 대부분의 카메라가 3D 세계의 이미지를 캡처하는 방식이 아닙니다. 따라서 직교 투영법은 주로 CAD(Computer-Aided Design) 및 기타 엔지니어링 응용 프로그램에서 사용되며 여기서는 실제 크기의 부품을 정확하게 렌더링해야 합니다.

- **원근 투영**은 앞의 이미지와 같이 절두체(팁이 없는 피라미드)의 모든 항목을 표준 큐브에 매핑하는 과정입니다. 원근 투영에서 카메라에 더 가까운 물체는 카메라에서 멀리 떨어진 물체보다 더 크게 보입니다. 따라서 3D 공간에서의 평행선이 2D 공간에서 반드시 평행한 것은 아닙니다. 이것은 또한 우리의 눈이 주변 환경을 인식하는 방법입니다. 따라서 이 유형의 투영법은 보다 사실적인 이미지를 제공하며 비디오 게임 및 영화에서 시각 효과를 렌더링하는 데 자주 사용됩니다.

직교 투영 및 원근 투영은 다음 스크린 샷과 같이 Autodesk Maya와 같은 일부 형태의 CG 소프트웨어에서 함께 사용됩니다.

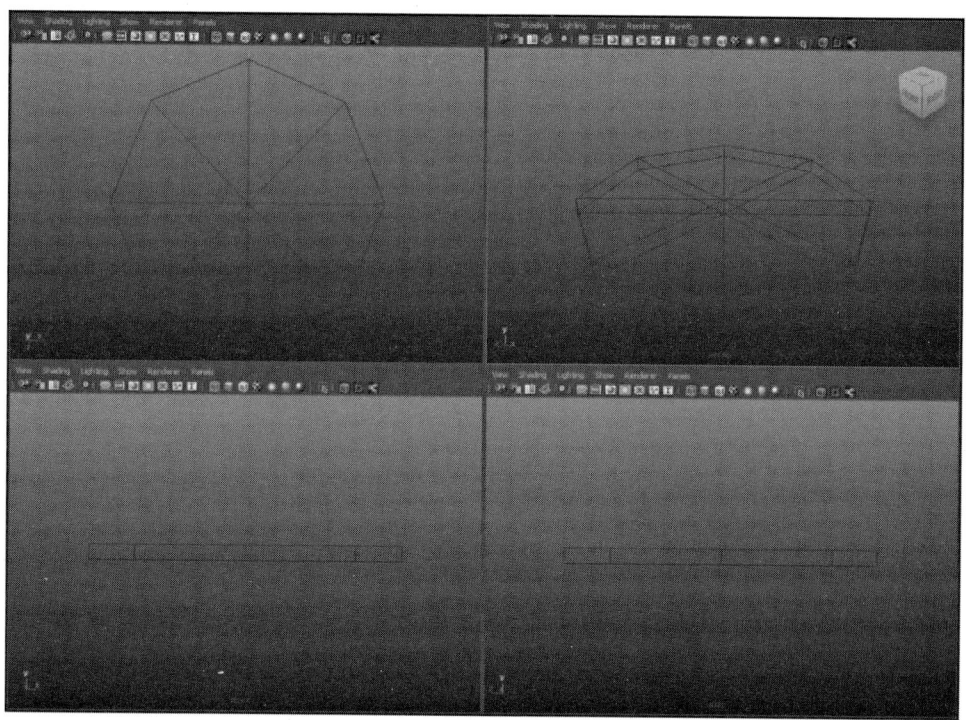

Autodesk Maya의 사용자 인터페이스에서 직교 투영은 상단, 측면 및 정면도(왼쪽 위, 왼쪽 아래 및 오른쪽 아래)를 표시하는 데 사용되며 원근 투영은 3D 모델을 미리 보는 데 사용됩니다(오른쪽 위). 이미지는 https://knowledge.autodesk.com/support/maya/learn-explore/caas/simplecontent/content/maya-tutorials.html에서 검색되었습니다.

이 장에서는 원근 투영에 대해서만 자세히 살펴 보겠습니다. 컴퓨터 그래픽에서, **균일한 좌표**(homegeneous coordinate)가 종종 사용되는데, 이는 간단한 매트릭스를 사용하여 무한 거리 및 회전 변환, 스케일링 및 행렬 곱에 의한 회전을 편리하게 나타낼 수 있습니다. 일련의 균일한 좌표(x, y, z, w)에 해당하는 직교 좌표는 $(x/w, y/w, z/w)$입니다. 3D 공간의 절두체에서 $[-1, 1] \times [-1, 1] \times [-1, 1]$ 큐브로의 매핑은 **투영 행렬**(projection matrix)에 의해 정의됩니다.

$$\begin{bmatrix} \frac{2n}{r-l} & 0 & \frac{r+l}{r-l} & 0 \\ 0 & \frac{2n}{t-b} & \frac{t+b}{t-b} & 0 \\ 0 & 0 & -\frac{f+n}{f-n} & -\frac{2fn}{f-n} \\ 0 & 0 & -1 & 0 \end{bmatrix}$$

투영 행렬에서 n은 근거리 클리핑 평면이고, f는 원거리 클리핑 평면입니다. 또한 t, b, l 및 r는 각각 근거리 클리핑 평면의 위쪽, 아래쪽, 왼쪽 및 오른쪽 경계를 나타냅니다. 투영 행렬과 동종 좌표 사이의 곱셈은 투영 점이 있어야 하는 해당 좌표를 제공합니다. 투영 행렬의 파생에 관심이 있으시면 다음 기사를 확인하십시오 : http://www.songho.ca/opengl/gl_projectionmatrix.html.

11.2 3D 데이터 합성을 위한 GAN 설계

3D-GAN은 Jiajun Wu, Chengkai Zhang 및 Tianfan Xue 등이 제안한 논문인 *Learning a Probabilistic Latent Space of Object Shapes via 3D Generative-Adversarial Modeling*에서 특정 유형의 객체에 대한 3D 포인트 클라우드를 생성하도록 설계되었습니다. 3D-GAN의 설계 및 학습 과정은 3D-GAN의 입력 및 출력 텐서가 4차원이 아닌 5차원이라는 점을 제외하고는 초기 GAN과 매우 유사합니다.

3D-GAN의 생성기 및 판별기

3D-GAN의 생성기 네트워크 구조는 다음과 같습니다.

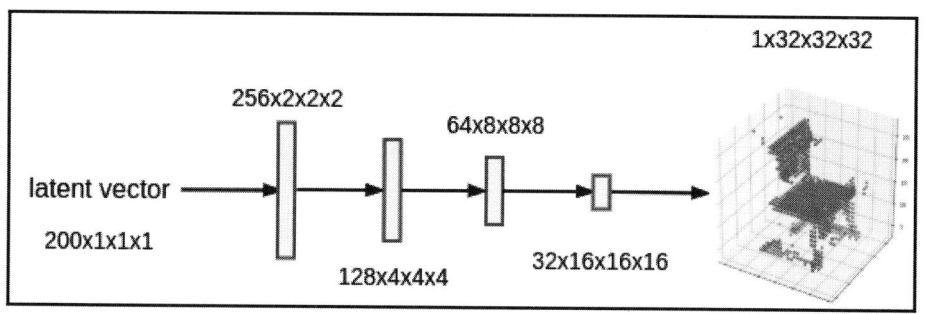

3D-GAN의 생성기 네트워크 구조

생성기 네트워크는 5개의 전치된 합성곱 층(nn.ConvTranspose3d)으로 구성되며, 처음 네 개의 층 뒤에는 배치 정규화 층(nn.BatchNorm3d) 및 ReLU 활성화 함수가 있으며 마지막 층에는 Sigmoid 활성화 함수가 있습니다. 커널 크기, 보폭 및 패딩 크기는 모든 전치된 합성곱 층에서 각각 4, 2 및 1로 설정됩니다. 여기서, 입력 잠재 벡터는 1×32×32×32 큐브로 점차 확장될 수 있으며, 이는 1-채널 3D '이미지'로 간주될 수 있습니다. 이 3D 이미지에서 '픽셀' 값은 실제로 이러한 32×32×32 격자 위치에 점이 있는지 여부의 가능성입니다. 일반적으로 최종 포인트 클라우드를 형성하기 위해 0.5보다 높은 값을 가진 모든 포인트를 취합니다.

 우리의 경우, 포인트 클라우드의 포인트가 32×32×32 큐브의 그리드 포인트에 있기 때문에 3D 이미지의 "픽셀"을 실제로 **복셀(voxel)**이라고 합니다. 복셀에는 x, y 및 z 좌표와 복셀이 (x, y, z)에 있는지 여부와 같은 4가지 속성이 있습니다. MNIST와 같은 2D 이미지 합성 작업과는 달리 0에서 1 사이(또는 원하는 경우 0에서 255 사이)의 값을 가진 픽셀이 허용되는 경우(예 : 숫자의 가장자리에서) 복셀의 존재는 이진 결정입니다. 따라서 포인트 클라우드의 텐서는 실제로는 0이 많고 1이 적은 희소입니다.

이 섹션에서는 3D-GAN의 전체 소스 코드를 제공합니다. 코드 파일은 이전 장과 동일한 방식으로 구성되었습니다. 네트워크는 model_3dgan.py 파일에 정의되어 있습니다 (번호로 모듈 이름을 시작하지 마십시오).

다음 코드는 Generator의 정의입니다.

```python
class Generator(nn.Module):
    def __init__(self, latent_dim, cube_len, bias=False):
        super(Generator, self).__init__()
        self.latent_dim = latent_dim
        self.cube_len = cube_len

        self.model = nn.Sequential(
            *self._create_layer(self.latent_dim, self.cube_len*8, 4,
                                stride=2, padding=1, bias=bias,
                                transposed=True),
            *self._create_layer(self.cube_len*8, self.cube_len*4, 4,
                                stride=2, padding=1, bias=bias,
                                transposed=True),
            *self._create_layer(self.cube_len*4, self.cube_len*2, 4,
                                stride=2, padding=1, bias=bias,
                                transposed=True),
            *self._create_layer(self.cube_len*2, self.cube_len, 4,
                                stride=2, padding=1, bias=bias,
                                transposed=True),
            *self._create_layer(self.cube_len, 1, 4, stride=2,
                                padding=1, bias=bias, transposed=True,
                                last_layer=True)
        )

    def _create_layer(self, size_in, size_out, kernel_size=4, stride=2,
                      padding=1, bias=False, transposed=True,
                      last_layer=False):
        layers = []
        if transposed:
            layers.append(nn.ConvTranspose3d(
```

```
                    size_in, size_out, kernel_size,
                    stride=stride, padding=padding, bias=bias))
    else:
        layers.append(nn.Conv3d(size_in, size_out, kernel_size,
                    stride=stride, padding=padding, bias=bias))
    if last_layer:
        layers.append(nn.Sigmoid())
    else:
        layers.append(nn.BatchNorm3d(size_out))
        layers.append(nn.ReLU(inplace=True))
    return layers

def forward(self, x):
    x = x.view(-1, self.latent_dim, 1, 1, 1)
    return self.model(x)
```

3D-GAN의 판별기 네트워크 구조는 다음과 같습니다.

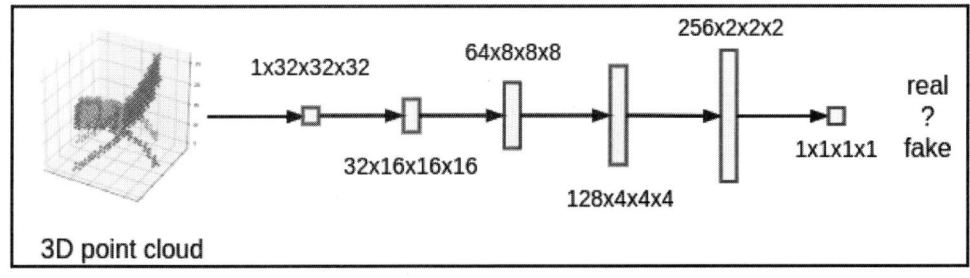

3D–GAN의 판별기 네트워크 구조

판별기 네트워크는 5개의 합성곱 층(nn.Conv3d)으로 구성되며, 첫 4개의 층 뒤에 배치 정규화 층과 Leaky-ReLU(nn.LeakyReLU) 활성화 함수가 있고, 마지막 층에는 Sigmoid 활성화 함수가 있습니다. 커널 크기, 보폭 및 패딩 크기는 모든 합성곱 층에서 각각 4,

2 및 1로 설정됩니다. 3D 포인트 클라우드의 1×32×32 ×32 큐브는 판별기 네트워크에 의해 단일 값으로 맵핑되며, 이는 입력 객체의 신뢰 여부를 지정합니다.

포인트 클라우드의 치수가 3×32×32×32로 설정된 경우에 어떻게 될지 상상해보십시오. 불, 연기 또는 구름과 같은 채색된 3D 포인트 클라우드를 만들 수 있습니까? 자유롭게 자신만의 데이터 셋을 찾거나 만들어보고 사용해보십시오!

다음 코드는 판별기의 정의입니다(model_3dgan.py 파일에서도 찾을 수 있음).

```python
class Discriminator(nn.Module):
    def __init__(self, cube_len, bias=False):
        super(Discriminator, self).__init__()
        self.cube_len = cube_len

        self.model = nn.Sequential(
            *self._create_layer(1, self.cube_len, 4, stride=2, padding=
                                1, bias=bias, transposed=False),
            *self._create_layer(self.cube_len, self.cube_len*2, 4,
                                stride=2, padding=1, bias=bias,
                                transposed=False),
            *self._create_layer(self.cube_len*2, self.cube_len*4, 4,
                                stride=2, padding=1, bias=bias,
                                transposed=False),
            *self._create_layer(self.cube_len*4, self.cube_len*8, 4,
                                stride=2, padding=1, bias=bias,
                                transposed=False),
            *self._create_layer(self.cube_len*8, 1, 4, stride=2,
                                padding=1, bias=bias, transposed=False,
                                last_layer=True)
```

```python
        )
    def _create_layer(self, size_in, size_out, kernel_size=4, stride=2,
                      padding=1, bias=False, transposed=False,
                      last_layer=False):
        layers = []
        if transposed:
            layers.append(nn.ConvTranspose3d(
                size_in, size_out, kernel_size, stride=stride,
                padding=padding, bias=bias))
        else:
            layers.append(nn.Conv3d(size_in, size_out, kernel_size,
                          stride=stride, padding=padding, bias=bias))
        if last_layer:
            layers.append(nn.Sigmoid())
        else:
            layers.append(nn.BatchNorm3d(size_out))
            layers.append(nn.LeakyReLU(0.2, inplace=True))
        return layers

    def forward(self, x):
        x = x.view(-1, 1, self.cube_len, self.cube_len, self.cube_len)
        return self.model(x)
```

3D-GAN 학습

3D-GAN 학습 과정은 초기 GAN 과정과 유사합니다. 이것은 다음 다이어그램에서 볼 수 있습니다.

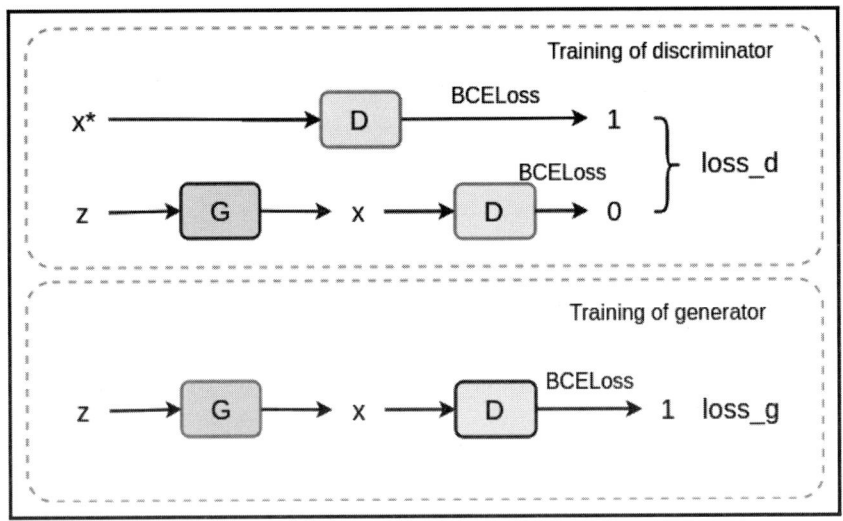

3D-GAN의 학습 과정. 여기서 x*는 오류 데이터, x는 위조 데이터, z는 잠재 벡터를 나타냅니다. 매개변수가 업데이트된 네트워크는 빨간색 경계로 표시됩니다.

먼저, 판별기 네트워크는 실제 3D 포인트 클라우드를 실제 데이터로 인식하고 생성된 네트워크에서 생성된 합성 포인트 클라우드를 가짜 데이터로 인식하도록 학습됩니다. BCE 손실(nn.BCELoss)은 판별기 네트워크의 손실 함수로 사용됩니다. 그런 다음, 생성기 네트워크는 판별기가 합성된 3D 포인트 클라우드를 실제 데이터로 인식하도록 하여 학습자가 향후 판별기를 더 잘 속이는 방법을 익힐 수 있도록 합니다. BCE 손실은 생성기 네트워크 학습에 사용됩니다.

다음은 3D-GAN 학습을 위한 소스 코드의 일부입니다. build_gan.py 파일을 작성하고 이 파일에 다음 코드를 붙여 넣으십시오. https://www.github.com/rimchang/3DGAN-Pytorch에서 일부 학습 기법을 빌려 왔으며, 이에 대해서는 나중에 설명하겠습니다.

```
import os
import time
from datetime import datetime
```

```python
import torch
from torch.optim.lr_scheduler import MultiStepLR
import utils
from model_3dgan import Generator as G
from model_3dgan import Discriminator as D
import matplotlib
import matplotlib.pyplot as plt
import numpy as np
import pickle


class Model(object):
    def __init__(self, name, device, data_loader, latent_dim, cube_len):
        self.name = name
        self.device = device
        self.data_loader = data_loader
        self.latent_dim = latent_dim
        self.cube_len = cube_len
        assert self.name == '3dgan'
        self.netG = G(self.latent_dim, self.cube_len)
        self.netG.to(self.device)
        self.netD = D(self.cube_len)
        self.netD.to(self.device)
        self.optim_G = None
        self.optim_D = None
        self.scheduler_D = None
        self.criterion = torch.nn.BCELoss()

    def create_optim(self, g_lr, d_lr, alpha=0.5, beta=0.5):
        self.optim_G = torch.optim.Adam(self.netG.parameters(),
                                        lr=g_lr,
                                        betas=(alpha, beta))
        self.optim_D = torch.optim.Adam(self.netD.parameters(),
```

```python
                            lr=d_lr,
                            betas=(alpha, beta))
    self.scheduler_D = MultiStepLR(self.optim_D, milestones=[500,
                    1000])

def train(self, epochs, d_loss_thresh, log_interval=100,
          export_interval=10, out_dir='', verbose=True):
    self.netG.train()
    self.netD.train()
    total_time = time.time()
    for epoch in range(epochs):
        batch_time = time.time()
        for batch_idx, data in enumerate(self.data_loader):
            data = data.to(self.device)

            batch_size = data.shape[0]
            real_label = torch.Tensor(batch_size).uniform_
                        (0.7, 1.2).to(self.device)
            fake_label = torch.Tensor(batch_size).uniform_
                        (0, 0.3).to(self.device)

            # Train D
            d_real = self.netD(data)
            d_real = d_real.squeeze()
            d_real_loss = self.criterion(d_real, real_label)

            latent = torch.Tensor(batch_size, self.latent_dim).
                    normal_(0, 0.33).to(self.device)
            fake = self.netG(latent)
            d_fake = self.netD(fake.detach())
            d_fake = d_fake.squeeze()
            d_fake_loss = self.criterion(d_fake, fake_label)
```

```python
        d_loss = d_real_loss + d_fake_loss

        d_real_acc = torch.ge(d_real.squeeze(), 0.5).float()
        d_fake_acc = torch.le(d_fake.squeeze(), 0.5).float()
        d_acc = torch.mean(torch.cat((d_real_acc, d_fake_acc), 0))

        if d_acc <= d_loss_thresh:
            self.netD.zero_grad()
            d_loss.backward()
            self.optim_D.step()

        # Train G
        latent = torch.Tensor(batch_size, self.latent_dim).
                normal_(0, 0.33).to(self.device)
        fake = self.netG(latent)
        d_fake = self.netD(fake)
        d_fake = d_fake.squeeze()
        g_loss = self.criterion(d_fake, real_label)

        self.netD.zero_grad()
        self.netG.zero_grad()
        g_loss.backward()
        self.optim_G.step()

    if epoch % export_interval == 0:
        print(f'Working epoch {epoch} of {epochs}')
        samples = fake.cpu().data[:8].squeeze().numpy()
        # utils.save_voxels(samples, out_dir, epoch)
        save_voxels(samples, out_dir, epoch)
        # self.save_to(path=out_dir, name=self.name,
          verbose=False)
    self.scheduler_D.step()
```

real_label과 fake_label이 평소와 같이 1과 0으로 설정되지 않은 것을 알 수 있습니다. 대신 무작위로 초기화된 레이블(uniform_ (0.7, 1.2) 및 uniform_ (0, 0.3))이 사용됩니다. 이 기술은 **소프트 타겟**(soft targets)과 매우 유사합니다. 더 큰 네트워크의 softmax 출력을 "하드" 0 또는 1 레이블 대신 레이블로 사용하여 입력-출력 매핑 측면에서 작지만 동일한 네트워크를 학습시킵니다. 이것을 Knowledge Distillation이라고 합니다. 이 트릭은 레이블이 임의 변수라는 가정을 도입하기 때문에 시간이 지남에 따라 보다 부드러운 손실 함수를 생성합니다. 항상 real_label을 무작위로 초기화하고 fake_label을 1-real_label과 같게 할 수 있습니다.

우리는 원하는 출력 텐서가 희박하고 판별기를 완전히 학습시키는 것이 매우 쉽다는 것을 이미 알고 있습니다. 실제로, 판별기는 생성기가 제대로 학습되기 훨씬 전에 과적합될 것입니다. 따라서 학습 정확도가 d_loss_thresh보다 높지 않은 경우에만 판별기를 학습시킵니다. 학습율 감소는 생성기를 최적화하는 데 사용됩니다.

앞의 코드에서는 모든 export_interval 세대마다 생성된 포인트 클라우드를 시각화하고 내보냈습니다. 포인트 클라우드를 렌더링하는 코드는 다음과 같습니다.

```python
def save_voxels(voxels, path, idx):
    from mpl_toolkits.mplot3d import Axes3D
    voxels = voxels[:8].__ge__(0.5)
    fig = plt.figure(figsize=(32, 16))
    gs = matplotlib.gridspec.GridSpec(2, 4)
    gs.update(wspace=0.05, hspace=0.05)
    cnt = 1
    for i, sample in enumerate(voxels):
        x, y, z = sample.nonzero()
        # ax = plt.subplot(gs[i], cnt, projection='3d')
        ax = fig.add_subplot(gs[i], projection='3d')
        ax.scatter(x, y, z, zdir='z', c='red')
        ax.set_xticklabels([])
```

```
      ax.set_yticklabels([])
      cnt += 1
  plt.savefig(path + '/{}.png'.format(str(idx)), bbox_inches='tight')
  plt.close()

  with open(path + '/{}.pkl'.format(str(idx)), "wb") as f:
      pickle.dump(voxels, f, protocol=pickle.HIGHEST_PROTOCOL)
```

다음 단계는 3D-GAN을 위한 학습 데이터 세트를 준비하는 것입니다. http:// 3d-shapenets.cs.princeton.edu/3DShapeNetsCode.zip에서 40가지 유형의 객체에 대한 포인트 클라우드를 다운로드할 수 있습니다. zip 파일을 다운로드하고 압축을 푼 후, volumetricdata 폴더를 원하는 위치(예 : /media/john/DataAsgard/3dmodels /volumetric_data)로 이동시키고 모델 학습 범주를 선택하십시오.

학습 포인트 클라우드 파일을 로드하는 코드는 다음과 같습니다(datasets.py 파일을 작성하고 다음 코드를 붙여 넣기).

```
import os
import numpy as np
import scipy.ndimage as nd
import scipy.io as io
import torch
from torch.utils.data import Dataset

def getVoxelFromMat(path, cube_len=64):
    voxels = io.loadmat(path)['instance']
    voxels = np.pad(voxels, (1, 1), 'constant', constant_values=(0, 0))
    if cube_len != 32 and cube_len == 64:
        voxels = nd.zoom(voxels, (2, 2, 2), mode='constant', order=0)
    return voxels
```

```python
class ShapeNetDataset(Dataset):
    def __init__(self, root, cube_len):
        self.root = root
        self.listdir = os.listdir(self.root)
        self.cube_len = cube_len

    def __getitem__(self, index):
        with open(os.path.join(self.root, self.listdir[index]), "rb")
                as f:
            volume = np.asarray(getVoxelFromMat(f, self.cube_len),
                    dtype=np.float32)
        return torch.FloatTensor(volume)

    def __len__(self):
        return len(self.listdir)
```

마지막으로 3D-GAN을 초기화하고 학습하는 main.py 파일의 코드는 다음과 같습니다.

```python
import argparse
import os
import sys
from datetime import datetime
import numpy as np
import torch
import torch.backends.cudnn as cudnn
import torch.utils.data as DataLoader
import torchvision.datasets as dset
import torchvision.transforms as transforms

import utils

from build_gan import Model
```

```python
from datasets import ShapeNetDataset

FLAGS = None

def main():
    now = datetime.now()
    dtstring = now.strftime('%X')
    print(f'Started at {dtstring}')
    # begin provided code...
    device = torch.device("cuda:0" if FLAGS.cuda else "cpu")

    print('Loading data...\n')
    dataset = ShapeNetDataset(FLAGS.data_dir, FLAGS.cube_len)
    dataloader = torch.utils.data.DataLoader(dataset,
                                             FLAGS.batch_size,
                                             shuffle=True,
                                             num_workers=1,
                                             pin_memory=True)

    print('Creating model...\n')
    model = Model(FLAGS.model, device, dataloader,
                  FLAGS.latent_dim, FLAGS.cube_len)

    model.create_optim(FLAGS.g_lr, FLAGS.d_lr)

    # Train
    model.train(FLAGS.epochs, FLAGS.d_loss_thresh, FLAGS.log_interval,
                FLAGS.export_interval, FLAGS.out_dir, True)

    # end provided code
    now = datetime.now()
    dtstring = now.strftime('%X')
    print(f'Ended at {dtstring}')
```

이와 유사한 코드를 사용하여 5장, '레이블 정보를 기반으로 이미지 생성'에서 명령 행 파서를 다시 작성했습니다. 여기서 동일한 아이디어를 사용하고 몇 가지 옵션을 추가합니다.

```python
if __name__ == '__main__':

    from utils import boolean_string
    parser = argparse.ArgumentParser(description='Hands-On GANs - 
            Chapter 11')
    parser.add_argument('--model', type=str, default='3dGan',
                        help='enter `3dGan`.')
    parser.add_argument('--cube_len', type=int, default='32',
                        help='one of `cgan` and `infogan`.')
    parser.add_argument('--cuda', type=boolean_string,
                        default=True, help='enable CUDA.')
    parser.add_argument('--train', type=boolean_string,
                        default=True, help='train mode or eval mode.')
    parser.add_argument('--data_dir', type=str, default='~/data',
                        help='Directory for dataset.')
    parser.add_argument('--out_dir', type=str, default='output',
                        help='Directory for output.')
    parser.add_argument('--epochs', type=int, default=200,
                        help='number of epochs')
    parser.add_argument('--batch_size', type=int,
                        default=128, help='size of batches')
    parser.add_argument('--g_lr', type=float, default=0.0002,
                        help='G learning rate')
    parser.add_argument('--d_lr', type=float, default=0.0002,
                        help='D learning rate')
    parser.add_argument('--d_loss_thresh', type=float, default=0.7,
                        help='D loss threshold')
```

```python
    parser.add_argument('--latent_dim', type=int,
                        default=100, help='latent space dimension')
    parser.add_argument('--export_interval', type=int,
                        default=10, help='export interval')
    parser.add_argument('--classes', type=int, default=10,
                        help='number of classes')
    parser.add_argument('--img_size', type=int,
                        default=64, help='size of images')
    parser.add_argument('--channels', type=int, default=1,
                        help='number of image channels')
    parser.add_argument('--log_interval', type=int, default=100,
                        help='interval between logging and image
                        sampling')
    parser.add_argument('--seed', type=int, default=1, help='random
                        seed')

    FLAGS = parser.parse_args()
    FLAGS.cuda = FLAGS.cuda and torch.cuda.is_available()

    if FLAGS.seed is not None:
        torch.manual_seed(FLAGS.seed)
        if FLAGS.cuda:
            torch.cuda.manual_seed(FLAGS.seed)
        np.random.seed(FLAGS.seed)

    cudnn.benchmark = True

    if FLAGS.train:
        utils.clear_folder(FLAGS.out_dir)

    log_file = os.path.join(FLAGS.out_dir, 'log.txt')
    print("Logging to {}\n".format(log_file))
```

```
sys.stdout = utils.StdOut(log_file)

print("PyTorch version: {}".format(torch.__version__))
print("CUDA version: {}\n".format(torch.version.cuda))

print(" " * 9 + "Args" + " " * 9 + "|" + " " + "Type" +
    " | " + "Value")
print("-" * 50)
for arg in vars(FLAGS):
    arg_str = str(arg)
    var_str = str(getattr(FLAGS, arg))
    type_str = str(type(getattr(FLAGS, arg)).__name__)
    print(" " + arg_str + " " * (20-len(arg_str)) + "|" +
        " " + type_str + " " * (10-len(type_str)) + "|" +
        " " + var_str)

main()
```

이제 다음 명령 행을 사용하여 프로그램을 실행할 수 있습니다. 적절한 데이터 디렉토리를 제공하십시오.

```
python main.py --model 3dgan --train True --epochs 1000 --data_dir Data_Directory
```

여기서는 의자 범주 예를 사용했습니다. 단일 NVIDIA GTX 1080Ti 그래픽 카드에서 1,000 세대의 학습을 마치는 데 약 4시간이 걸리고 약 1,023 MB GPU 메모리가 필요합니다. 우리의 구현이 https://github.com/rimchang/3DGAN-Pytorch를 기반으로 하지만, 동일한 작업을 완료하는 데 원래 코드는 약 14시간 및 1,499 MB GPU 메모리가 필요합니다.

다음은 3D-GAN에서 생성한 3D 의자 모델 중 일부입니다. 보시다시피, 몇 가지 특이치(outlier)와 복셀의 잘못된 배치에도 불구하고 모델은 일반적으로 설득력이 있습니다. 이 논문의 저자가 만든 3D-GAN 웹 사이트에서 생성된 의자의 대화식 쇼케이스를 확인할 수도 있습니다 : https://meetshah1995.github.io/gan/deep-learning/tensorflow/visdom/2017/04/01/3d-generative-adverserial-networks-for-volume-classification-and-generation.html :

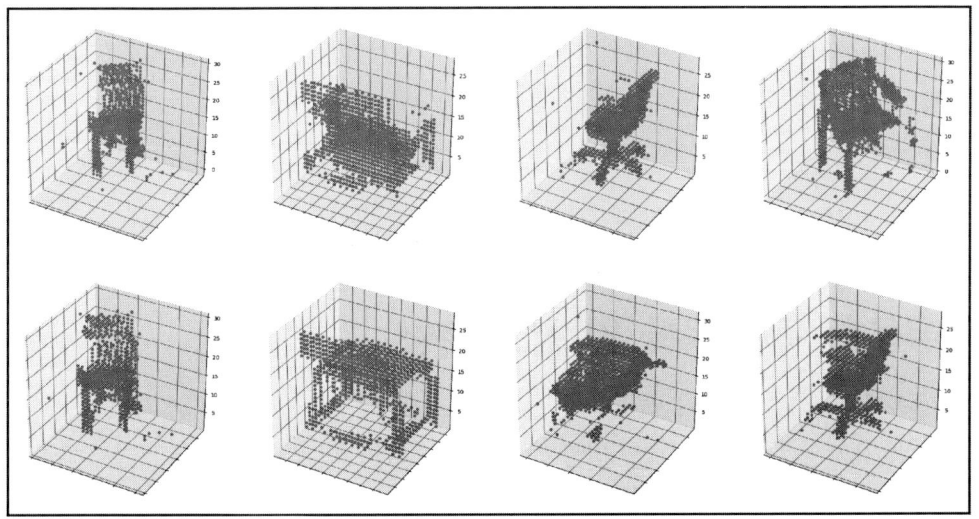

3D-GAN에 의해 생성된 의자 모델

다른 객체 범주를 자유롭게 선택하거나 다른 데이터 세트를 사용해보십시오. 다음은 포인트 클라우드 데이터 세트 목록입니다 : http://yulanguo.me/dataset.html. 다음은 지난 몇 년간(작성 당시) 3D 포인트 클라우드에 대한 논문 목록입니다. https://github.com/Yochengliu/awesome-point-cloud-analysis. GAN 및 3D 포인트 클라우드로 새로운 애플리케이션을 발견할 수 있기를 바랍니다.

11.3
요약

이 장에서 우리는 컴퓨터 그래픽의 기본 개념과 3D-GAN을 학습시켜 3D 객체를 생성하는 방법에 대해 배웠습니다.

다음 장에서는 다양한 GAN 모델에 사용된 유용한 기법을 모두 되돌아보고 향후 모델 설계 및 학습에 도움이 되는 보다 실용적인 기술을 소개합니다.

11.4
유용한 독서 목록 및 참고 문헌

1. Ahn S H. (2019). *OpenGL Projection Matrix*. Retrieved from http://www.songho.ca/opengl/gl_projectionmatrix.html.
2. Wu J, Zhang C, Xue T. (2016). *Learning a Probabilistic Latent Space of Object Shapes via 3D Generative-Adversarial Modeling*. NIPS.

즐길 수 있는 다른 책들

이 책을 즐겼다면 여러분은 Packt의 다른 책에 관심이 있을 것입니다.

Generative Adversarial Networks Projects Kailash Ahirwar
ISBN: 9781789136678

- 현실적인 모양을 생성하기 위해 3D ShapeNet 데이터 세트에서 네트워크 학습
- DCGAN의 Keras 구현을 사용하여 애니메이션 캐릭터 생성
- SRGAN 네트워크를 구현하여 고해상도 이미지 생성
- 얼굴 인증 향상을 위해 Wiki-Cropped 이미지에서 Age-cGAN 학습
- 이미지 간 변환에 Conditional GAN 사용
- Keras의 StackGAN 생성기 및 판별기 구현 이해

Generative Adversarial Networks Cookbook Josh Kalin
ISBN: 9781789139907

- 의사 코드에서 GAN 구조 구조
- 구축할 각 GAN 모델의 공통 구조 이해
- TensorFlow 및 Keras에서 다양한 GAN 구조 구현
- 다른 데이터 세트를 사용하여 GAN 모델에서 신경망 기능 활성화
- 다른 GAN 모델을 결합하고 모델을 미세 조정하는 방법을 익히기
- 2D 이미지를 촬영하고 3D 모델을 제작할 수 있는 모델 제작
- Pix2Pix로 스타일 전송을 수행하기 위한 GAN 개발

리뷰를 남겨주세요 - 다른 독자들에게 귀하의 생각을 알려주십시오

구입한 사이트에 이 책에 대한 리뷰를 남겨서 의견을 다른 사람과 공유하십시오. 아마존에서 책을 구입한 경우 이 책의 아마존 페이지에서 정직한 리뷰를 남겨주십시오. 이는 잠재적인 다른 독자들이 편견 없는 의견을 보고 구매 결정을 내리고, 고객이 우리 제품에 대해 어떻게 생각하는지 이해하며, 저자가 Packt와 함께 작업한 타이틀에 대한 귀하의 의견을 볼 수 있도록 하는 데 중요합니다. 시간이 몇 분 밖에 걸리지 않지만 다른 잠재 고객, 저자 및 Packt에게 가치가 있습니다. 감사합니다!

찾아보기_index

A

Accimage	264
action-value function	316
AdaGrad	82
Adam	83
advGAN	273
Age-cGAN	30
AI	5
AllenNLP	45
AMP	182
Average-pooling	74

B

Baozou	92
binary corss entropy	16
Boltzmann machine	7

C

Caltech-UCSD Birds-200-2011(CUB-200-2011)	298
CBOW	287
CGAN	125
CNN(Convolutional Neural Networks)	38
cuDNN	51
CV	3, 5

CycleGAN	185

D

DCAGN	92
DCGAN	29, 31
Depthwise separable convolution	71
Dilation convolution	72

F

Factorized reduction	74
Fashion-MNIST	145
Fastai	45
FGSM	249

G

GAN(Generative Adversarial Networks)	3, 38
Grouped convolution	71
GRU(Gated Recurrent Unit)	317

H

He-normal	77
He-uniform	77
homegeneous coordinate	343

I

ILSVRC	164
image in-painting	30
image restoration	30
InfoGAN	148, 149
ITS	5

J

Jensen-Shannon 차이	237
JIT(Just-In-Time)	39

K

Knowledge Distillation	354
Kullback-Leibler 차이	237, 302

L

L2-규정화	80
LSTM	312

M

Markov chain	7
Max-pooling	73
MCTS	316
ML	3
MLP(Multilayer Perceptron)	12
mode collapse	92, 238
Momentm	81

N

Nesterov	81
NLP	3, 5
NVIDIA CUDA 딥뉴럴 네트워크 라이브러리	51

P

PatchGAN	173
Pattern Recognition 또는 PR	5
PReLU	331
PreLU	215
projection	341
projection matrix	343

Q

Q-Learning	315

R

RMSprop	82
RNN(Recurrent Neural Networks)	38, 311

S

SEGAN	32, 330
SeqGAN	32, 316
SGD	26, 81
soft targets	354
SRGAN	31, 210
StackGAN	31

StackGAN++	301, 303
Stochastic Gradient Descent, SGD	10
Strided Convolution	74
super-resolution	30

T

TorchScript	39
Translate	45

U

UCB(Upper Confidence Bounds)	317

V

vanilla convolution	70
variational encoder	7
voxel	345

W

Wasserstein GAN	235
Wasserstein 거리	238
WGAN-Wasserstein 거리	235
word2vec	286

X

Xavier-normal	77
Xavier-uniform	76
3D-GAN	32

ㄱ

가중 클리핑	240
가중치 초기화	21
가중치 클리핑	21, 85, 86
강화 학습	309
광고	5
균일	76
균일한 좌표	343
그놈 시스템 모니터	107
그룹화된 합성곱	71
글로벌 생성기	180
기계 학습	3
기울기 상승	11
기울기 소실	238
기울기 클리핑	21, 85, 240
깊이 분리 가능한 합성곱	71

ㄷ

다각형 메쉬	339
다운 샘플링	73
다중 스케일 이미지 합성	303
단어 임베딩	286
동작-값 함수	316
동적 그래프	39

ㄹ

로봇 공학	5
로컬 인핸서 네트워크	180

ㅁ

마르코프 연쇄	7
모드 붕괴	92, 238
무조건적 손실의 고용	303
문맥 주의집중 분기	242
미니 배치	10

ㅂ

바닐라 합성곱	70
변형 엔코더	7
복셀	345
복원	210
볼츠만 기계	7
분해 감소	74
비지도 학습	5

ㅅ

상호 정보	149
색상 일관성 구속 조건	304
선택	317
소실 기울기	86
소프트 타겟	354
손실 함수	21
스킵 그램	287
스트라이드 합성곱	74
시뮬레이션	317

ㅇ

언어 모델링	288
업 샘플링	73
업샘플링 블록	211
엔트로피	149
역전파	16, 317
원근 투영	342
원샷 학습	289
의료 진단	5
의미 세분화	164
이미지 복원	30
이미지 스타일 전송	165
이미지 인페인팅	30, 226
이미지 채색	165
이진 교차 엔트로피	16
인공지능	5
인스턴스 경계 맵	181
임베딩	287

ㅈ

자연어 처리	3
잘린 정규	77
적대적 손실	186
적대적 학습	7
정규	76
정적 그래프	40
정책 기울기	315
제로샷 학습	288
조건부 GAN	125, 301
조건부 엔트로피	149
주기 일관성 손실	186

지각 손실	220
지능형 교통 시스템	5
지도 학습	5
직교 투영법	342

ㅊ

초고해상도	30
최대 우도 추정	328
최대 풀링	73
추상 기본 클래스	167
추적	39
추천 시스템	5

ㅋ

컴퓨터 비전	3

ㅌ

탐험	317
텍스트-이미지 합성	286
투영	341

투영 행렬	343
특징 일치 손실	181

ㅍ

파라메트릭 렐루	215
패턴 인식	5
평균 풀링	74
포인트 클라우드	340

ㅎ

하위 픽셀 합성곱	212
하이브리드 프론트 엔드	39
학습률	11, 83
확률 밀도 함수	155
확률적 기울기 하강	10
확장	317
확장 합성곱	72
활성화 함수	21
활용	317